mathe.delta 5
Mathematik für das Gymnasium

Lösungsband

Baden-Württemberg

C.C. Buchner

mathe.delta
Baden-Württemberg
Herausgegeben von Axel Goy und Michael Kleine

mathe.delta 5 – Baden-Württemberg Lösungsband
Bearbeitet von Axel Goy, Michael Kleine, Stephan Wölbert und Almut Zwölfer

Dieser Titel ist auch als digitale Ausgabe unter www.ccbuchner.de erhältlich.

1. Auflage, 1. Druck 2016
Alle Drucke dieser Auflage sind, weil untereinander unverändert, nebeneinander benutzbar.

Dieses Werk folgt der reformierten Rechtschreibung und Zeichensetzung. Ausnahmen bilden Texte, bei denen künstlerische, philologische oder lizenzrechtliche Gründe einer Änderung entgegenstehen.

© 2016 C.C.Buchner Verlag, Bamberg
Das Werk und seine Teile sind urheberrechtlich geschützt. Jede Nutzung in anderen als den gesetzlich zugelassenen Fällen bedarf der vorherigen schriftlichen Einwilligung des Verlags. Das gilt insbesondere auch für Vervielfältigungen, Übersetzungen und Mikroverfilmungen. Hinweis zu § 52 a UrhG: Weder das Werk noch seine Teile dürfen ohne eine solche Einwilligung eingescannt und in ein Netzwerk eingestellt werden. Dies gilt auch für Intranets von Schulen und sonstigen Bildungseinrichtungen.

Layout und Satz: dtp-design GbR, Ebsdorfergrund
Umschlag: HOCHVIER GmbH & Co. KG, Bamberg
Druck und Bindung: creo Druck & Medienservice GmbH, Bamberg

www.ccbuchner.de

ISBN 978-3-661-**61025**-2

Inhaltsverzeichnis

Verwendung des Lösungsbandes 5

1 Natürliche Zahlen 6
Startklar! 6
Rundreise – Wir lernen uns kennen 8
  1.1 Natürliche Zahlen sammeln 10
  1.2 Natürliche Zahlen darstellen – das Zehnersystem 11
  1.3 Natürliche Zahlen ordnen 14
  1.4 Natürliche Zahlen veranschaulichen 16
  1.5 Mit natürlichen Zahlen beschreiben 18
  1.6 Natürliche Zahlen schätzen und runden 21
Auf unterschiedlichen Wegen 24
Kreuz und quer 26
Horizonte – Daten und ihre Darstellung mit dem Computer 31
Am Ziel! 33

2 Rechnen mit natürlichen Zahlen 36
Startklar! 36
Rundreise – Alles ist Zahl! 38
  2.1 Natürliche Zahlen addieren und subtrahieren 40
  2.2 Schriftliches Addieren 41
  2.3 Schriftliches Subtrahieren 43
  2.4 Multiplizieren 45
  2.5 Dividieren 48
  2.6 Teilbarkeit 51
  2.7 Rechenregeln 53
  2.8 Terme und Gleichungen 54
Auf unterschiedlichen Wegen 56
Kreuz und quer 59
Tiefgang – Primzahlen 63
Am Ziel! 65

3 Geometrische Grundbegriffe 68
Startklar! 68
Rundreise – Mit Schiffen unterwegs 70
  3.1 Geraden und Strecken 71
  3.2 Parallele und orthogonale Geraden 73
  3.3 Abstand 76
  3.4 Achsensymmetrie 78
  3.5 Punktsymmetrie 82
  3.6 Koordinatensystem 84
  3.7 Winkel 87
  3.8 Winkel messen und zeichnen 89
  3.9 Vierecke 94
  3.10 Kreise 99
Auf unterschiedlichen Wegen 106
Kreuz und quer 109
Horizonte – Mindmap 114
Am Ziel! 115

Inhaltsverzeichnis

4	**Messen von Größen**	**118**
Startklar!		118
Rundreise – Unser Wald		120
4.1	Länge	121
4.2	Masse	125
4.3	Zeit	126
4.4	Geld	128
4.5	Größenangaben und Umrechnungen	130
4.6	Maßstab	131
Auf unterschiedlichen Wegen		133
Kreuz und quer		134
Horizonte – Modellieren mit Fermi-Fragen		138
Am Ziel!		139

5	**Umfang und Flächeninhalt ebener Figuren**	**142**
Startklar!		142
Rundreise – Europa		144
5.1	Umfang ebener Figuren	145
5.2	Flächenmessung	147
5.3	Flächeneinheiten	150
5.4	Flächeninhalt von Rechteck und Quadrat	154
5.5	Flächeninhalt weiterer Figuren	159
5.6	Netze von Quader und Würfel	161
5.7	Oberflächeninhalt von Quader und Würfel	166
Auf unterschiedlichen Wegen		169
Kreuz und quer		171
Tiefgang – Bauernhof		176
Am Ziel!		178

6	**Ganze Zahlen**	**180**
Startklar!		180
Rundreise – Einmal um die ganze Welt …		182
6.1	Ganze Zahlen und ihre Anordnung	183
6.2	Zunahmen und Abnahmen	188
6.3	Ganze Zahlen addieren und subtrahieren	191
6.4	Ganze Zahlen multiplizieren	194
6.5	Ganze Zahlen dividieren	196
6.6	Rechengesetze	198
Auf unterschiedlichen Wegen		200
Kreuz und quer		202
Tiefgang – Klimawandel		207
Am Ziel!		209

Bildnachweis	212

Verwendung des Lösungsbandes

Prozessbezogene Kompetenzen

Im Lösungsband werden prozessbezogene Kompetenzen zu jeder Aufgabe angegeben. Dabei werden die allgemeinen mathematischen Kompetenzen entsprechend der Bildungsstandards für den mittleren Schulabschluss zugrunde gelegt. Mathematische Kompetenzen werden im Wesentlichen durch Aufgaben erworben, wobei eine Aufgabe auch zur Förderung mehrerer Kompetenzen beitragen kann. Die Angaben neben den Aufgaben stellen somit eine Richtschnur dar, welche Kompetenz im Vordergrund steht.

K1   **Mathematisch argumentieren,** z. B. Fragen stellen, die für die Mathematik charakteristisch sind; Vermutungen begründet äußern; mathematische Argumentationen ausgehend von einer geeigneten Begründungsbasis entwickeln; Lösungswege beschreiben und begründen und dabei einfache Plausibilitätsbetrachtungen, inhaltlich-anschauliche Begründungen und Beweise nutzen.

K2   **Probleme mathematisch lösen,** z. B. vorgegebene und selbst formulierte Probleme bearbeiten; geeignete heuristische Hilfsmittel, Strategien und Prinzipien zum Problemlösen auswählen bzw. anwenden; Plausibilität der Ergebnisse überprüfen sowie das Finden von Lösungsideen und die Lösungswege reflektieren.

K3   **Mathematisch modellieren,** z. B. die Struktur realitätsbezogener Fragestellungen analysieren, vereinfachen und Annahmen treffen; relevante Größen und ihre Beziehungen identifizieren; die Situation unter Nutzung von Grundvorstellungen zu mathematischen Operationen in ein mathematisches Modell übersetzen; im mathematischen Modell ein Ergebnis finden und es in Bezug auf die Realsituation interpretieren; das Ergebnis im Hinblick auf Stimmigkeit und Angemessenheit überprüfen.

K4   **Mit symbolischen, formalen und technischen Elementen der Mathematik umgehen,** z. B. flexibel mit symbolischen Darstellungen mathematischer Objekte wie z. B. Variablen, Gleichungen oder Diagrammen arbeiten; Algorithmen, Hilfsmittel und symbolische, formale, graphische oder verbale Darstellungen problemangemessen einsetzen; Verfahren beherrschen und reflektieren sowie Regeln und die Bedingungen ihrer Anwendung kennen.

K5   **Kommunizieren,** z. B. Überlegungen, Lösungswege bzw. Ergebnisse dokumentieren, verständlich darstellen und präsentieren, auch unter Nutzung geeigneter Medien; die Fachsprache adressatengerecht verwenden; Äußerungen und Texte zu mathematischen Inhalten verstehen und überprüfen.

1 Startklar!

K4 **1** 5; 9; 27; 38; 141; 434; 1001
  a) Die Zahlen von 100 bis 999 sind dreistellig, also 900 Zahlen.
  b) Es gibt 450 ungerade dreistellige Zahlen, also die Hälfte von 900, weil sich gerade und ungerade Zahlen immer abwechseln.
  c) Die größte fünfstellige Zahl ist 99 999, die kleinste 10 000.

K4 **2** a) Berlin ist die Hauptstadt der Bundesrepublik Deutschland, Frankfurt a. M. liegt in Hessen, Leipzig in Sachsen, Erfurt in Thüringen, Bielefeld in Nordrhein-Westfalen und Stuttgart in Baden-Württemberg.
  b) nach Einwohnerzahlen geordnet (von groß nach klein): Berlin, Frankfurt, Stuttgart, Leipzig, Bielefeld, Erfurt; nach Flächengröße geordnet (von groß nach klein): Berlin, Leipzig, Erfurt, Bielefeld, Frankfurt, Stuttgart.
  Individuelle Lösungen.

K4 **3** a) A: 4; B: 12; C: 28; D: 40; E: 54; F: 67; G: 96; H: 105
  b) Genau in der Mitte zwischen C und D liegt 34.

K4 **4** a)

Note	1	2	3	4	5	6
Anzahl	3	6	8	4	2	0

  b) Am häufigsten wurde die Note 3 geschrieben.
  c) Insgesamt haben 23 Kinder die Klassenarbeit mitgeschrieben.
  d) Eine Note, die entweder 3 oder besser war, schrieben 17 Kinder.

K1 **5** a) Insgesamt gab es 26 Nennungen.
  b) Die Gesamtzahl der Striche muss nicht der Klassengröße entsprechen, denn es könnte erlaubt gewesen sein, mehrere Lieblingssportarten anzugeben. Es könnte auch sein, dass nicht alle Schüler ihre Stimme abgegeben haben, dass es also weniger Striche als Kinder in der Klasse sind.
  c) Die beliebteste Sportart ist Fußball. Dann kommt Skifahren, dann Reiten, dann Schwimmen, dann Tischtennis, zum Schluss Volleyball.
  Man könnte die Reihenfolge der Beliebtheit veranschaulichen, indem man wie bei den Olympischen Spielen ein Siegertreppchen malt. Auf den ersten Platz käme dann ein Fußball, auf den zweiten Platz ein Paar Ski usw.

1 Natürliche Zahlen

Einstieg

Die Auftaktseite eines Kapitels enthält zwei verschiedene Elemente:
Zunächst werden die Schüler mit einem offenen Einstiegsbeispiel an das neue Kapitel herangeführt. Zentral ist dabei immer der Anwendungsbezug: Kein Lehrplaninhalt ist rein innermathematisch, sodass den Schülern von Beginn an gezeigt werden sollte, dass Mathematik nichts Abstraktes ist, sondern oft im Leben der Schüler vorkommt. In einem Unterrichtsgespräch zur Auftaktseite können viele der kommenden Lerninhalte schon heuristisch erarbeitet, Vermutungen geäußert und Zusammenhänge erschlossen werden.

- Zahlen durchdringen unseren Alltag auf vielfältige Weise. Ganz allgemein lässt sich sagen: Zahlen braucht man überall da, wo etwas quantifiziert werden soll. Zahlen werden verwendet, um entweder die Größe einer Menge anzugeben (Kardinalaspekt, Beispiel: Menge 1 umfasst 5 kg), oder aber, um unterschiedliche Mengen der Größe nach zu ordnen (Ordinalaspekt, Beispiel: Menge 1 größer Menge 2 größer Menge 3).

- Mengenangaben auf Verpackungen, Abfahrtszeiten des Schulbusses, Dauer einer Schulstunde, Distanz zwischen Wohnort und Schule, Reihenfolge des Eintreffens der Schüler im Klassenzimmer, ...
  Bei sämtlichen Beispielen steht jeweils entweder der kardinale oder der ordinale Aspekt von Zahlen im Vordergrund:
  – Mengengaben auf Verpackungen (kardinaler Aspekt)
  – Reihenfolge des Eintreffens der Schüler (ordinaler Aspekt)

- Eine Möglichkeit, einen entsprechenden Fragebogen zu gestalten, ist auf Seite 8 im Schulbuch angegeben.

Ausblick

Die Aufzählung am Ende der Seite bietet einen Ausblick auf die wesentlichen Lernziele des Kapitels und schafft so eine hohe Transparenz für Schüler und Lehrer. Durch einen informierenden Unterrichtseinstieg können sich Schüler und Lehrer auf das Kommende einstellen.
Idealerweise wird im Unterricht der Bezug hergestellt zwischen der Einstiegssituation und den im Ausblick angegebenen Lernzielen.

1 Rundreise – Wir lernen uns kennen

Kap. 1.1

Was ich alles wissen möchte

K4 — Anhand eines Fragebogens sammeln die Schülerinnen und Schüler Informationen übereinander und lernen sich dabei auch besser kennen.

K4 — Die Schülerinnen und Schüler überlegen und diskutieren, wie sie die gesammelten Daten übersichtlich darstellen können. Aus der Grundschule sind das Bilddiagramm, das Säulendiagramm und das Balkendiagramm bekannt.

Kap. 1.4

Mit dem Fahrrad unterwegs

K4 — Die abgebildete Darstellung ist unübersichtlich. Um der Darstellung einzelne Informationen zu entnehmen, muss man mühsam nachzählen. Man erhält auch keinen schnellen Gesamtüberblick über die Ergebnisse.

K4 —

Mädchen mit Helm (MH)	IIIIIIIII	9
Junge mit Helm (JH)	IIIIIIIIIIIIIII	15
Mädchen ohne Helm (MO)	III	3
Junge ohne Helm (JO)	III	3

K2 — Individuelle Ergebnisse und Darstellungen

K5 — Individuelle Ergebnisse und Darstellungen

Rundreise – Wir lernen uns kennen

Kap. 1.5

Vergleichen und gewichten

K3
- Individuelle Ergebnisse

K2
- Die Schülerinnen und Schüler überlegen, welches Kriterium sie für die Beantwortung der Frage verwenden könnten. Mögliche Vorschläge könnten z. B. sein:
  - In welcher Gruppe (Jungen oder Mädchen) ist das größte Kind?
  - Bei welcher Gruppe ist die Summe der Körpergrößen größer?
  - Der Vergleich der Durchschnittsgrößen der beiden Gruppen. Die Schülerinnen und Schüler kennen das arithmetische Mittel zwar noch nicht, sie sind aber bereits z. B. mit dem Notendurchschnitt in Berührung gekommen.

K1
- Die von Lucas vorgeschlagene Vorgehensweise kann zu einem stark verfälschten Bild führen, z. B. dann, wenn unterschiedlich viele Jungen und Mädchen in der Klasse sind. In dem Fall, dass gleich viele Jungen und Mädchen in der Klasse sind, ist Lucas' Methode eine erste Annäherung an die Problemlösung. Das Ergebnis ist jedoch nur dann brauchbar, wenn die Größen innerhalb einer Gruppe nicht zu stark voneinander abweichen.

K1/2
- Pia vergleicht immer paarweise; der Junge in der Mitte der Jungenreihe wird dabei außer Acht gelassen. Aus diesen Vergleichen kann Pia die Differenzen der Größen bestimmen. Dann werden diese Differenzen gegeneinander aufgerechnet, je nachdem, ob bei einem Paar der Junge oder das Mädchen größer ist.
  Pias Vorgehen stellt eine gute Annäherung an die Problemlösung dar. Im Gegensatz zu Lucas' Vorgehen fallen dabei große Größenunterschiede innerhalb einer Gruppe kaum ins Gewicht.

Kap. 1.6

Ungefähr und ganz genau

K3
- Individuelle Ergebnisse. Es könnten z. B. folgende Vorgehensweisen in Frage kommen:
  1. Anzahl der Klassen der Schule ermitteln oder schätzen, Anzahl der Schüler pro Klasse schätzen und dann die Schätzwerte multiplizieren.
  2. Anzahl der Lehrer ermitteln, indem man z. B. nachfragt. Erfahrungsgemäß kommt auf etwa zehn Schüler ein Lehrer.
  3. Anzahl der Fenster an einem Teil des Gebäudes zählen, dann hochrechnen, wie viele es am ganzen Schulgebäude sind.

K3
- Individuelle Fragestellungen. Es könnte z. B. die Anzahl der Menschen auf dem Foto im Schulbuch geschätzt werden.

1.1 Natürliche Zahlen sammeln

Alternativer Einstieg: Schulbuch Seite 8

Entdecken

K4 ■ Individuelle Antworten.
K5 ■ Individuelle Ergebnisse.

Nachgefragt

K2 ■ Solche „Ausreißer" können gestrichen werden, damit sie das Gesamtbild nicht verfälschen, oder in einer eigenen Kategorie „Sonstiges" zusammengefasst werden.
K1 ■ Die Häufigkeitstabelle wird aus der Strichliste durch Abzählen der Striche erstellt.

Aufgaben

K4 1 a) Insgesamt sind 28 Schüler in der Klasse: 16 Mädchen und 12 Jungen. 10 Mädchen und 4 Jungen gaben Laura die Stimme. Malte wurde von 6 Mädchen und 8 Jungen gewählt.

b)
Laura	Malte
14	14

Beide haben gleich viele Stimmen erhalten. Die Wahl ist also nicht entschieden. Eine Stichwahl könnte zur Entscheidung führen.

K4 2 a) Anzahl der Geschwister:

keine	1	2	3	4
7	11	5	3	1

b) Die Klasse hat 27 Schüler.
c) weniger als drei Geschwister: 23 Schüler mehr als zwei Geschwister: 4 Schüler
d) Individuelle Ergebnisse.

K4 3 a)
Foto Nummer	1	2	3	4	5	6	7
Anzahl der Bestellungen	9	8	6	6	12	7	21

b) Insgesamt wurden 69 Fotos bestellt. 69 · 0,12 € = 8,28 €
c) Toni: 5 · 0,12 € = 0,60 € = 60 ct   Perth: 2 · 0,12 € = 0,24 € = 24 ct
Celin: 3 · 0,12 € = 0,36 € = 36 ct   Rike: 4 · 0,12 € = 0,48 € = 48 ct

K2 4 a) ① mehr als 1 h: (24 + 3) Schüler = 27 Schüler
② weniger als 60 Minuten: 41 Schüler   ③ mehr als 15 Minuten: 60 Schüler

b) Jeder Schüler, der täglich weniger als 15 Minuten für seine Hobbys aufwendet, wendet automatisch auch weniger als 30 Minuten für seine Hobbys auf. Die Anzahl derjenigen Schüler, die weniger als 30 Minuten aufwenden, müsste also um die Anzahl derer, die weniger als 15 Minuten aufwenden, größer sein. Entsprechendes gilt für die Anzahl der Schüler, die weniger als 1 h bzw. weniger als 90 Minuten täglich für ihre Hobbys aufwenden.
Verbesserungsvorschlag für eine systematischere Tabelle:

Zeit pro Woche	Anzahl
weniger als 15 min	
zwischen 15 min und 30 min	
zwischen 30 min und 1 h	
zwischen 1 h und 90 min	
mehr als 90 min	

K3/4 5 Individuelle Ergebnisse.

1.2 Natürliche Zahlen darstellen – das Zehnersystem

Entdecken

K2 ■ Individuelle Spielergebnisse.

K1 ■ Wenn die größte (kleinste) „Hausnummer" gewinnt, sollte eine gewürfelte Zahl möglichst weit links (rechts) eingetragene werden, je größer sie ist.

Nachgefragt

K4 ■ 4. Stelle: 6 Tausend (7. Stelle: 6 Millionen, 12. Stelle: 600 Milliarden)

K2 ■ Man untersucht die Zahlen ziffernweise von links nach rechts. Wenn an einer Stelle unterschiedliche Ziffern auftauchen, ist diejenige Zahl größer, die an der Stelle den größeren Wert hat.

K2 ■ – An der Tausenderstelle muss eine 1 stehen, weil die Zahl sonst größer als 1800 wäre.
– An der Hunderterstelle muss die 5 stehen, weil die Zahl sonst entweder kleiner als 1200 (bei 1 an der Hunderterstelle) oder größer als 1800 (bei 8 an der Hunderterstelle) wäre.
– An der Zehner- und an der Einerstelle kann jede der verbleibenden Zahlen 1 bzw. 8 stehen. Man erhält damit die beiden Zahlen 1518 bzw. 1581.

Aufgaben

K4 **1**

	Billionen			Milliarden			Millionen			Tausend					
	H	Z	E	H	Z	E	H	Z	E	H	Z	E	H	Z	E
a)								1	6	0	0	0	0	0	0
b)							3	4	4	0	0	0	0	0	0
c)			7	0	0	0	0	0	0	0	0	0	0	0	0
d)								1	2	3	0	0	0	0	0
e)						7	0	0	7	0	0	7	0	0	0
f)				8	0	0	0	0	1	1	0	0	4	0	0
g)				9	2	8	0	5	3	5	0	2	9	9	9

K4 **2 a)** neunzehntausend
fünftausendsiebenhundertsechzig
neununddreißigtausendachthundertsechzig
vier Millionen
einhundertdreißigtausendneunhundertzwölf
neunhundertneunundneunzig Millionen dreihundertdreiunddreißigtausendvierhundertvierundvierzig
sechshundertfünfundsiebzig Millionen einhundertdreiundzwanzigtausendachthunderteinundvierzig
neunundvierzig Milliarden siebenhundert Millionen neun

b) 5760 < 19 000 < 39 860 < 130 912 < 4 000 000 < 675 123 841 < 999 333 444 < 49 700 000 009

K5 **3 a)** Geldbeträge werden oft in Worten angegeben, weil man an Zahlen durch das Anhängen oder Vorsetzen zusätzlicher Ziffern die Formulare schnell manipulieren kann.

b) ① 68 000   ② 12 300 000
③ 13 700 000 000 000   ④ 4 500 000 000

1.2 Natürliche Zahlen darstellen – das Zehnersystem

K5 **4** a) 65 398 b) 50 550 550 c) 1 234 567 890
231 966 12 345 678 44 444 444 444
415 263 123 456 789 99 000 040 000 050
300 300 535 781 246 10 101 010 101 010 101
1 100 111 2 190 000 358
34 434 334

K3 **5** a) 2 947 194 b) 2 947 196 c) 9 999 999
d) Der Zähler müsste um mindestens eine Stelle nach vorne erweitert werden und zählt dann bis „fast" 100 Millionen.

K5 **6** Bei dieser Übung soll das Lesen von Zahlen geübt werden.

K5 **7** Individuelle Ergebnisse, je nach Recherche.

K4 **8** a) 5126 < 5128 b) 45 008 < 45 080 c) 220 202 > 202 220
13 700 > 13 007 24 256 < 24 526 4 405 817 > 467 125
1357 < 7531 99 999 < 100 000 9 887 765 < 9 888 775

K4 **9** a) A: 600 B: 5500 C: 8200 D: 2100
E: 10 300 F: 3300 G: 9600 H: 6900
b) A: 300 000 B: 1 200 000 C: 2 800 000 D: 4 400 000
E: 5 700 000 F: 7 100 000 G: 8 600 000 H: 9 500 000
I: 10 600 000

K4 **10** a) A: 509 B: 524 C: 544 D: 556
E: 569 F: 585 G: 595 H: 601

b) ① 812, 834, 850, 865, 878, 898 (auf Zahlenstrahl 810–900)

② 1550, 1570, 1605, 1635, 1655, 1670 (auf Zahlenstrahl 1550–1650)

K2 **11** a) Merkur, Venus, Erde, Mars, Jupiter, Saturn, Uranus, Neptun
(Merkur, Mars, Venus, Erde, Neptun, Uranus, Saturn, Jupiter)

b) Merkur, Venus, Erde, Mars (bei 0–10 000); Neptun, Uranus (bei 50 000); Saturn (~120 000); Jupiter (~140 000) km

1.2 Natürliche Zahlen darstellen – das Zehnersystem

K2 **12 a)** ① 9; 10; 33; 42   ② 56; 67; 116; 63

Vorgehen: Die größte Stufenzahl suchen, die in die Zahl vollständig hineinpasst. Dort wird die Ziffer „1" gesetzt. Mit dem Rest genauso bei den kleineren Stufenzahlen verfahren. Nicht besetzte kleinere Stellenwerte werden mit Nullen aufgefüllt.

a) 110_2; 1010_2; 10100_2; 11110_2; 100100_2; 110000_2; 110010_2; $1\,000110_2$

b) 1111_2; 10001_2; 10111_2; 101001_2; 111111_2; 1000001_2; 1001111_2; 1011111_2

c) Nur die Einerstelle entscheidet, ob eine Zahl gerade oder ungerade ist, denn alle größeren Stufenzahlen sind gerade Zahlen. Ist die Einerstelle eine „0", so ist die Zahl gerade, andernfalls ungerade.

d) 0 und 1.

K4   Geschichte

- **a)** 1484   **b)** 1678   **c)** 1912   **d)** 1998   **e)** 2019
- **a)** DCCXXIII   **b)** MCMXXXV   **c)** MCMLXXXIV   **d)** MMCXLIV   **e)** MMCCCIC

1.3 Natürliche Zahlen ordnen

Entdecken

K1
- Individuelle Antworten und Begründungen.

K2
- Die Karten lassen sich z. B. nach ihrer Nummerierung ordnen (3 C, 4 D, 5 B, 5 C) oder nach einem (oder mehreren) der auf den Karten angegebenen Eigenschaften der Dinosaurier (Größe, Länge usw.).

Nachgefragt

K4
- Es gibt unendlich viele natürliche Zahlen.

K4
- Die kleinste natürliche Zahl ist die 0. Da jede natürliche Zahl einen Nachfolger hat, gibt es keine größte natürliche Zahl.

K1
- Nein, denn die 0 hat keinen Vorgänger und somit auch keine zwei Nachbarzahlen. Für alle anderen natürlichen Zahlen stimmt diese Aussage jedoch.

Aufgaben

K4 **1 a)** A: 6   B: 55   C: 82   D: 21   E: 103   F: 33   G: 96   H: 69
b) A: 580   B: 370   C: 230   D: 830   E: 1140   F: 440   G: 870   H: 60

Beide Zahlenstrahle haben den gemeinsamen Startwert 0. Während beim oberen Strahl ein Teilstrich jedoch für 1 Einheit steht, sind es beim unteren Strahl 10 Einheiten.

K4 **2**

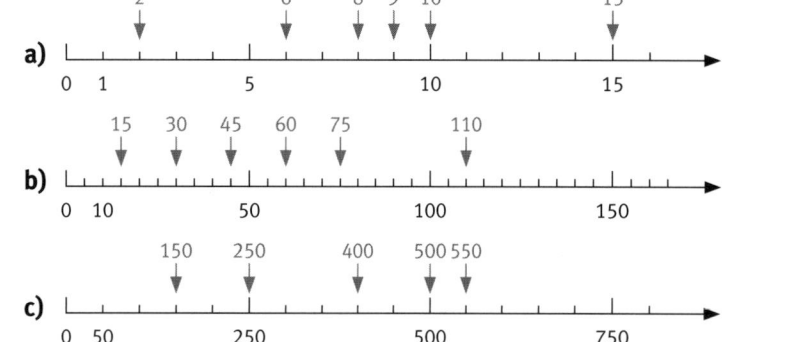

K4 **3 a)** 27 > 17   **b)** 130 > 103   **c)** 899 < 989   **d)** 0 < 432
       38 < 83   250 > 150   678 > 673   313 < 331
       101 = 101   581 > 518   1234 < 1243   99999 > 10000

K4 **4 a)** ① 24 (W)   42 (I)   83 (S)   122 (S)   371 (E)   506 (N)   WISSEN
           ② 666 (M)   677 (A)   767 (C)   776 (H)   777 (T)   MACHT
           ③ 2233 (S)   2323 (C)   2332 (H)   2333 (L)   3232 (A)   3322 (U) SCHLAU
       b) ① 6450 (M)   1350 (A)   997 (T)   530 (H)   49 (E)   MATHE
           ② 9990 (Z)   9909 (A)   9900 (U)   9099 (B)   9090 (E)   9009 (R) ZAUBER

K2 **5 a)** Malte   **b)** Ben

1.3 Natürliche Zahlen ordnen

K2 6 a) ♥ ∈ {49; 50; 51; 52; 53; 54; 55; 56}
b) (♥ ; ♦) ∈ {(10 ; 11); (10 ; 12); (10 ; 13); (11 ; 12); (11 ; 13); (12 ; 13)}
c) ♦ ∈ {97; 98; 99; 100; 101; 102; 103; 104; 105; 106; 107}
d) (♥ ; ♦) ∈ {(1 ; 9); (2 ; 9); (3 ; 9)}

K2 7 Es gibt mehrere Möglichkeiten:

1	2	3	4
Gregor	Sophie	Lucas	Laura
Lucas	Sophie	Gregor	Laura
Gregor	Lucas	Sophie	Laura
Lucas	Gregor	Sophie	Laura

1.4 Natürliche Zahlen veranschaulichen

Alternativer Einstieg: Schulbuch Seite 8

Entdecken

K5 — Individuelle Ergebnisse, je nach Recherche.

K4 — Ein Diagramm ist übersichtlicher als eine Strichliste oder eine Häufigkeitstabelle. Die Verteilung der dargestellten Kategorien erschließt sich aus dem Diagramm „auf einen Blick".

Nachgefragt

K4 — Säulendiagramm und Balkendiagramm sind sehr ähnlich. Sie unterscheiden sich dadurch, dass die Daten (z. B. Anzahlen) im Säulendiagramm senkrecht durch die Höhen der Säulen und im Balkendiagramm waagrecht durch die Längen der Balken dargestellt werden.
In einem Bilddiagramm entspricht die Anzahl der verwendeten Symbole (oder die Größe der Symbole) der dargestellten Zahl.

K1 — Individuelle Antworten und Begründungen.

Aufgaben

K4   **1 a)**

Jahr	2010	2011	2012	2013	2014
Flugbewegungen	165 000	180 000	180 000	165 000	150 000

b) Für das Jahr 2015 müssen fünf (30 000 · 5 = 150 000) Flugzeuge gezeichnet werden.

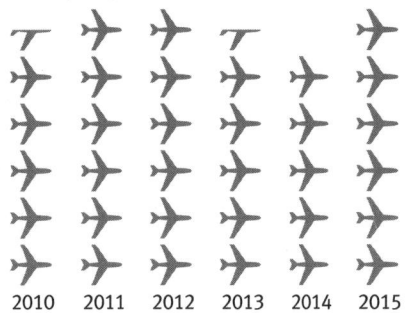

K4   **2 a)** Im Februar haben 2 Kinder Geburtstag.

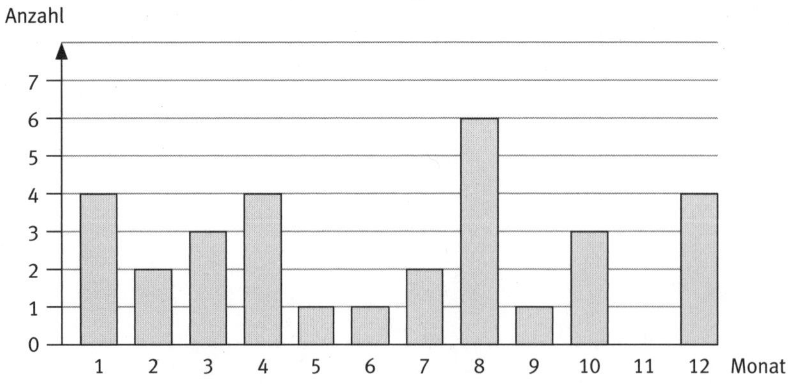

b) Individuelle Ergebnisse.

1.4 Natürliche Zahlen veranschaulichen

K4 **3** Es wurden 282 Schülerinnen und Schüler befragt.

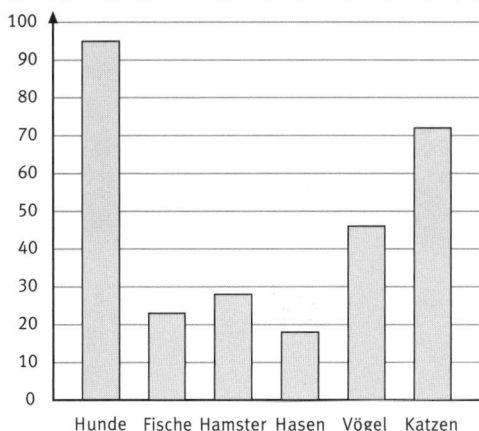

K4 **4 a)** Mexiko-Stadt: etwa 20 000 000
Peking: etwa 15 000 000
Seoul: etwa 5 000 000
Kairo: etwa 7 500 000

b) Individuelle Ergebnisse, je nach Recherche. Unterschiede können z. B. durch Rundungen entstehen.

K4 **5 a)** Dem ersten Diagramm kann man entnehmen, wie viele Schüler den Hobbys Lesen, Basteln, Musik, Sport bzw. Haustiere nachgehen.
Das zweite Diagramm zeigt, wie viel Zeit die Schüler am Tag etwa für ihre Hobbys aufbringen.
Da die Kategorien beim zweiten Diagramm keine Überschneidungen zulassen, kann man dem zweiten Diagramm die Gesamtzahl der Befragten entnehmen (28). Beim ersten Diagramm wurden offensichtlich Mehrfachnennungen zugelassen. Ebenso kann man nicht entnehmen, wie viel Zeit für welche Hobbys verwendet wird. (Weitere Nennungen möglich).

b)

Hobbys	Lesen	Basteln	Musik	Sport	Haustiere
Anzahl der Schüler	10	3	8	10	7

Zeit für Hobbys	0–30 Min.	31–45 Min.	46–60 Min.	61–90 Min.	> 90 Min.
Anzahl der Schüler	6	7	11	3	1

c) Dem zweiten Diagramm ist zu entnehmen, dass insgesamt 28 Schülerinnen und Schüler befragt wurden.

d) Beide Diagramme lassen sich in ein Bilddiagramm umsetzen. Beim linken ist die Wahl der Symbole „intuitiver" und anschaulicher möglich als beim rechten.
Mögliche Symbole für linkes Diagramm: Buch, Schere, Geige, Ball, Hund
Mögliche Symbole für rechtes Diagramm: Uhren mit den markierten Zeiträumen

1.5 Mit natürlichen Zahlen beschreiben

Alternativer Einstieg: Schulbuch Seite 9

Entdecken

K4 — Individuelle Ergebnisse.

K4 — Individuelle Ergebnisse.

K4 — Individuelle Ergebnisse. Hier darüber diskutiert werden, was in diesem Zusammenhang unter „typisch" verstanden werden kann. Dies kann die Diskussion über einen geeigneten „Mittelwert" anbahnen.

Nachgefragt

K5 — Der häufigste Wert einer Datenreihe kann von Interesse sein, weil er einen näherungsweise realistischen Eindruck von der relevanten Größenordnung der Daten vermittelt und unempfindlich gegenüber einzelnen extremen Datenwerten („Ausreißern") ist.

K5 — Bei einer (der Größe nach) geordneten Datenreihe lassen sich der größte und der kleinste Wert sowie die Häufigkeit der einzelnen Werte besser entnehmen als bei einer ungeordneten Datenreihe.

Aufgaben

K4   **1** a) ① 10; 10; 12; 12; 12; 13; 13; 13; 14; 14; 15; 15; 15; 16; 17; 17; 18
② 17; 18; 18; 20; 21; 22; 24; 25; 25; 25; 26; 27
③ 6; 6; 6; 6; 7; 7; 7; 7; 8; 8; 8; 8; 9; 9; 10
④ 0; 1000; 1000; 1500; 2000; 3000; 3500; 7000

b) ① Es gibt keinen häufigsten Wert, da 12; 13 und 15 alle dreimal vorkommen.

Der Wert 14 in der Mitte der Datenreihe kommt zwar nur zweimal vor, er unterscheidet sich aber sowohl vom kleinsten (10) als auch vom größten Wert (18) um dieselbe Zahl 4. Damit bildet er die Größenordnung der Werte auch unter Berücksichtigung ihrer Verteilung näherungsweise realistisch ab.

② Der Wert 25 kommt zwar am häufigsten vor, er bildet die Datenreihe aber nicht gut ab, weil er zu groß ist. Ein Wert etwa in der Mitte, wie 22 oder 24, beschreibt die Datenreihe besser.

Eventuell kann thematisiert werden, dass die (in der Datenreihe selbst nicht vorkommende) Zahl 23 die Daten recht gut beschreibt, weil sechs Werte kleiner und sechs Werte größer als 23 sind.

③ Der Wert 7 beschreibt die Daten recht gut, weil sieben Werte kleiner und sieben Werte größer als 7 sind.

④ Der häufigste Wert (1000) bildet die Datenreihe aber nicht gut ab, weil er zu klein ist. Wenn man den kleinsten (0) und den größten Wert (7000) aufgrund ihrer starken Abweichungen von den übrigen Werten als Ausreißer wertet und nicht berücksichtigt, vermittelt der Wert 2000 einen näherungsweise realistischen Eindruck.

1.5 Mit natürlichen Zahlen beschreiben

c)

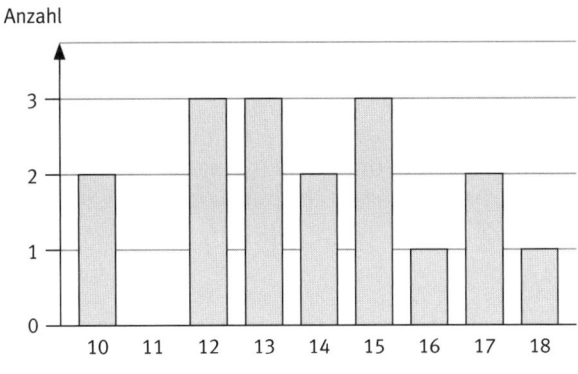

① Anzahl

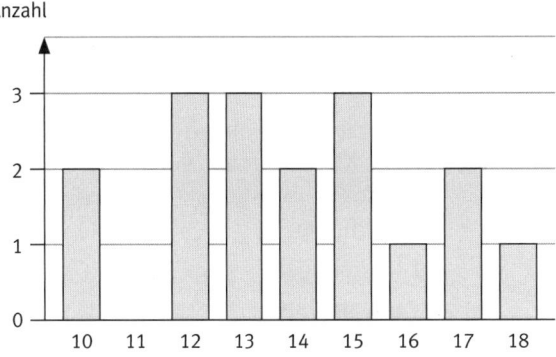

② Anzahl

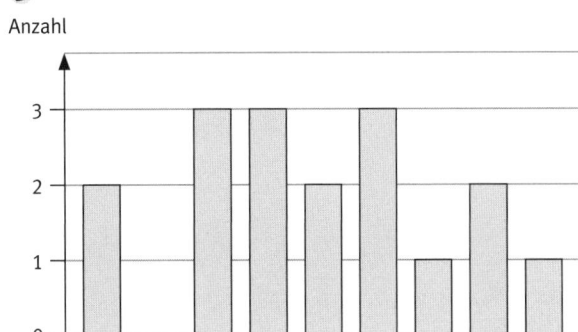

③ Anzahl

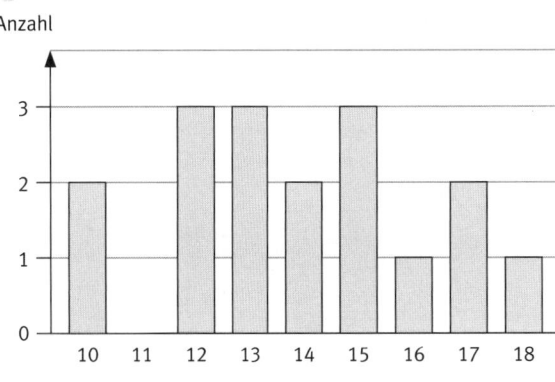

④ Anzahl

K4 2 a), b)

Von allen Schülern der 5. Klassen zusammen wurden die Raubtiere mit folgenden Häufigkeiten genannt:

Raubtier	Tiger	Löwe	Leopard	Marder
Anzahl	51	54	9	6

Damit ergibt sich:

Raubtier	5a	5b	5c	alle Klassen
am häufigsten genannt	Löwe	Tiger	Löwe	Löwe
am seltensten genannt	Marder	Leopard	Marder	Marder
Unterschied	19	21	20	48

K4 3 a)

Augenanzahl	1	2	3	4	5	6
Häufigkeit	12	7	9	6	6	10

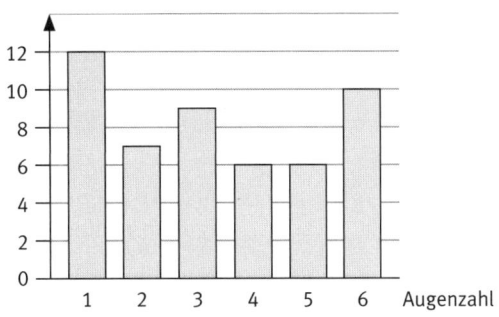

1.5 Mit natürlichen Zahlen beschreiben

b) Hier kommen unterschiedliche Möglichkeiten in Frage:
- Der häufigste Wert ist die 1, am seltensten wurden die 4 und die 5 geworfen.
- Der Wert etwa „in der Mitte" ist die 3, weil annähernd gleich häufig ein kleinerer Wert (19-mal) bzw. ein größerer Wert (22-mal) geworfen wurde.

K4 **4 a)** Die Klasse 5c hat 28 Schülerinnen und Schüler unter der Voraussetzung, dass jede Schülerin und jeder Schüler genau eine Bewertung abgegeben hat (keine Mehrfachbewertungen und keine Enthaltungen).

b)

Schulnote	1	2	3	4	5
Häufigkeit	3	7	9	5	4

Am häufigsten wurde die Note 3 vergeben.

c) Häufigkeit

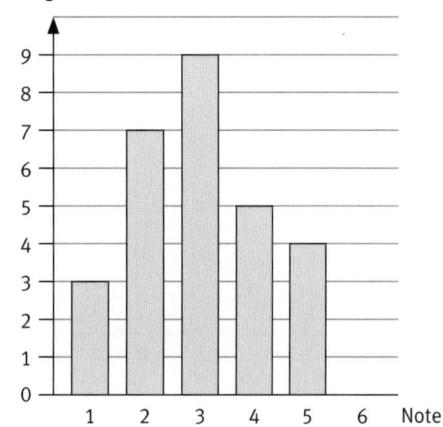

K5 **5 a)** Am meisten hat sich die Altersgruppe der 20- bis 25-Jährigen für den Film interessiert.

b)
- Die jüngsten Zuschauer waren 20 Jahre alt, der älteste Zuschauer war 40 Jahre alt.
- Das häufigste Zuschaueralter ist 21 Jahre.
- 42 von 50 Zuschauern waren jünger als 30 Jahre, nur 8 waren 30 Jahre alt oder älter.

1.6 Natürliche Zahlen schätzen und runden

Alternativer Einstieg: Schulbuch Seite 9

Entdecken

K5 ■ Man zählt die Anzahl der Bakterien in einer geeigneten Gitterzelle und multipliziert das Ergebnis mit der Anzahl der Gitterzellen.

K3 ■ Die Bakterien sind näherungsweise gleichmäßig über die acht Gitterzellen verteilt. In der Gitterzelle oben links sind etwa 23 Bakterien, insgesamt sind es also etwa 8 · 23 = 184 Bakterien.

Nachgefragt

K4 ■ Die kleinste Zahl, die auf Hunderter gerundet 1300 ergibt, ist 1250, die größte ist 1349.
Die kleinste Zahl, die auf Hunderter gerundet 2000 ergibt, ist 1950, die größte ist 2049.

K5 ■ Raten ist eine willkürliche Zahlangabe ohne vorhandene Informationen.
Schätzen ist die Angabe einer Zahl, die möglichst dicht am wahren Wert liegen sollte, und die man aufgrund von Informationen, Experimenten, ... bestimmt.
Runden ist das Weglassen von Informationen aufgrund einer unzweckmäßigen Genauigkeit.

K4 ■ Die Zahl 9999 auf Zehner, Hunderter und Tausender gerundet ergibt immer 10 000.

Aufgaben

K4　1　a) ① 25 000 (20 000); 55 000 (60 000); 19 000 (20 000); 80 000 (80 000); 61 000 (60 000)
　　　　② 85 000 (80 000); 55 000 (60 000); 220 000 (220 000); 13 000 (10 000)
　　b) ① 9 000 000 (8 600 000); 20 000 000 (20 500 000); 707 000 000 (707 500 000)
　　　　② 100 000 000 (99 600 000); 113 000 000 (113 000 000); 0 (0)

K4　2

Platz	Name	Häufigkeit
1	Müller	256 000
2	Schmidt	191 000
3	Schneider	116 000
4	Fischer	98 000
5	Weber	86 000
6	Meyer	84 000
7	Wagner	80 000
8	Schulz	74 000
9	Becker	74 000
10	Hoffmann	71 000

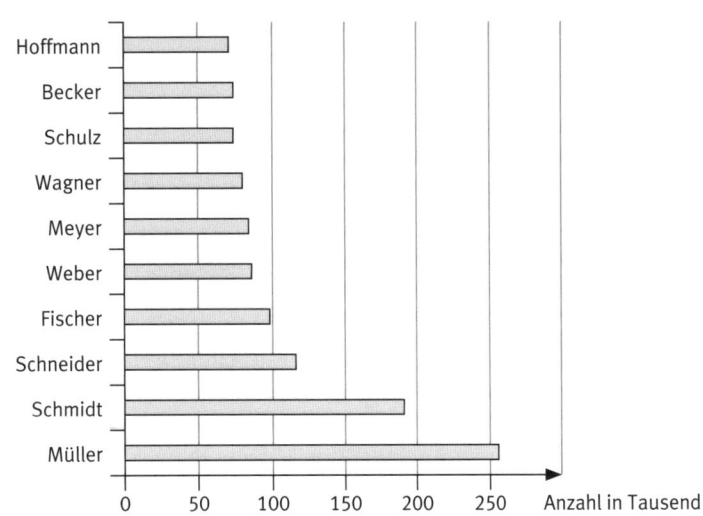

K3　3　Lösungsmöglichkeit: Neben der Figur stehen erwachsene Personen, die erfahrungsgemäß durchschnittlich etwa 1,80 m groß sind. Die Statue scheint etwa dreimal so groß wie die Person zu sein, also geschätzte 5,40 m.

1.6 Natürliche Zahlen schätzen und runden

K4 4 a) Auf Hunderter gerundet, bei einer Zehnerstelle mit der Ziffer 5 wird jedoch aufgerundet.
24 356 ≈ 24 400
b) Auf Zehntausender gerundet, bei einer Tausenderstelle mit der Ziffer 2 wird jedoch abgerundet.
482 715 ≈ 480 000
c) Auf Zehner gerundet, bei einer Einerstelle mit der Ziffer 9 wird jedoch aufgerundet.
889 ≈ 890
d) Auf Tausender gerundet, bei einer Hunderterstelle mit der Ziffer 4 wird jedoch abgerundet.
1498 ≈ 1000
e) Auf Zehnmillionen gerundet, bei einer Millionenstelle mit der Ziffer 4 wird jedoch abgerundet.
4 501 000 ≈ 0
f) Auf Zehner gerundet, bei einer Einerstelle mit der Ziffer 6 wird jedoch aufgerundet.
571 316 ≈ 571 320

K3 5 Es sind neben den angegebenen Schätzungen auch andere möglich.
a) ① 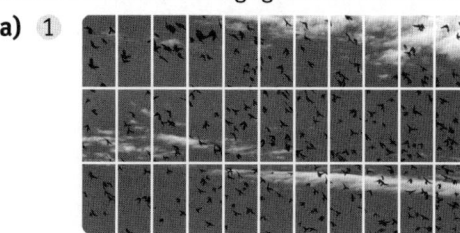 ②

33 · 12 = 396 ≈ 400   33 · 10 = 330 ≈ 350

③  ④

15 · 7 = 105 ≈ 100   7 · 8 = 56

b) Je größer ein Rasterfeld ist, desto genauer wird die Schätzung, aber unter Umständen auch aufwendiger, wenn alle Rechtecke gleich groß sind. Unterschiedlich große Rechtecke bringen kaum Vorteile, weil man die Anzahl in jeder Rechtecksgröße getrennt bestimmen muss.

K1 6 a) Telefonnummer, Postleitzahl und Schuhgröße sollte man nicht runden, weil die gerundete Zahl für die praktischen Zwecke, für die sie gedacht ist, unbrauchbar sein kann.
Beispiele:
Telefonnummer 742 518 z. B. auf Tausender gerundet ergibt 743 000.
Postleitzahl von Mannheim 68 159 z. B. auf Hunderter gerundet ergibt 68 200.
Schuhgröße 43 auf Zehner gerundet ergibt 40.
Die übrigen genannten Angaben können je nach Sachzusammenhang geeignet gerundet werden.
b) Individuelle Antworten. Beispiele: Zahl in einem Kfz-Kennzeichen, Hausnummer …
c) Das hängt von dem Sachzusammenhang ab, in dem man die Zahl verwenden möchte.
Beispiel: In der Klasse 5a sind 28 Schülerinnen und Schüler. Für die Bestellung von Arbeitsheften für die Klasse wird die Lehrkraft die genaue Anzahl 28 verwenden; bei der Planung des Einkaufs für eine Klassenparty kann man mit der auf Zehner gerundeten Zahl 30 rechnen.

K4 7 a) Beispiele: 2499; 2460; 2450 oder 2501; 2510; 2549
b) Alle Zahlen zwischen 2450 und 2499 werden aufgerundet, also insgesamt 50 Zahlen (alle Zahlen zwischen 2500 und 2549 werden abgerundet, also 50 Zahlen. Die 2500 ist schwer einsehbar, weil man die Rundung nicht bemerkt).

1.6 Natürliche Zahlen schätzen und runden

K4 **8 a)** Nein, denn aufgrund der Rundung auf ganze Euro kann es zu Unterschieden kommen. Alle Geldbeträge zwischen 14,50 € und 15,49 € werden auf 15 € gerundet. Der Unterschied kann maximal 99 ct betragen.

b) Beim Runden auf 10 000: zwischen 65 000 und 74 999
Beim Runden auf 1000: zwischen 69 500 und 70 499

K4 **9 a)**
① Abrunden, Ziffern 0–4   ② Aufrunden, Ziffern 5–9   ③ Aufrunden, Ziffern 5–9
Aufrunden, Ziffern 5–9   Abrunden, Ziffern 0–4   Aufrunden, Ziffern 5–9
Aufrunden, Ziffern 5–9   Aufrunden, Ziffern 5–9   Abrunden, Ziffern 0–4

b) Es ergeben sich jeweils gleich viele Lösungen, weil bei fünf Ziffern abgerundet und bei fünf Ziffern aufgerundet wird.

K4 **10 a)** Bezüglich der unmittelbaren Umwelt sind unterschiedliche Lösungen möglich.

Stadt	Freiburg	München	Deutschland
Einwohner	220 300	1 326 800	82 000 000
Autos/Fernseher	2203 · 66 = 145 398	13 268 · 66 = 875 688	820 000 · 66 = 54 120 000
Fahrräder	2203 · 82 = 180 646	13 268 · 82 = 1 087 976	820 000 · 82 = 67 240 000
Handys	2203 · 104 = 229 112	13 268 · 104 = 1 379 872	820 000 · 104 = 85 280 000
Apotheken	3 · 27 = 54	13 · 27 = 351	820 · 27 = 22 140

Eine Diskussion der Genauigkeit der Ergebnisse erscheint hier sinnvoll. Es geht wohl eher um Größenordnungen.

b) Die angegebenen Zahlen sind Durchschnittswerte. Es ist möglich, dass es regionale Unterschiede gibt, die auch (gerade in größeren Städten) vom öffentlichen Personennahverkehr bei Autos und Fahrrädern, von der Attraktivität einer Region bei Apotheken usw. abhängen.

c) Anzahl pro 100 Einwohner

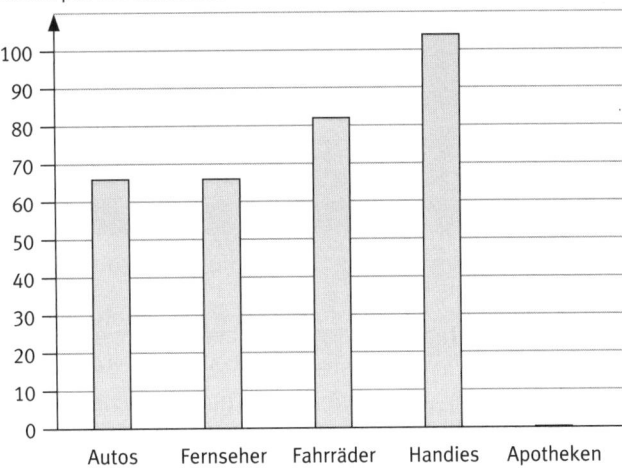

K2 **11** Ein Teilstrich entspricht 50 m.
Empire State Building: ca. 450 m   Fernsehturm: ca. 225 m
Antennen-Türme: ca. 300 m   Kölner Dom: ca. 200 m
Eiffel-Turm: ca. 300 m   Pyramiden: ca. 150 m

K2 **12 a)** auf Hunderttausender

b) Es sind verschiedene Lösungen möglich, z. B. beim Runden auf Millionen kann ein Tier für eine Million stehen.

1 Auf unterschiedlichen Wegen

K4 **1 a)** ① 3 Kinder
② 4 Kinder
③ 3 Kinder

b) 94 Bücher

a) ① 3 Kinder
② 4 Kinder
③ 2 Kinder

b) Romina

K4 **2 a)**

Milliarden			Millionen			tausend					
H	Z	E	H	Z	E	H	Z	E	H	Z	E
							3	5	4	0	
				6	4	2	0	0	0	0	
	1	9	2	0	3	9	0	0	0	0	8

b) 3540 hat eine Null.
6 420 000 hat vier Nullen.
19 203 900 008 hat fünf Nullen.

a)

Milliarden			Millionen			tausend					
H	Z	E	H	Z	E	H	Z	E	H	Z	E
							4	0	0	2	8
		7	0	3	0	8	2	0	0	2	0
	9	0	7	0	0	0	0	0	0	9	5

b) 400 028 hat drei Nullen.
70 308 200 020 hat sechs Nullen.
907 000 000 095 hat acht Nullen

K4 **3 a)** 10, 40, 70, 110
b) 50, 200, 550, 900, 1050

a) 10, 20, 50, 75, 95
b) 520, 565, 580, 610, 640

K4 **4 a)** Auto: 180
Lkw: 60
Bus: 15

b) 255 Fahrzeuge

a) Auto: 180
Lkw: 60
Bus: 15

b) Beispielsweise fahren nachts sicher weniger Fahrzeuge über die Kreuzung als tagsüber. Darum ist die eine Stunde, in der gezählt wurde, nicht aussagekräftig für alle Stunden eines Tages.

c)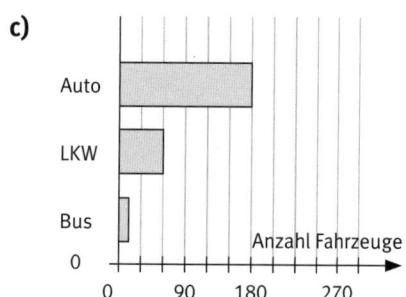

c)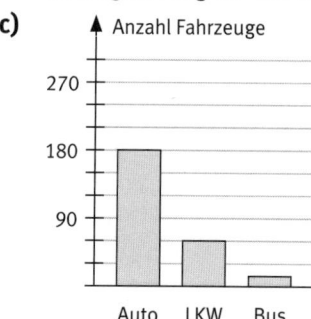

K4 **5 a)** größte Anzahl: 36
kleinste Anzahl: 14

a) Die größte Anzahl von in der richtigen Reihenfolge behaltenen Wörtern ist 36, die kleinste 14.
Der mittlere Wert der (geordneten) Datenreihe ist 24.

b) Leandras Merkfähigkeit hat sich im Laufe ihres Trainings verbessert. An den letzten sieben Tagen ist die geringste Anzahl richtig gemerkter Wörter 21 (einmal); im Bereich der ersten sieben Tage liegt die Anzahl richtig gemerkter Wörter an fünf Tagen bei höchsten 21 (14; 16; 21; 18; 20).
Auch die Darstellung in einem Säulendiagramm unterstützt diese Einschätzung:

Auf unterschiedlichen Wegen

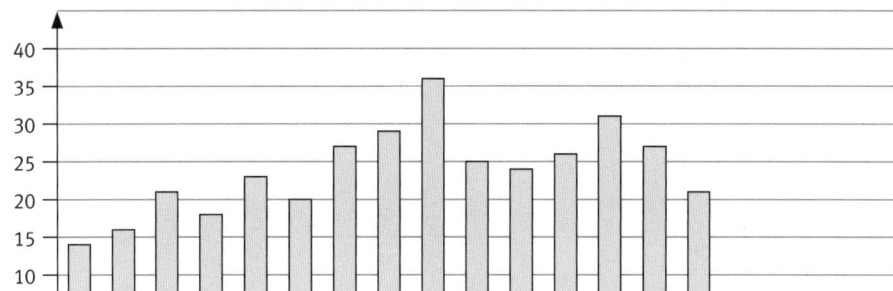

K4   **6 a)**

Anzahl	größte	kleinste	häufigste
U 1	5	0	0
U 2	5	0	0
U 3	8	0	0
U 4	5	0	0

K3   **b)** Es wurden insgesamt 37 Familien untersucht. Den größten Anteil (16) bilden die Familien ohne Kinder. 12 Familien haben 1 bis 3 Kinder, 9 Familien mehr als 3 Kinder. Bei diesen fällt eine einzelne Familie mit 8 Kinder auf.

a) Die kleinste Kinderanzahl ist 0, die größte 8, wobei die 8 ein einziges Mal vorkommt. Der zweithöchste Wert 5 kommt dreimal vor. Von den insgesamt 37 untersuchten Familien bilden die Familien ohne Kinder (16) den größten Anteil.
12 Familien haben 1 bis 3 Kinder, 9 Familien mehr als 3 Kinder.
Lösungsmöglichkeit:

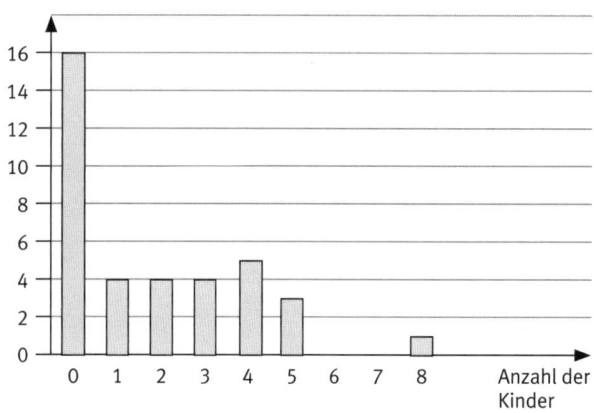

b) In Untersuchung 2 wurde eine Familie mehr untersucht als in den anderen. Die Untersuchung 3 unterscheidet sich von den anderen dadurch, dass eine besonders kinderreiche Familie dabei war.

K4   **7**   auf Zehner: 427 370
auf Hunderter: 427 400
auf Tausender: 427 000
auf Zehntausender: 430 000
auf Hunderttausender: 400 000

auf Hunderter: 748 922 500
auf Tausender: 748 923 000
auf Zehntausender: 748 920 000
auf Hunderttausender: 748 900 000
auf hundert Millionen: 700 000 000

K3   **8**   Individuelle Schätzungen

Individuelle Schätzungen

1 Kreuz und quer

1 a) 45 ist die Hausnummer, 36091 die Postleitzahl, 12. 05. 2015 das Datum der Ausstellung der Urkunde, 5 gibt die Klassenstufe an, 45 Sekunden gibt die Zeit an, in der 50 m geschwommen wurden, 3. Platz besagt, dass (mindestens) zwei Personen schneller waren und der Rest langsamer.
b) Individuelle Beispiele, z. B. Zahlangaben aus dem Ausweis zur Körpergröße, Alter

2 a) 900   b) 900   c) 8100   d) 0

3 Kilian schreibt 11 Nullen und 20 Einsen.

4 Ordnen der Daten:

	Name	Tag
1	Denise	6.2.
2	Malte	28.2.
3	Julian	7.3.
4	Marlon	17.3.
5	Aisha	25.5.
6	Minh	1.6.
7	Malin	14.7.
8	Laura	4.12.

5 Die Hilfslinien trennen die Zahlenkarten voneinander ab. Die Zahl entsteht, wenn man die Hilfslinien weglässt.
a) 8 | 8451 | 76 | 601 | 40 | 305
 (305 | 40 | 601 | 76 | 8451 | 8)
b) 305 | 40 | 601 | 76 | 8451 | 8
 (305 | 40 | 601 | 76 | 8 | 8451)
c) 76 | 8 | 8451 | 601 | 40 | 305
d) 305 | 40 | 601 (8 | 8451 | 601)

6 a) und b)
Die Flusslängen lassen sich sinnvoll z. B. auf Hunderter (Kilometer) runden.

Fluss	Nil	Amazonas	Mississippi	Mekong	Kongo	Euphrat
Kontinent	Afrika	Südamerika	Nordamerika	Asien	Afrika	Asien
Länge (gerundet)	6900 km	6400 km	6100 km	4500 km	4400 km	3400 km

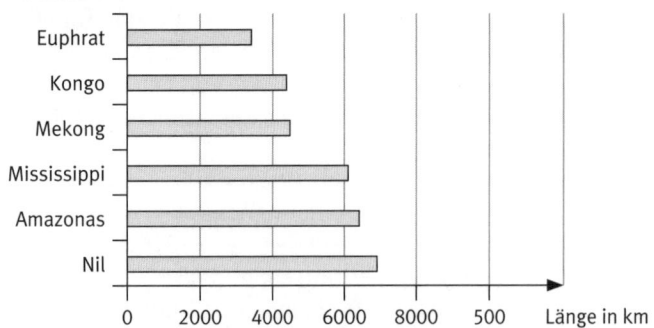

Kreuz und quer 1

K3 7 Es bietet sich z. B. die Verwendung eines Zählgitters bzw. die Zerlegung des Bildes in gleich breite Streifen an. Neben den angegebenen Schätzungen sind auch andere möglich.

a)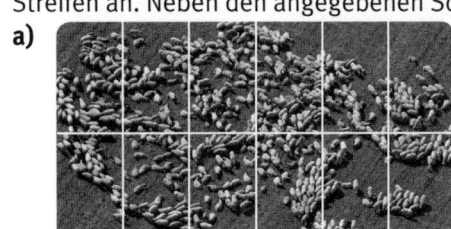
12 · 50 = 600

b)
5 · 15 = 75

K4 8 a)
① 8.00 Uhr (8.00 Uhr; 8.10 Uhr)
8.00 Uhr (8.30 Uhr; 8.20 Uhr)
8.00 Uhr (8.30 Uhr; 8.30 Uhr)
9.00 Uhr (8.30 Uhr; 8.40 Uhr)
9.00 Uhr (9.00 Uhr; 8.50 Uhr)

② 11.00 Uhr (11.00 Uhr; 11.00 Uhr)
11.00 Uhr (11.00 Uhr; 11.10 Uhr)
11.00 Uhr (11.30 Uhr; 11.20 Uhr)
12.00 Uhr (11.30 Uhr; 11.30 Uhr)
11.30 Uhr (11.30 Uhr; 11.40 Uhr)

③ 18.00 Uhr (18.00 Uhr; 18.00 Uhr)
19.00 Uhr (19.00 Uhr; 19.10 Uhr)
20.00 Uhr (20.30 Uhr; 20.20 Uhr)
21.00 Uhr (20.30 Uhr; 20.30 Uhr)
23.00 Uhr (22.30 Uhr; 22.40 Uhr)

b) Treffpunkt mit Freunden auf 10 Minuten, Zeitangabe von Ausflügen auf 30 oder 60 Minuten genau möglich in Berichten, …

K4 9 a)

Hund	Katze	Kaninchen	Meerschweinchen	Vögel	Fische	andere	kein Haustier
9	5	2	4	8	5	4	11

b)

Rang	Haustier
1	Hund
2	Vögel
3	Katze; Fische
4	Meerschweinchen; andere
5	Kaninchen

Hund, Vögel, Katze und Fische sind am beliebtesten.

c) 11 Kinder besitzen kein Haustier.

K3 10 a)
– 4 von 100 Jugendlichen bekommen über 100 Euro Taschengeld im Monat.
– 9 von 100 Jugendlichen bekommen 51 bis 100 Euro Taschengeld im Monat.
– 13 von 100 Jugendlichen bekommen 31 bis 50 Euro Taschengeld im Monat.
– 23 von 100 Jugendlichen bekommen 21 bis 30 Euro Taschengeld im Monat.
– 23 von 100 Jugendlichen bekommen bis zu 20 Euro Taschengeld im Monat.
– 28 von 100 Jugendlichen bekommen kein Taschengeld.

b) Individuelle Ergebnisse und Meinungen je nach Situation in der Klasse.

K3 11 a) und b)
Feldberg: 1 493 m ≈ 1 500 m
Nebelhorn: 2 224 m ≈ 2 200 m
Säntis: 2 490 m ≈ 2 500 m
Watzmann 2 713 m ≈ 2 700 m
Zugspitze: 2 963 m ≈ 3 000 m

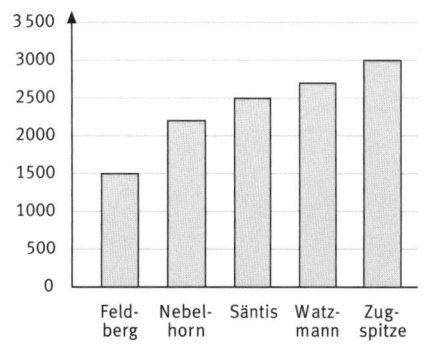

Schulbuchseite 28/29

1 Kreuz und quer

K4 **12 a)**

Jan.	Feb.	März	April	Mai	Juni
4 Mio.	3,5 Mio.	4 Mio.	4 Mio.	4,5 Mio.	5 Mio.
Juli	Aug.	Sept.	Okt.	Nov.	Dez.
5 Mio.	5 Mio.	5 Mio.	5 Mio.	4 Mio.	4 Mio.

b) Die Angaben sind auf 500 000er gerundet, somit jeweils 250 000 Menschen zum Auf- bzw. Abrunden:
3,5 Mio.: 3 250 000 – 3 774 999
4 Mio.: 3 750 000 – 4 224 999
4,5 Mio.: 4 250 000 – 4 774 999
5 Mio.: 4 750 000 – 5 224 999

c) Die Informationen sind natürlich sehr grob. Dieses liegt vor allem an der Rundung, denn Unterschiede in Monaten mit gleicher Bilderanzahl sind nicht auszumachen. Bei einer Rundung z. B. auf 100 000 wird jedoch das Bilddiagramm schnell unübersichtlich. Dort ist dann ein Säulendiagramm (Balkendiagramm) sicher besser geeignet.

K3 **13 a)**
- Dortmund-Ems-Kanal:
  von Dortmund nach Meppen (Emsland)
- Main-Donau-Kanal:
  von Bamberg nach Kelheim
- Mittellandkanal:
  Dortmund-Ems-Kanal, westlich von Osnabrück zur Elbe, nördlich von Magdeburg
- Nord-Ostsee-Kanal:
  von der Elbmündung an der Nordsee quer durch Schleswig-Holstein zur Kieler Förde
- Oder-Spree-Kanal:
  Oder bei Eisenhüttenstadt zur Dahme, einem Nebenfluss der Spree südlich von Berlin
- Rhein-Herne-Kanal:
  Verbindet den Rhein ursprünglich bis Herne im Ruhrgebiet, heute bis Dortmund zum Dortmund-Ems-Kanal

		b)	**c) gerundet auf 10er**
Dortmund-Ems-Kanal	265 km	2	270
Main-Donau-Kanal	171 km	3	170
Mittellandkanal	326 km	1	330
Nord-Ostsee-Kanal	99 km	4	100
Oder-Spree-Kanal	88 km	5	90
Rhein-Herne-Kanal	46 km	6	50

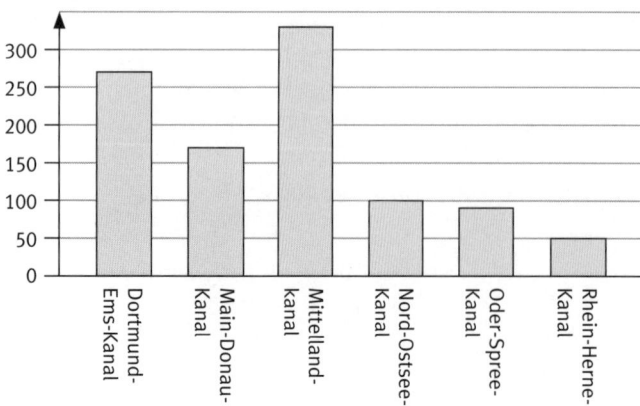

d) Es sind unterschiedliche Lösungen möglich.

Kreuz und quer

K4 **14 a)** Eine Kuh steht für 500 000 Kühe.

b) Das Balkendiagramm sähe ähnlich wie das Bilddiagramm, denn eine dargestellte Kuh hat eine festgelegte Länge.

K3 **c)** Annahme: Länge einer Kuh etwa 2 m (bei herabhängendem Schwanz)

Länge aller Kühe in Deutschland etwa 8 470 000 m = 8 470 km
Einordnung:
- Das wäre eine Kuhschlange von der äußersten Spitze in Portugal quer durch Europa bis hinter Moskau.
- Die Landesgrenze um Deutschland ist etwa 3800 km lang. Die Kuhschlange könnte sich also mehr als zweimal entlang der Grenze aufstellen.

K4 **15 a)** und **b)**

Ereignis	Jahreszahl	
Rattenfänger von Hameln	1284	MCCLXXXIV
Till Eulenspiegel stirbt	1350	MCCCL
Entdeckung Amerikas	1492	MCDXCII
Kartoffel nach Europa	1530	MDXXX
Lutherbibel	1534	MDXXXIV
französische Revolution	1789	MDCCLXXXIX
erste Eisenbahn in England	1825	MDCCCXXV
erster Mensch auf dem Mond	1969	MCMLXIX

K2 **16 a)** Zunächst muss errechnet werden, dass 247 Jugendliche zwischen 11 und 20 Stunden fernsehen.

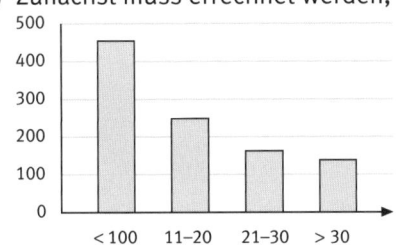

b) ① Falsch, da z. B. 453 Jugendliche weniger als 10 Stunden fernsehen.
② Das ist richtig (453 ist ungefähr die Hälfte von 1000).
③ Das ist falsch, da die Befragung z. B. zwischen einer Stunde und 8 Stunden fernsehen nicht differenziert.
④ Diese Aussage kann man aus der Umfrage nicht folgern, da nicht erfasst wurde, wie lange die Jugendlichen Hausaufgaben machen.

K2 **17 a)**

	Anzahl der Mädchen …	Anzahl der Jungen …	Anzahl insgesamt
… mit Geschwister(n)	45	30	75
… ohne Geschwister	27	18	45
Anzahl insgesamt	72	48	120

b) Es gibt an, wie viele der Mädchen (27) und Jungen (18) keine Geschwister haben.

K2 **18 a)** Individuelle Lösungen.

b) 11 111 111, wenn man die 1 mit 2 Streichhölzern legt.

c) 688

Schulbuchseite 30/31

Kreuz und quer

K3 **19 a)** Paul: Im linken oberen Feld sind 15 rote Kugeln zu erkennen (einige nicht vollständig). Paul kommt somit auf 4 · 15 = 60 Kugeln auf dem ganzen Bild.

Henry: Im rechten unteren Feld sind 9 rote Kugeln zu erkennen (einige nicht vollständig). Henry kommt somit auf 94 · 9 = 81 Kugeln auf dem ganzen Bild.

b) Individuelle Ergebnisse. Je größer die verwendeten Felder sind, umso genauer wird die Schätzung, allerdings wird der Aufwand des Auszählens mit der Größe der Felder größer.

Unabhängig von der Größe der Felder sollte bei der Auswahl des Feldes, das ausgezählt wird, darauf geachtet werden, dass es annähernd „repräsentativ" wirkt. So z. B. wäre das zentrale Kästchen bei Henrys Rasterung als Grundlage für die Schätzung schlecht geeignet, weil es offensichtlich deutlich weniger rote Bälle enthält als die anderen Felder.

Horizonte – Daten und ihre Darstellung mit dem Computer

Leitperspektive: Medienbildung

K4 **Schritt 1: Tabellen erstellen**
a) Es sind individuelle Lösungen möglich.
b) Es sind individuelle Lösungen möglich.

K4 **Schritt 2: Zellen markieren**
a) Es sind die Zellen B2, B3, B4, C2, C3, C4, D2, D3 und D4 markiert. In der Syntax der Tabellenkalkulation fasst man diese Zellen zu einem Bereich zusammen, der mit B2:D4 bezeichnet wird.
b) Man kann die Zellen entweder mit der Maus markieren, indem man einen Rahmen um die entsprechenden Zellen zieht, oder aber in der Eingabeleiste den Befehl =G4:H6 eintippen.

K4 **Schritt 3: Zahlen berechnen und ordnen**

a)
Name	1. Runde	2. Runde	Gesamtzeit
Luca	45,4	56,7	102,1
Martina	49,6	53,2	102,8
Michael	44,8	54,3	99,1
Sabine	54,8	50,3	105,1

b) Die Gesamtzeit wird automatisch mit den neuen Zeiten berechnet. Der Grund: Bei der Berechnung der Gesamtzeit werden nicht die Zahlen herangezogen, sondern die Zellbezeichnungen B2, C2, … Somit werden bei der Gesamtzeit die aktuellen Einträge in der jeweiligen Zelle berücksichtigt.

c) Sortierung nach der 1. Runde:

	A	B	C	D
1	Name	1. Runde	2. Runde	Gesamtzeit
2	Michael	44,8	54,3	99,1
3	Luca	45,4	56,7	102,1
4	Martina	49,6	53,2	102,8
5	Sabine	54,8	50,3	105,1

Sortierung nach der 2. Runde:

	A	B	C	D
1	Name	1. Runde	2. Runde	Gesamtzeit
2	Sabine	54,8	50,3	105,1
3	Martina	49,6	53,2	102,8
4	Michael	44,8	54,3	99,1
5	Luca	45,4	56,7	102,1

Sortierung nach der Gesamtzeit:

	A	B	C	D
1	Name	1. Runde	2. Runde	Gesamtzeit
2	Michael	44,8	54,3	99,1
3	Luca	45,4	56,7	102,1
4	Martina	49,6	53,2	102,8
5	Sabine	54,8	50,3	105,1

K4 **Schritt 4: Diagramme erstellen**

a)
	A	B
1	Name	Stimmen
2	Inga	19
3	Martin	31
4	Marion	32
5	Anke	35
6	Peter	45
7	Jussuf	46
8	Kati	54
9	Klaus	55
10	Summe	317

Klaus ist Schülersprecher.

b) Es haben insgesamt 317 Schülerinnen und Schüler abgestimmt.
(hier: = B2+B3+B4+…+B9 = SUMME(B2:B9))

Horizonte – Daten und ihre Darstellung mit dem Computer

c) Anzahl der Stimmen

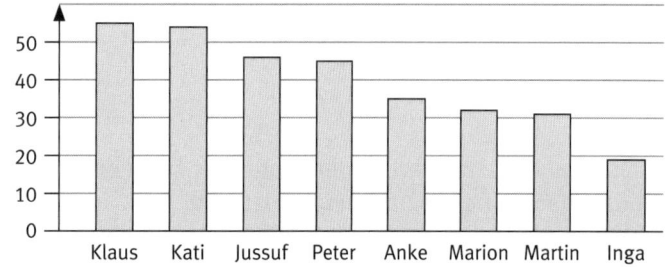

K4 **1 a)**

	A	B
1	Verwendungszweck	Liter
2	Trinken, kochen	3
3	Toilette	4
4	Garten	5
5	Körperpflege	7
6	Geschirrspüler	8
7	Putzen, Sonstiges	10
8	Wäsche waschen	15
9	Baden, duschen	39

b) Lösungsmöglichkeit:

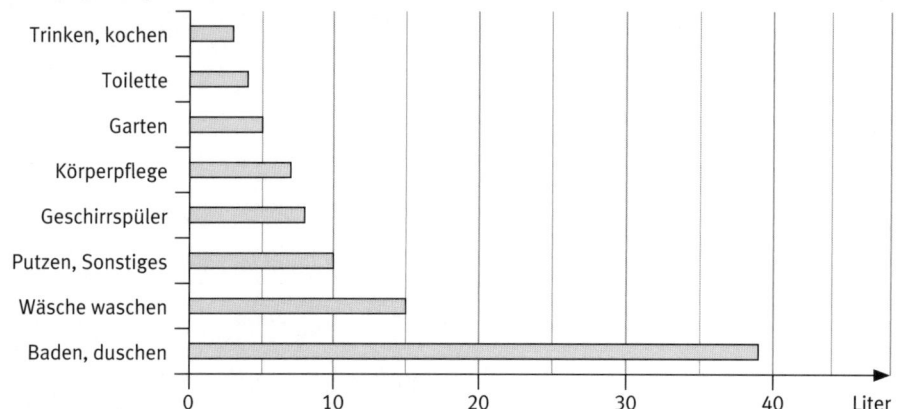

c) Es sind individuelle Lösungen möglich. Beispiel: Duschen statt baden.

Am Ziel!

Aufgaben zur Einzelarbeit

K4 1 Orangen (12): ||||| ||||| ||; rote Äpfel (8): ||||| |||;
grüne Zitronen (15): ||||| ||||| |||||; Kirschen (16): ||||| ||||| ||||| |; Erdbeeren (12): ||||| ||||| ||

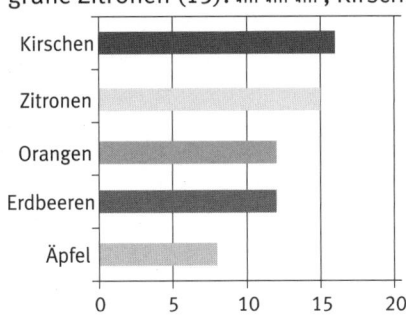

K4 2 In einem Text, der aus 100 Buchstaben besteht, kommt „e" als häufigster Vokal zwischen 17- und 18-mal vor, „i" als zweithäufigster Vokal zwischen 7- und 8-mal.
Anmerkung: Man kann bei der Auswertung der gewählten Buchseite zu einem anderen Ergebnis kommen, weil „e" und „i" nicht unbedingt auf jeder beliebigen Buchseite die häufigsten Vokale in dieser Reihenfolge sein müssen.

K4 3 a)

Monat	Anzahl der Sonnentage	Monat	Anzahl der Sonnentage
Januar	12	Juli	26
Februar	10	August	28
März	15	September	29
April	8	Oktober	28
Mai	16	November	10
Juni	20	Dezember	12

b) Die meisten Tage hat die Sonne im September geschienen, am wenigsten im April.

c) In dem Jahr gab es insgesamt 214 Sonnentage.

K4 4 a) Zahlenstrahl von 0 bis 250 (in 50er Schritten)
b) Zahlenstrahl von 0 bis 150 (in 25er Schritten)

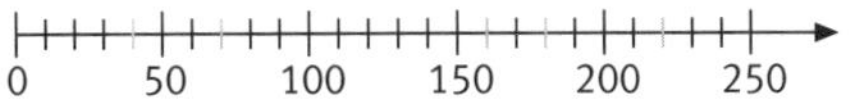

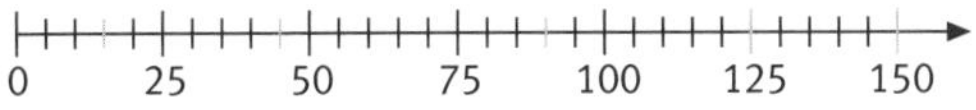

K4 5 a) $35 > 27$ b) $1100 > 1010$ c) $1000 > 999$
$18 < 81$ $123 < 132$ $173 = 173$
$4 < 40$ $987 > 789$ $10\,010 < 10\,011$

K4 6 a) Die größte Zahl ist 55 441, die kleinste Zahl 14 455.
b) Man kann insgesamt 12 Zahlen aus den Ziffern legen:
$1455 < 1545 < 1554 < 4155 < 4515 < 4551 < 5145 < 5154 < 5415 < 5451 < 5514 < 5541$

K3 7 Das Bild wird in gleich große Felder zerlegt (siehe Abbildung). In einem Feld sind etwa 6 Bienen. In den insgesamt 28 Feldern sind also etwa $28 \cdot 6 = 168$ Bienen zu sehen.

1 Am Ziel!

K4   **8**   Die kleinste dreistellige Zahl im Dezimalsystem ist 100, die größte 999.
Im römischen Zahlensystem wird 100 durch C ausgedrückt, 999 durch CMXCIX (manchmal findet man aber auch IM).
Im Zweiersystem schreibt man 100 als 1100100_2, weil
$100_{10} = 1 \cdot 64 + 1 \cdot 32 + 1 \cdot 4 = 1100100_2$.
999 ist im Zweiersystem die Zahl 1111100101_2, weil
$999_{10} = 1 \cdot 512 + 1 \cdot 256 + 1 \cdot 128 + 1 \cdot 64 + 1 \cdot 32 + 1 \cdot 4 + 1 \cdot 1 = 1111100101_2$.

K4   **9**   **a)** Auf Tausender gerundet: Auf Zehner gerundet:

135 726	≈ 136 000	≈ 135 730
7 814	≈ 8 000	≈ 7 810
379 511	≈ 380 000	≈ 379 510
835	≈ 1 000	≈ 840
19	≈ 0	≈ 20

b) Auf Millionen gerundet: Auf Zehntausender gerundet:

12 657 912	≈ 13 000 000	≈ 12 660 000
4 390 000	≈ 4 000 000	≈ 4 390 000
176 981 517 123		≈ 176 981 520 000
≈ 176 982 000 000		

K4   **10**   **a)**   12 450 ≈ 12 000   (auf Tausender)
          b)   374 900 ≈ 370 000   (auf Zehntausender)
          c)   9 098 ≈ 9 100   (auf Zehner)
          d)   1 499 ≈ 1 500   (auf Hunderter)

Aufgaben für Lernpartner

K1/5   **A**   Falsch. In einem Bilddiagramm muss eine Figur nicht immer für genau einen Gegenstand stehen, es können auch mehrere (zum Beispiel 10 oder 100) Gegenstände zu einer Figur zusammengefasst werden.

K1/5   **B**   Richtig. Ein Balkendiagramm kann man als „auf die Seite gelegtes" Säulendiagramm ansehen, weil sowohl Säulenhöhe als auch Balkenlänge nach demselben Prinzip gebildet werden.

K1/5   **C**   Falsch. Eine Strichliste ist zur Veranschaulichung von Sachverhalten weniger gut geeignet, da sie die Datenmengen nicht übersichtlich wiedergibt.

K1/5   **D**   Falsch. Beim Größenvergleich zweier Zahlen werden die Stellenwerte von links nach rechts verglichen. Es ist dann diejenige Zahl größer, die an der ersten Stelle, an der sich die beiden Zahlen unterscheiden, die größere Ziffer hat.

K1/5   **E**   Richtig.

K1/5   **F**   Richtig. Im Dezimalsystem werden nicht besetzte Stellen mit Nullen aufgefüllt, wobei man die nicht besetzten Stellen links der letzten Ziffer, die ungleich null ist, weglässt.

K1/5   **G**   Falsch. Im Dezimalsystem hat jede Ziffer nicht immer den gleichen Wert, weil der Wert einer Ziffer von der Stelle abhängt, an der sie steht.

K1/5   **H**   Richtig.

K1/5   **I**   Richtig.

Am Ziel!

K 1/5   **J**   Falsch. Beim Runden wird stets der benachbarte rechte Stellenwert betrachtet.

K 1/5   **K**   Richtig.

K 1/5   **L**   Richtig.

K 1/5   **M**   Falsch. Beim Schätzen mit einem Zählgitter zählt man nicht das Kästchen aus, in dem die wenigsten Gegenstände sind, sondern eines, von dem man denkt, dass es repräsentativ ist. Das heißt, das Kästchen sollte durchschnittlich ungefähr so viele Elemente haben wie alle anderen Kästchen.

K 1/5   **N**   Falsch. Auch Schätzen will gelernt sein: Man kann mit einem Zählgitter abschätzen, man kann seine Erfahrung zur Grundlage des Schätzens machen, man kann Daten recherchieren, die einen bei der Abschätzung helfen.

2 Startklar!

K4 **1** a) 94 b) 124 c) 131 d) 193 e) 32 f) 50 g) 54 h) 59
i) 39 j) 42 k) 0 l) 119 m) 9 n) 1 o) 6 p) nicht lösbar

K5 **2** a) 1; 4; 7; 10; 13; 16; 19; 22; 25; 28; …
Addition von 3

b) 10; 5; 11; 6; 12; 7; 13; 8; 14; 9; 15; …
① Die 1., 3., 5., … Zahl sind aufsteigend die Zahlen von 10; 11; 12; …
die 2., 4., 6., … Zahl sind aufsteigend die Zahlen von 6; 7; 8; 9; …
② Immer abwechselnd 5 subtrahieren und dann 6 addieren.

c) 7; 14; 28; 56; 102; 204; 408; 816; 1632; 3264; …
Multiplikation mit 2, d.h. immer verdoppeln

d) 2; 5; 10; 17; 26; 37; 50; 65; 82; 101; …
Addition aufsteigend der ungeraden Zahlen ab 3, also erst + 3, dann + 5; + 7; + 9; …

e) 2; 4; 3; 6; 5; 10; 9; 18; 17; 34; 33; 66; …
Abwechselnd verdoppeln und 1 subtrahieren.

f) 1; 10; 2; 20; 4; 40; 8; 80; 16; 160; 32; 320; …
Die 1., 3., 5., … Zahl ist die 2er-Reihe, die jeweils nachfolgende Zahl wird mit 10 multipliziert.

K4 **3**

a)
```
  132
+ 267
-----
  399
```
Probe:
```
  399
- 267
-----
  132
```

b)
```
  218
+ 466
   1
-----
  684
```
Probe:
```
  684
- 466
   1
-----
  218
```

c)
```
  329
+  45
+  26
   12
-----
  400
```
Probe:
```
  400
-  26
-  45
   12
-----
  329
```

d)
```
  423
+  19
+ 177
   11
-----
  619
```
Probe:
```
  619
- 177
-  19
   11
-----
  423
```

e)
```
  555
- 222
-----
  333
```
Probe:
```
  333
+ 222
-----
  555
```

f)
```
  555
- 226
    1
-----
  329
```
Probe:
```
  329
+ 226
    1
-----
  555
```

g)
```
  555
- 299
   12
-----
  256
```
Probe:
```
  256
+ 299
   12
-----
  555
```

h)
```
  555
- 117
- 243
   11
-----
  195
```
Probe:
```
  195
+ 243
+ 117
   11
-----
  555
```

K4 **4**

a)
+	87	152	417
203	290	355	620
169	256	321	586
524	611	676	941

b)
+	112	356	297
443	555	799	740
240	352	596	537
825	937	1181	1122

c)
·	7	0	10
13	91	0	130
21	147	0	210
28	196	0	280

K2 **5** a) Angebot 1:
3 · 180 ct = 540 ct
540 ct + 90 ct = 630 ct

Angebot 2:
2 · 260 ct = 520 ct
2 · 80 ct = 160 ct
520 ct + 160 ct = 680 ct

Antwort: Das Angebot 1 ist 50 ct günstiger.

b) Bei Angebot 1 kostet in dem 3er-Pack 1 Heft 60 ct.
In Angebot 2 kostet in dem 4er-Pack 1 Heft 65 ct.
Das Einzelheft ist bei Angebot 2 günstiger.
Wenn Lena Geld sparen möchte, dann nimmt sie so viele 3er-Packs wie möglich aus Angebot 1 und füllt die fehlenden Hefte aus Angebot 2 hinzu.
Sie kann dabei 10 ct gegenüber a) sparen.

2 Rechnen mit natürlichen Zahlen

Einstieg

Die Auftaktseite eines Kapitels enthält zwei verschiedene Elemente:
Zunächst werden die Schüler mit einem offenen Einstiegsbeispiel an das neue Kapitel herangeführt. Zentral ist dabei immer der Anwendungsbezug: Kein Lehrplaninhalt ist rein innermathematisch, sodass den Schülern von Beginn an gezeigt werden sollte, dass Mathematik nichts Abstraktes ist, sondern oft im Leben der Schüler vorkommt. In einem Unterrichtsgespräch zur Auftaktseite können viele der kommenden Lerninhalte schon heuristisch erarbeitet, Vermutungen geäußert und Zusammenhänge erschlossen werden.

- Individuelle Antworten. Für einen Erwachsenen und ein Kind ist es (bei einem einmaligen Besuch) egal, ob man entweder eine Erwachsenenkarte und eine Schülerkarte oder die Familienkarte I kauft. Wenn mehrere Kinder oder beide Eltern dabei sind, ist die Familienkarte I bzw. II günstiger.

- Hier gibt es je nach Personen und Jahreszeit unterschiedliche Möglichkeiten. Beispiele:
  - Im Normaltarif ist die Jahreskarte ab dem 4. Besuch günstiger als entsprechende Tageskarten oder (bei Schülern und Studenten) gleich teuer.
  - Im Wintertarif ist die Jahreskarte für Schüler ab dem 6. Besuch, die Familienkarte II bereits ab dem 5. Besuch günstiger als entsprechende Tageskarten.
  - Für einen einzelnen Schüler ist die Jahreskarte bei z. B. drei Besuchen zur Normaltarif-Zeit und zwei Besuchen zur Wintertarif-Zeit günstiger.

- Individuelle Ergebnisse. Auf der Homepage der Wilhelma findet man umfangreiche Informationen.

Ausblick

Die Aufzählung am Ende der Seite bietet einen Ausblick auf die wesentlichen Lernziele des Kapitels und schafft so eine hohe Transparenz für Schüler und Lehrer. Durch einen informierenden Unterrichtseinstieg können sich Schüler und Lehrer auf das Kommende einstellen.
Idealerweise wird im Unterricht der Bezug hergestellt zwischen der Einstiegssituation und den im Ausblick angegebenen Lernzielen.

2 Rundreise – Alles ist Zahl!

Kap. 2.1 und 2.2

Magische Zahlen

- Die magische Zahl ist 34.

6	1	8
7	5	3
2	9	4

- Die Summe der Zahlen 1, 2, 3, 4, 5, 6, 7, 8 und 9 ist 45. Da z. B. alle der Spalten eines magischen Quadrats denselben Summenwert haben, muss eine Spalte den Summenwert 45 : 3 = 15 haben. Somit ist 15 die magische Zahl eines magischen Quadrats, in dem jede der Ziffern 1, 2, 3, 4, 5, 6, 7, 8 und 9 genau einmal vorkommt.

Kap. 2.4

Wachsende Zahlen

Tag	1	2	3	4	5	6	7	8	9	10	11	12	13	14
Taler	2	4	8	16	32	64	128	256	512	1024	2048	4096	8192	16384

- Schlaubibus bekommt insgesamt 32 766 Taler.

Kap. 2.5

Rätselhafte Zahlen

- a) 81 : 9 = 9
  3 + 3 = 6
  9 : 3 = 3

  b) 10 · 1 = 10
  1 : 1 = 1
  10 · 1 = 10

Rundreise – Alles ist Zahl!

Kap. 2.7

„Reiche" Zahlen

K3
- Mögliche Ergebnisse:
  $2 \cdot 2 + 2 : 2 - 2 = 3$
  $2 \cdot (2 + 2 : 2 - 2) = 2$
  $2 \cdot (2 + 2 : 2) - 2 = 4$
  $2 \cdot (2 + 2) : 2 - 2 = 2$

K5
- Die gestellte Rechenaufgabe kann unterschiedlich verstanden werden, je nachdem, wie der zugehörige Term gegliedert wird und in welcher Reihenfolge die Rechenoperationen ausgeführt werden.

K5
- Individuelle Aufgabenentwürfe.

Kap. 2.8

„Alte" Zahlen

K5
- Karla: $63 : 7 = 9$. Karla ist 9 Jahre alt.
  Bella: $(68 - 2) : 6 = 11$. Bella ist 11 Jahre alt.
  Lotta: $76 : 2 - 2 - 26 = 10$. Lotta ist 10 Jahre alt.

2 2.1 Natürliche Zahlen addieren und subtrahieren

Alternativer Einstieg: Schulbuch Seite 38

Entdecken

K4
- Martina hat 202 Punkte aus dem 50-m-Lauf und 292 Punkte aus dem Weitsprung. Für eine Ehrenurkunde benötigt sie noch 825 – 202 – 292 = 331 Punkte aus dem Schlagballwurf. Dafür muss sie den Schlagball mindestens 25 m weit werfen.
Markus hat 172 Punkte aus dem 50-m-Lauf und 251 Punkte aus dem Weitsprung. Für eine Ehrenurkunde benötigt er noch 675 – 172 – 251 = 252 Punkte aus dem Schlagballwurf. Dafür muss er den Schlagball mindestens 31 m weit werfen.

K4
- Individuelle Möglichkeiten.

Nachgefragt

K5
- Beispiele:
Wörter für „addieren": zusammenzählen, vergrößern, dazunehmen
Wörter für „subtrahieren": abziehen, verkleinern, wegnehmen

K1
- „Die Summe zweier gerader Zahlen ist eine gerade Zahl": Diese Aussage ist richtig.
„Die Summe zweier ungerader Zahlen ist eine ungerade Zahl": Diese Aussage ist falsch, die Summe zweier ungerader Zahlen ist eine gerade Zahl. Beispiel: 3 + 5 = 8

Aufgaben

K4 **1** a) 76   b) 149   c) 163   d) 100
           62   25   34   29
           124   50   173   292

K4 **2** a) 388   b) 400   c) 502   d) 1179
           e) 22   f) 1388 g) 9000 h) 9108
           i) 21212 j) 0   k) 1   l) 1110

K4 **3** a) 48 + 532 = 580   b) 25 + 69 + 35 = 129
           c) 362 – 247 = 115   d) 836 – 385 = 451
           e) 242 + 386 = 628   f) 1101 – 1011 = 90

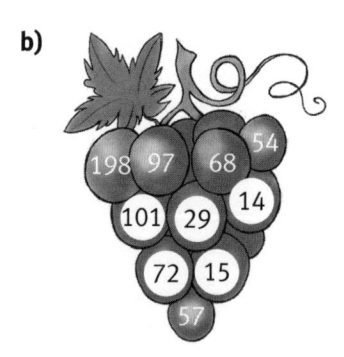

K4 **4** a) Trauben mit Zahlen: 24, 24, 18, 18, 48, 42, 36, 90, 78, 168
           Trauben mit Zahlen: 168, 62, 58, 252, 230, 120, 310, 350, 430, 780
       b) Trauben mit Zahlen: 198, 97, 68, 54, 101, 29, 14, 72, 15, 57

K2 **5** a) 222 – 35 = 187   b) 13 + 198 = 211   c) 207 – 42 = 165

K2 **6** a)
4	9	2
3	5	7
8	1	6

b)
101	5	71
29	59	89
47	113	17

c)
26	21	28
27	25	23
22	29	24

Schulbuchseite 40/41

2.2 Schriftliches Addieren

Alternativer Einstieg: Schulbuch Seite 38

Entdecken

K5 ▸ ■ Der Zehnkampf besteht aus den Sportarten 100-m-Lauf, Weitsprung, Kugelstoßen, Hochsprung, 400-m-Lauf, 110-m-Hürdenlauf, Diskuswurf, Stabhochsprung, Speerwurf, 1500-m-Lauf.

K3 ▸ ■ Gesamtpunkzahlen am 1. Tag bzw. am 2. Tag:

Name	1. Tag	2. Tag
Büker	3744	3381
Reifenrath	3737	3228
Kahlert	3862	3542
Kleber	3533	3460

Am Kahlert an beiden Tagen am besten.
■ Individuelle Artikel.

Nachgefragt

K2 ▸ ■ Die größte Ziffer ist die 9. Bei der Addition von zwei Summanden kann somit höchstens 1 als Übertrag auftreten (9 + 9 = 18), bei drei Summanden die 2 (9 + 9 + 9 = 27) und bei vier Summanden die 3 (9 + 9 + 9 + 9 = 36). Auch wenn der größte mögliche Übertrag zur Anzahl der 9er hinzukommt, bleibt die Aussage richtig.

K5 ▸ ■ Ja, denn Sabine kann viermal 0 addiert haben.

Aufgaben

K4 ▸ **1** a) 93 b) 142 c) 518
d) 1381 e) 720 f) 483
g) 450 h) 928 i) 1224
j) 1075 k) 1372 l) 4024
m) 2019 n) 59321 o) 11106

K4 ▸ **2** a) 913 + 2321 = 3234
b) 12774 + 334026 = 346800
c) 109, denn 891 + 109 = 1000.

K4 ▸ **3** a) 3468 + [7] · 4256 = 33260   b) 6748 + [7] · 4256 = 36540
c) 57820 + [9] · 4256 = 96124   d) 43782 + [12] · 4256 = 94854

K4 ▸ **4**
a) 3473
    5432
    + 247
    9152

b) 1534
    857
    +4056
    6447

c) 4006 oder 4606 oder 4506
    5107   5107   5107
    +6101   +6501   +6601
    15214   16214   16214

d) 9790 oder 9791
    418   408
    +5361   +5361
    15569   15560

K5 ▸ **5** a) Silas und Nele haben falsch gerechnet.
b) Man erkennt den Fehler von Nele direkt, weil an der Tausenderstelle die Ziffer im Ergebnis kleiner ist als die Summe der Ziffern darüber. Bei Silas kann man den Fehler an der Hunderterstelle erkennen. Die Summe der Ziffern beträgt 7, im Ergebnis jedoch 5. Man benötigt einen Übertrag von 8, was jedoch bei vier Summanden nicht möglich ist (vgl. Nachgefragt).

2.2 Schriftliches Addieren

K2 **6** **a)** 100 = 67 + 33
997 = 672 + 222 + 67 + 33 + 3
10 000 = 7777 + 1003 + 965 + 222 + 33

b) Es ist geschickt, zunächst alle Steine ohne den „Joker" zu addieren: Summenwert: 11 860
Nun erhält man den kleinsten Summenwert 12 165, indem man den Platzhalter durch die Ziffer Null ersetzt. Den größten Summenwert von 12 255 erhält man, wenn man den Platzhalter durch die Ziffer 9 ersetzt.

2.3 Schriftliches Subtrahieren

Entdecken

K3 — Zuschauerzahlen insgesamt an den einzelnen Tagen:

1. Spieltag	2. Spieltag	3. Spieltag	4. Spieltag
16 331	16 662	15 439	16 134

Der Größe nach geordnet:
15 439 < 16 134 < 16 331 < 16 662

K3

	1. Spieltag	2. Spieltag	3. Spieltag	4. Spieltag
freie Stehplätze	1607	2670	3535	2110
freie Sitzplätze	11 761	10 367	10 725	11 455

K3 — Einnahmen aus dem Kartenverkauf und Gewinn bzw. Verlust:

	1. Spieltag	2. Spieltag	3. Spieltag	4. Spieltag
Einnahmen	232 830	264 020	244 630	236 980
Gewinn/Verlust	7170 € Verlust	24 020 € Gewinn	4630 € Gewinn	3020 € Verlust

Nachgefragt

K5 — Bei der Subtraktion von zwei Subtrahenden kann der extreme Fall auftreten, dass die Ziffer im Minuenden eine 0 ist und im Subtrahenden zwei 9er (9 + 9 = 18) abgezogen werden müssen. Als größter Übertrag kann dann die 2 vorkommen, kleinere Überträge sind auch möglich. Bei der Subtraktion von drei Subtrahenden kann mit obiger Überlegung als größter Übertrag die 3 auftauchen für 0 − (9 + 9 + 9 = 27). Auch wenn der größte mögliche Übertrag zur Anzahl der 9er hinzukommt, bleibt die Aussage richtig.

K1 — Die Aussage ist richtig, wenn keine der Zahlen 0 ist. Ist mindestens eine der Zahlen 0, so ist die Aussage falsch. Beispiel: 5 − 0 = 5 + 0 = 5. Differenz und Summe sind hier gleich.

Aufgaben

K4 1 a) 3269 b) 2160 c) 9658 d) 52 167 e) 151 667
 f) 904 g) 3680 h) 16 008 i) 15 632 j) 41 036

K4 2 a) 10 000 − 999 = 9001
 b) 234 691 − 45 699 − 78 033 = 110 959
 c) 14 517 − 2456 − 3466 − 975 = 7620
 d) 3 000 653 000 − 3 087 923 = 2 997 565 077

K4 3 a) 3268 − $\boxed{7}$ · 425 = 293 b) 5768 − $\boxed{9}$ · 425 = 1943
 c) 6673 − $\boxed{12}$ · 425 = 1573 d) 7650 − $\boxed{16}$ · 425 = 850

K4 4 a) 789 015   b) 4774   c) 700 770   d) 892 753
 −436 128   −3581   −540 093   −491 849
  352 887   1193   160 677   400 904

K4 5 a) 256 − 89 $\boxed{=}$ 1256 − 1089   b) 12 487 − 4812 $\boxed{<}$ 78 400 − 70 611
 749 − 574 $\boxed{\geq}$ 931 − 815   9999 − 7777 $\boxed{\geq}$ 11 111 − 9999

2.3 Schriftliches Subtrahieren

K2   **6**   **a)** z. B. 2387 und 8732:   2387 + 8732 = 11 119
      b) z. B. 3872 und 8327:   3872 + 8327 = 12 199
      c) z. B. 8732 und 8327:   8732 − 8327 = 405
      d) Differenz am größten:
         8732 und 2378:   8732 − 2378 = 6354
         Der kleinstmögliche Differenzwert ist 0. Er ergibt sich für jede beliebige aus den vier Ziffern gebildete Zahl, wenn diese Zahl als Minuend und als Subtrahend gewählt wird.

2.4 Multiplizieren

Alternativer Einstieg: Schulbuch Seite 38

Entdecken

- K2: Es müssen 57 · 60 = 3420 Seiten gedruckt werden.
- K2: Die Gesamtkosten betragen 3420 · 4 ct = 13 680 ct = 136 € 80 ct.
- K2: Um die Zeitungen kostendeckend zu drucken, muss eine Zeitung mindestens 2 € 28 ct kosten.

Nachgefragt

- K2: Der Einerwert ergibt sich aus dem Produkt der Einerstellen 7 · 6 = 42, davon wird die 2 im Ergebnis notiert.
- K2: Die Teilermenge der Zahl 144 ist {1; 2; 3; 4; 6; 8; 9; 12; 16; 18; 24; 36; 48; 72; 144}.
  144 = 1 · 144 = 2 · 72 = 3 · 48 = 4 · 36 = 6 · 24 = 8 · 18 = 9 · 16 = 12 · 12
- K1: Beispiel: Die wiederholte Addition 3 + 3 + 3 + 3 + 3 lässt sich als Multiplikation 5 · 3 schreiben.

Aufgaben

K4 1)
a)	b)	c)	d)	e)	f)
50	180	133	138	0	100
102	94	30	372	0	4000
532	450	108	639	0	60 000
140	96	100	188	0	16 000

K4 2)
a)	b)	c)	d)
1175	525 366	14 532	239 718
9728	322 218	1 074 345	40 450 860
13 668	439 394	2 558 340	29 695 088
33 363	200 697	2 789 730	47 174 790

K4 3)
a) 236 · 56 = 13 216
b) 188 · 17 · 543 = 1 735 428
c) 896 · 4526 = 4 055 296
d) 934 · 713 = 665 942

K4 4) Beim Vertauschen von Spalten und Zeilen bleiben die Ergebnisse gleich.

a)
·	12	20	35	81
6	72	120	210	486
0	0	0	0	0
2	24	40	70	162

b)
·	70	15	37	64
4	280	60	148	256
1	70	15	37	64
3	210	45	111	192

K5 5)
a) Maren muss das Ergebnis 6570 um eine Stelle nach links verschieben.
b) Kai muss die Ergebnisse 6570 und 1314 um eine Stelle nach links und das Ergebnis 7884 um eine Stelle nach rechts verschieben.
c) Luca hält sich nicht an die Reihenfolge der Ziffern des zweiten Faktors und schreibt seine Zwischenergebnisse nicht unter die richtigen Stellen des zweiten Faktors. Er muss die Ergebnisse 15 183 und 5061 um eine Stelle und die Ergebnisse 5061 (drittes Zwischenergebnis) und 20 244 um zwei Stellen nach rechts verschieben.
d) Kara muss das Ergebnis 6570 um drei Stellen, das Ergebnis 7884 um zwei Stellen und das Ergebnis 1314 um eine Stelle nach rechts verschieben.

2.4 Multiplizieren

K2 **6 a)** ① 210; 3140; 5000; 270 000
② 21 000; 314 000; 500 000; 27 000 000
③ 210 000; 3 140 000; 5 000 000; 270 000 000

b) Mögliche Regel: Bei der Multiplikation mit einer Stufenzahl werden so viele Nullen angehängt, wie auch die Stufenzahl Nullen hat.

K2 **7 a)** In Aufgabe 6 wurde eine Regel für das Anhängen von Endnullen gefunden. Diese macht man sich jetzt zunutze.
Am Beispiel aus dem Buch 2500 · 700 kann man 2500 als Produkt von 25 · 100 erkennen, ebenso 700 als 7 · 100. Folglich müssen an das Produkt 25 · 7 = 175 jeweils zwei Nullen aus dem ersten Produkt und zwei aus dem zweiten Produkt angehängt werden, das sind insgesamt vier Nullen, die man auch zu 100 · 100 = 10 000 im Beispiel zusammengefasst hat.

b) ① 3600   ② 2 250 000   ③ 45 000 000
3200   1 204 000   400 000 000
5000   114 000   6 000 000

K4 **8 a)** 39 · 458 = 40 · 458 − 458 = 18 320 − 458 = 17 862
b) 81 · 8732 = 80 · 8732 + 8732 = 698 560 + 8732 = 707 292

K4 **9 a)** 4 · 6 = 24   **b)** 27 · 8 = 216   **c)** 12 · 13 = 156   **d)** 112 · 11 = 1232

K4 **10 a)** 132 = 132   **b)** 2400 < 2800   **c)** 208 < 210

K5 **11 a)** Für den ersten Buchstaben (E) hat Eva drei Farben zur Verfügung, für den zweiten (V) dann nur noch zwei Farben und für den dritten (A) nur noch eine. Insgesamt gibt es also
3 · 2 · 1 = 6 Möglichkeiten.

b) Individuelle Ergebnisse.

K2 **12 a)**

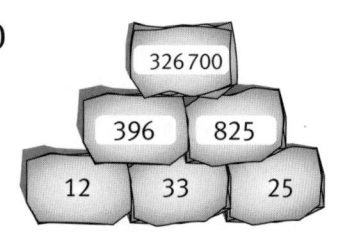

```
        326 700
      396    825
    12    33    25
```

b) 12 wird verdoppelt (vervierfacht, halbiert), also verdoppelt (vervierfacht, halbiert) sich auch der Stein unmittelbar über der 12, ebenso der oberste Stein.

c) Wenn jede Zahl in der untersten Reihe verdoppelt (verdreifacht, vervierfacht) wird, steht in der mittleren Reihe das 4-Fache (9-Fache, 16-Fache) der ursprünglichen Zahlen auf den Steinen der mittleren Reihe.
Auf dem obersten Stein steht dann das 16-Fache (81-Fache, 256-Fache) der ursprünglichen Zahl auf dem obersten Stein.

K2 **13 a)** Größtes Ergebnis: (653 · 8 =) 5224; kleinstes Ergebnis: (568 · 3 =) 1704;
638 · 5 = 3190

b) Größtes Ergebnis: (83 · 65 =) 5395; kleinstes Ergebnis: (36 · 58 =) 2088. Man wählt zunächst für die Zehnerziffern die beiden größten bzw. kleinsten Kartenwerte. Es bleiben nun jeweils zwei Möglichkeiten übrig. Diese werden berechnet und verglichen.

2.4 Multiplizieren

K1 **14 a)** Hans erhält folgende Beträge:
1 ct; 2 ct; 4 ct; 8 ct; 16 ct; 32 ct; 64 ct; 128 ct; 256 ct; 512 ct.
Insgesamt sind dies 1023 ct = 10 · 23 ct, also mehr als 10 €. Die Aussage von Hans stimmt.

b) ① $4^4 = 256$ ② $10^7 = 10\,000\,000$ ③ $5^5 = 3125$ ④ $3^6 = 729$

K4 **15 a)** 32; 125; 4096; 9; 16 807; 1
b) 64; 3125; 16; 729; 1024; 59 049
c) 8; 144; 225; 8000; 10 000; 759 375
d) 324; 9025; 12 544; 62 500; 1 000 000; 3 944 312

K5 **16 a)** Ein Quadrat mit der Kantenlänge a hat den Flächeninhalt a^2.

b)

Basis	1	2	3	4	5	6	7	8	9	10
Quadratzahl	1	4	9	16	25	36	49	64	81	100

Basis	11	12	13	14	15	16	17	18	19	20
Quadratzahl	121	144	169	196	225	256	289	324	361	400

c) Beispiele: 25 = 16 + 9   400 = 144 + 256   625 = 400 + 225

K1 **17 a)** 2; 4; 8; 16; 32; 64; 128; 256; 512; 1024
Die letzten Ziffern wiederholen sich regelmäßig, weil sich jede Einerziffer aus der Verdopplung der jeweils vorangegangenen Einerziffer ergibt. Nach der Einerziffer 6 kommt wieder die 6 · 2 = 12, also 2 als Einerziffer, sodass die 2er-Reihe von vorne beginnt.

b) 3; 9; 27; 81; 243; 729; 2187; 6561; …
Bei der 3er-Reihe verhält es sich genauso mit entsprechenden anderen Einerziffern.

c) 4; 16; 64; 256; 1024; …
Die 4er-Reihe ist genau jedes 2. Ergebnis der 2er-Reihe, weil eine zweifache Verdopplung eine Vervierfachung ergibt.

K3 **18 a)**

Stunden	0	1	2	3	4	5	6	7	8	9	10
Anzahl	1	3	9	27	81	243	729	2187	6561	19 683	59 049

Wichtig ist die Erkenntnis, dass nicht jeder Bereich des Diagramms genau gezeichnet werden kann, sondern wegen des starken Wachstums eine Festlegung erfolgen muss.

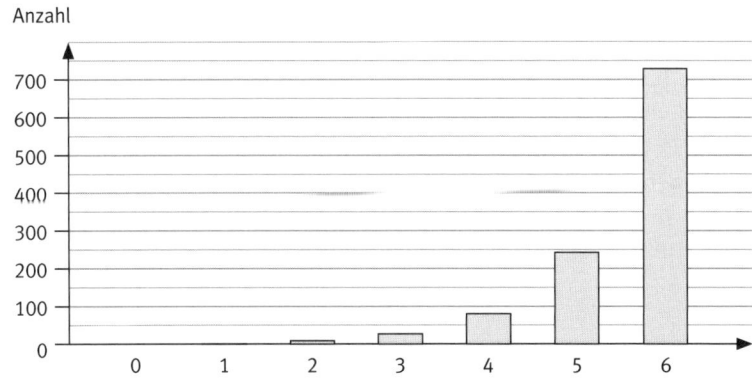

b) Aus der Tabelle in a) ergibt sich, dass nach 10 Stunden über 50 000 Bakterien vorhanden sind.

2.5 Dividieren

Alternativer Einstieg: Schulbuch Seite 39

Entdecken

K3 ■ Pro Stunde werden 23 040 : 6 = 3840 Kisten benötigt.
K3 ■ Bei einer Kistengröße von 8 (20) Flachen benötigt man pro Stunde 2880 (1152) Kisten.
K2 ■ Beispiele: Bei einer Kistengröße von 12 (24) Flaschen benötigt man 1920 (960) Kisten.

Nachgefragt

K1 ■ Das stimmt i. Allg. nicht. Beispiel: 10 : 2 = 5; 2 : 10 kann zu diesem Zeitpunkt noch nicht berechnet werden (und das Ergebnis ist ein anderes).
Nur in dem (trivialen) Fall, wenn Dividend und Divisor gleich (und nicht 0) sind, können sie vertauscht werden, ohne dass sich das Ergebnis ändert.

K2 ■ Wenn der Divisor 1 ist, dann ist das Ergebnis gleich dem Dividenden.

K5 ■ Es sind die Zahlen 2; 5; 8; 11; 14; …, also alle natürlichen Zahlen, die um 2 größer als ein Vielfaches von 3 sind. Die allgemeine Form dieser Zahlen lautet 3n + 2 mit n = 0; 1; 2; 3; …

Aufgaben

K4 **1 a)** 6; 13; 29; 33; 49; 78; 351; 718; 1000; 2513; 49 990
 b) 6; 9; 13; 22; 27; 34; 40; 133; 334; 400; 0; 2202
 c) 6; 9; 11; 15; 18; 20; 22; 25; 33; 39; 106
 d) 7; 12; 31; 8; 80; 2; 20; 21; 111; 507; 600
 e) 2; 1000; 11; 12; 0; 4; 20; 19; 5; 80; 505; 81

K4 **2 a)** 8844
   25
   36
 b) 2546
   458
   350
 c) 783
   659 Rest 4
   235
 d) 4220 Rest 5
   1123
   770 Rest 13

K4 **3 a)** 10 360 : 56 = 185
 b) 1930 : 77 = 25 Rest 5
 c) 1058 : 23 = 46

K1 **4 a)** 78
   96
 b) 7600
   78
 c) 4280
   84

K2 **5 a)** 569 **b)** 402 **c)** 672

K6 **6 a)** 7488 : 24 = 312 **b)** 390 042 : 64 = 6094 R 26

K3 **7** 616 € : 48 = 12 € Rest 40 €. Man sollte 13,00 € einsammeln.
genauer Betrag: 12,83 €

K3 **8** Preis pro Sporthemd: 2812 € : 74 = 38 €
Preis der Neubestellungen: 8 · 38 € = 304 €

K3 **9** 68,85 € = 6885 ct   6885 ct : 45 = 153 ct = 1 € 53 ct
Ein Liter Super kostet 1 € 53 ct.

2.5 Dividieren

K5 **10 a)** 12 Monate: 130 € (216 € Rest 7 €)   24 Monate: 65 € (108 € Rest 7 €)

b) Auf den ersten Blick erscheint die monatliche Rate relativ gering zu sein gegenüber dem Gesamtpreis. Die Gefahr liegt jedoch darin, dass man bei wiederholten Angeboten immer mehr Raten anhäuft, die man sich eigentlich nicht leisten kann und dann in eine „Schuldenfalle" gerät.

K3 **11** 884 : 90 = 9 Rest 74. Er hielt sein Tor neun Spiele lang „sauber".

K1 **12** Nein, das stimmt nicht, weil $1 \cdot 0 = 0$, also nicht 12 ist.

K3 **13** Jägerhof: 57 €   Berghof: 54 €   Alpenblick: 66 €
Mögliche Gründe für Preisunterschiede: Preisniveau der Region / des Ortes, Neuwertigkeit des Hauses, Unterschiede im Zusatzangebot, Lage des Hauses, ...

K1 **14 a)** 728 : 13 = 56 ≠ 13 : 728
$728 \cdot 13 = 9464 = 13 \cdot 728$

b) 57 000 : 125 = 456 ≠ 125 : 57 000
$57\,000 \cdot 125 = 7\,125\,000 = 125 \cdot 57\,000$

c) 32 976 : 458 : 2 = 36 = 32 976 : 2 : 428 ≠ 428 : 32 976 : 2
$32\,976 \cdot 458 \cdot 2 = 30\,206\,016 = 428 \cdot 2 \cdot 32\,976 = \ldots$

d) 1136 : 1136 = 1 = 1136 : 1136
$1136 \cdot 1136 = 1\,290\,496 = 1136 \cdot 1136$

Merksatz: Bei einer Multiplikation darf man die Faktoren beliebig vertauschen, bei einer Division im Allgemeinen nicht. Dort darf man nur die Reihenfolge der Divisoren beliebig anordnen, nicht jedoch Divisor und Dividend vertauschen (vgl. Nachgefragt).

K3 **15 a)** $3 \cdot 340\,\text{m} = 1020\,\text{m} \approx 1\,\text{km}$ **b)** 6 s (Verdopplung von a)

K3 **16 a)** 3000 m : 25 min = 120 m/min bzw. 3000 m : 1500 s = 2 m/s

b) Furchenwal: ca. 67 m/min
Entenwal: ca. 71 m/min
Pottwal: 120 m/min

K2 **17 a)** 175 : 12 = 14 R 7
753 : 62 = 12 R 9

b) 432 : 18 = 23 R 18, also 432 : 18 = 24
128 : 104 = 1 R 24
128 : 52 = 2 R 24
128 : 26 = 4 R 24

c) $216 = 34 \cdot 0 + 216$ $149 = 12 \cdot 12 + 5$
$216 = 34 \cdot 1 + 182$
$216 = 34 \cdot 2 + 148$
$216 = 34 \cdot 3 + 114$
$216 = 34 \cdot 4 + 80$
$216 = 34 \cdot 5 + 46$
$216 = 34 \cdot 6 + 12$

2.5 Dividieren

> Geschichte

Zahlenfolgen

- Gesetzmäßigkeiten
  a) + 4
  b) · 2
  c) – 7
  d) + 8
  e) alternierend – 5; · 2
  f) Quadratzahlen
  g) : 3
  h) alternierend · 6; : 2

Fibonacci-Folge

- 1; 1; 2; 3; 5; 8; 13; 21; 34; 55; 89; 144; ...
- Der Geschichte nach wurde die Folge mit dem Wachstum einer Kaninchenfamilie verglichen, bei dem die einzelnen Ziffern für Kaninchenpaare stehen und jede nachfolgende Ziffer die Anzahl der Kaninchenpaare in einem Monat beschreibt. Für die Fortpflanzung gibt es folgende Vorschrift:
  ① Man hat zu Beginn ein Paar Kaninchen.
  ② Jedes Kaninchenpaar wird nach zwei Monaten geschlechtsreif und
  ③ wirft dann anschließend jeweils jeden Monat ein weiteres Paar Jungkaninchen, das sich entsprechend der Regeln ① und ② wieder fortpflanzt.
  Wichtig ist, dass kein Kaninchen stirbt oder auch von außen kein Neues hinzukommt. Oftmals wird dieser Sachverhalt an einem Diagramm dargestellt, bei dem „I" für ein Kaninchenpaar steht:

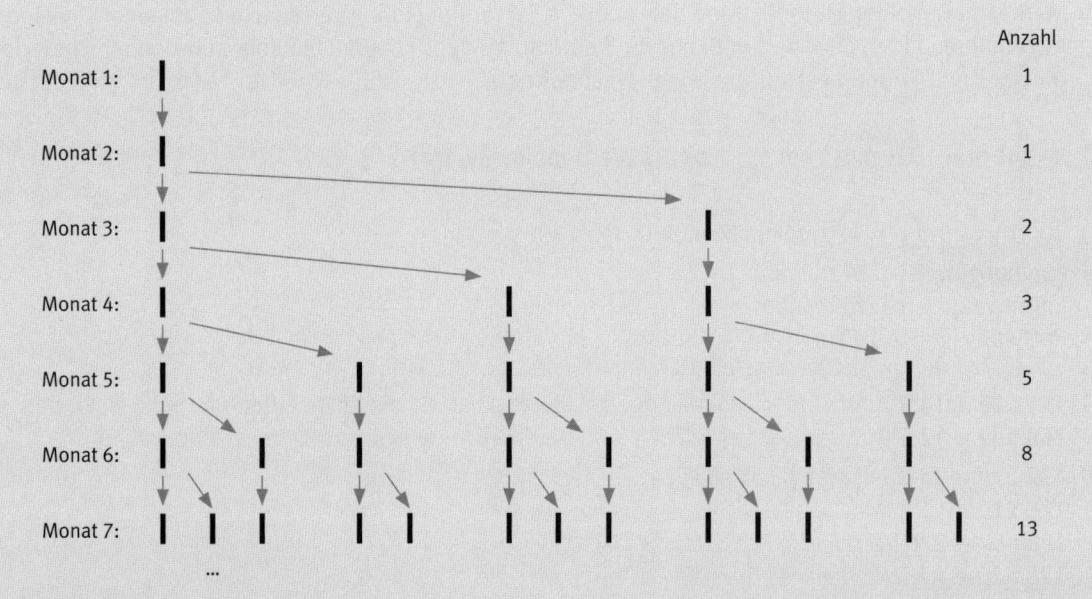

		Anzahl
Monat 1:	I	1
Monat 2:	I	1
Monat 3:	I I	2
Monat 4:	I I I	3
Monat 5:	I I I I I	5
Monat 6:	I I I I I I I I	8
Monat 7:	I I I I I I I I I I I I I	13

...

Folge der Dreieckszahlen

- Ausgehend von der Zahl 1 als Schritt 1 werden entsprechend der Schrittfolge, an der man sich befindet, jeweils so viele Punkte zu der vorhandenen Dreiecksanordnung ergänzt.
  D. h. bei Schritt 4 kommen 4 Punkte zu den bisherigen hinzu (bisherige Summe + 4), bei Schritt 5 entsprechend 5 Punkte (bisherige Summe + 5), ...
- 1; 3; 6; 10; 15; 21; 28; ...

2.6 Teilbarkeit

Entdecken

K2
- Fächer am Tag 16:   1; 2
- Fächer am Tag 40:   1; 2; 3; 4
- Fächer am Tag 125:   1; 3

K2

Tag	1	2	3	4	5	6	7	8	9	10	11	12	13	14	15
Fach 1	×	×	×	×	×	×	×	×	×	×	×	×	×	×	×
Fach 2		×		×		×		×		×		×		×	
Fach 3					×					×					×
Fach 4										×					

Tag	16	17	18	19	20	21	22	23	24	25	26	27	28	29	30
Fach 1	×	×	×	×	×	×	×	×	×	×	×	×	×	×	×
Fach 2	×		×		×		×		×		×		×		×
Fach 3					×					×					×
Fach 4					×										×

Nach 30 Tagen wurde
- Fach 1   30-mal gelernt.
- Fach 2   15-mal gelernt.
- Fach 3   6-mal gelernt.
- Fach 4   3-mal gelernt.

Nachgefragt

K5
- Die Behauptung von Tim ist falsch. Jede Zahl, die durch 4 teilbar ist, ist auch durch 2 teilbar. Nicht jede Zahl, die durch 2 teilbar ist, ist auch durch 4 teilbar. Beispiel: 6; 10; 14; …

K5
- Die Aussage ist wahr. Bei jeder Zahl, die durch 10 teilbar ist, ist die letzte Ziffer eine Null. Nach den Teilbarkeitsregeln für 2 und 5 ist eine Zahl, an deren Ende eine Null steht, immer durch 2 bzw. 5 teilbar.

Aufgaben

K4

1 **a)** Teilbar durch …
   2: 46; 90; 208; 458; 600; 1310; 4568; 23 674
   4: 208; 600; 4568
   5: 90; 345; 600; 1310; 9305; 10 005
   10: 90; 600; 1310

b) Teilbar durch …
   2: 70 000; 123 456; 456 786; 3 375 800
   4: 70 000; 123 456; 3 375 800
   5: 70 000; 367 985; 3 375 800
   10: 70 000; 3 375 800

K4

2 Teilbar durch …
   a) 2 und 5: 1270; 290; 4020
   b) 2 und 10: 1270; 290; 4020
   c) 5 und 10: 1270; 290; 4020
   d) 2, aber nicht 10: 2376; 8796; 5788; 2332; 5112; 8836; 742; 392; 364
   e) 5, aber nicht 10: 1495; 4235; 6665; 7445
   f) 2, aber nicht 4: 742

2.6 Teilbarkeit

K4 **3**

	teilbar durch	kleinste vierstellige Zahl	größte vierstellige Zahl
a)	4 und 10	1000	9980
b)	4 und 5	1000	9980
c)	5 und 20	1000	9980

K4 **4** Entscheidend für die angesprochene Teilbarkeit sind jeweils nur die letzte Stelle bzw. die beiden letzten Stellen. Alle anderen können frei besetzt werden.
In den meisten Fällen sind auch für die Endziffern noch verschiedene Möglichkeiten denkbar. Angegeben sind hier lediglich Lösungsmöglichkeiten. In einigen Fällen sind keine Lösungen möglich (k. L.).

a) 2: ① 1052 ② 720 ③ k. L. ④ 1 920 045 060 ⑤ 80 606 020
b) 4: ① 1052 ② 720 ③ k. L. ④ 1 920 045 060 ⑤ 80 606 020
c) 5: ① 1055 ② 720 ③ 105 ④ 1 920 045 060 ⑤ 80 606 020
d) 2 und 4: ① 1052 ② 704 ③ k. L. ④ 1 920 045 060 ⑤ 80 606 004
e) 2 und 5: ① 1050 ② 700 ③ k. L. ④ 1 920 045 060 ⑤ 80 606 010
f) 4 und 5: ① k. L. ② 720 ③ k. L. ④ 1 920 045 060 ⑤ 80 606 020

K4 **5**
a) 732; 372
b) 628; 268
c) 4132; 1432; 3412; 4312; 1324; 3124
d) 1496; 4196; 4916; 9416; 1964; 9164
e) k. L
f) 3952; 9352; 9532; 5932; 3592; 5392

K4 **6**
a) 27 828, 894, 333 333, 234, 34 722, 777 333, 354   Lösungswort: ITALIEN
b) 504, 573, 1134, 657, 83 700, 91 011, 345 678   Lösungswort: ENGLAND

K2 **7** Bei dieser Aufgabe gibt es mehrere Lösungen. Vorgehensweise:
1. Bisherige Quersumme der Ziffern berechnen.
2. So durch einen Summanden ergänzen, dass die „neue" Quersumme durch 3 bzw. 9 teilbar ist.
3. Die Zahl mit der entsprechenden Ziffer ergänzen.
a) teilbar durch 3: 441 / 444 / 447
   teilbar durch 9: 441
b) teilbar durch 3: 603 / 633 / 663 / 693
   teilbar durch 9: 603 / 693
c) teilbar durch 3: 5517 / 5547 / 5577
   teilbar durch 9: 5517
d) teilbar durch 3: 1011 / 1014 / 1017
   teilbar durch 9: 1017
e) teilbar durch 3: 89 127 / 89 427 / 89 727
   teilbar durch 9: 89 127
f) teilbar durch 3: 123 156 / 123 456 / 123 756
   teilbar durch 9: 123 156
g) teilbar durch 3: 71 958 / 74 958 / 77 958
   teilbar durch 9: 77 958
h) teilbar durch 3: Es sind insgesamt 34 Lösungen möglich. Die Summe der beiden einzusetzenden Ziffern muss 0, 3, 6, 9, 12, 15 oder 18 ergeben.
   teilbar durch 9: 2070 / 2079 / 2970 / 2178 / 2871 / 2277 / 2772 / 2376 / 2673 / 2475 / 2574 / 2979
i) Es sind zahlreiche Lösungen möglich.
j) Es sind zahlreiche Lösungen möglich.

2.7 Rechenregeln

Alternativer Einstieg: Schulbuch Seite 39

Entdecken

K5 ■ Individuelle Antworten. Aus der Grundschule sollten zumindest die „Vorfahrtsregel" Punkt- vor Strichrechnung sowie das Kommutativgesetz bekannt sein.

K5 ■ Individuelle Antworten und Beispiele.

Nachgefragt

K1 ■ Die Klammer um 50 · 2 ist überflüssig, weil hier auch ohne Klammer das Produkt aufgrund der Punkt-vor-Strich-Regel Vorrang hätte.

K5 ■ Nein, das stimmt nicht, wie man leicht überprüfen kann. Das Kommutativgesetz gilt nur für jede der beiden Rechenarten alleine.

Aufgaben

K4 **1 a)** 1100 (KG, AG)
600 (AG)
90 (AG)
157 (AG)
c) 50 (Punkt vor Strich)
0 (Punkt vor Strich)
28 (Punkt vor Strich)
20 (Potenz, Punkt vor Strich)

b) 691 (AG)
9098 (KG, AG)
14 (Klammer)
1964 (Punkt vor Strich, KG, AG)
d) 427 (Klammer, Punkt vor Strich)
16 (Potenz, Klammer)
130 (Potenz, Klammer, Punkt vor Strich)
13 682 (Potenz, Klammer, Punkt vor Strich)

K4 **2 a)** (12 + 8) · 4 = 80
12 + 8 · 4 = 44
12 · (8 + 4) = 144
b) 175 − 17 · 9 = 22
(175 − 17) · 9 = 1422
(175 − 9) · 17 = 2822
c) 14 + 3·3 − 2 = 21
(14 + 3) · 3 − 2 = 49
(14 + 3) · (3 − 2) = 17

K4 **3** A: ② 11 · 4 + 17 = 61
C: ① 4 + 11 · 17 = 191
B: ④ 11 · (4 + 17) = 231
D: ③ (17 + 11) · 4 = 112

K5 **4** Lösungsmöglichkeiten:
a) (96 − 15) · 4 = 324   Multipliziere die Differenz aus 96 und 15 mit 4.
96 − 15 · 4 = 36   Subtrahiere das Produkt von 15 und 4 von 96.
b) (135 : 5) · 3 = 81   Multipliziere die Quotienten von 135 und 5 mit 3.
135 : (5 · 3) = 9   Dividiere 135 durch das Produkt aus 5 und 3.
c) (12 + 18) · (18 − 12) = 180   Multipliziere zur Summe aus 12 und 18 die Differenz aus 18 und 12.
(12 + 18) · 18 − 12 = 528   Multipliziere die Summe aus 12 und 18 mit 18 und subtrahiere davon 12.
d) 45 : 3 · (2 + 3) = 75   Dividiere 45 durch 3 und multipliziere das Ergebnis mit der Summe aus 2 und 3.
45 : (3 · 2 + 3) = 5   Der Dividend heißt 45. Der Divisor ergibt sich als Produkt aus 3 und 2 vermehrt um 3.

K2 **5 a)** ① 430 ② 210 ③ 4257 ④ 11
147 60 2020 1100
5 72 2888 280

b) ① 8 · 89 ct + 4 · 89 ct = 712 ct + 356 ct = 1068 ct
= 10 € 68 ct
(8 + 4) · 89 ct = 12 · 89 ct = 1068 ct = 10 € 68 ct
② 26 · 3 € + 31 · 3 € = 78 € + 93 € = 171 €
(26 + 31) · 3 € = 57 · 3 € = 171 €

2.8 Terme und Gleichungen

Alternativer Einstieg: Schulbuch Seite 39

Entdecken

K3 ■ Kosten der Tarife bei ... Gesprächsminuten:

	50	100	150	200	250	300
Moon	250 ct	500 ct	750 ct	1000 ct	1250 ct	1500 ct
Sun	600 ct	700 ct	800 ct	900 ct	1000 ct	1100 ct

K3 ■ Wenn man eher wenig telefoniert, ist der Tarif „Moon" günstiger, wenn man mehr telefoniert (über etwa 170 Minuten im Monat) ist der Tarif „Sun" günstiger.

K3 ■ Wenn die Gesprächsdauer (in Minuten) mit x und die Kosten (in Minuten) mit K_{Moon} bzw. K_{Sun} bezeichnet werden, lauten die Terme: $K_{Moon} = 5 \cdot x$ bzw. $K_{Sun} = 2 \cdot x + 500$.

K2 ■ Für 12 € kann man im Tarif „Moon" 240 Minuten lang telefonieren, im Tarif „Sun" 350 Minuten.

Nachgefragt

K5 ■ Peter hat Recht. So hat beispielsweise die Gleichung $50 + x = 20$ keine natürliche Zahl als Lösung.

K4 ■ Addition ↔ Subtraktion
Multiplikation ↔ Division

Aufgaben

K4 1 a) a = 5 b) x = 13 c) b = 60 d) t = 6
       e) y = 8 f) z = 194 g) x = 6 h) u = 26

K4 2 ① B ② R ③ A ④ V ⑤ O
Lösungswort: BRAVO

K4 3 a) a = 12 b) t = 7   c) b = 7   d) d = 8
         k = 17   c = 8   s = 48   h = 15
         x = 87   m = 25   z = 15   u = 9
         w = 11   p = 36   n = 24   e = 3

K3 4 a) $5 \cdot a + 27 = 62$ a = 7   b) $(b - 13) : 7 = 6$ b = 55
       c) $c \cdot 11 + 3 \cdot 8 = 123$ c = 9   d) $45 : d = d - 4$ d = 9
       e) Es sind verschiedene Lösungen möglich.

K3 5 a) $12 \cdot k = 18$ k = 1,50 €
       b) $4 \cdot m = 48$ m = 12
       c) $6 \cdot r = 433 - 241$ r = 32 €
          $10 \cdot r = 433 - 241$ r = 19 € 20 ct
          $12 \cdot r = 433 - 241$ r = 16 €
       d) $4 \cdot r = 1075 - 475$ r = 150 €
       e) $3 \cdot p = 98 - 89$ p = 3 €

2.8 Terme und Gleichungen

K3 **6 a)** A 2   x = 15
Beispiel für Frage und Antwort:
Frage: Wie weit ist der Reitstall von zu Hause entfernt?
Antwort: Der Reitstall ist 15 km von zu Hause entfernt.
B 3   x = 9
Beispiel für Frage und Antwort:
Frage: Wie viele Stuhlreihen gibt es vor der letzten Reihe?
Antwort: Vor der letzten Reihe gibt es 9 Stuhlreihen.
C 1   x = 27
Beispiel für Frage und Antwort:
Frage: Wie viele Schülerinnen und Schüler sind in der Klasse 5b?
Antwort: Es sind 27 Schülerinnen und Schüler.

K3 **7 a)** 4955 Zuschauer
b) L · 45 € + K1 · 27 € + K2 · 19 €   Die Einnahmen betragen 121 845 €.

K4 **8** Beispiele für Verpackungen in der angegebenen Art:
a) einfach: (3 · 6)   doppelt: [3 · (14 − 8)]   dreifach: {3 · [2 · 7 − (42 − 34)]}
b) einfach: (3 · 72)   doppelt: [3 · (92 − 20)]   dreifach: {3 · [4 · 23 − (16 + 4)]}
c) einfach: (4 · 128)   doppelt: [4 · (85 + 43)]   dreifach: {4 · [5 · 17 + (64 − 21)]}
d) einfach: (15 · 51)   doppelt: [15 · (36 + 15)]   dreifach: {15 · [6 · 6 + (33 − 18)]}

K5 **9 a)** Gauß hat die Zahlen von 1 bis 100 in insgesamt 50 Paare geordnet, so dass die Summe der Zahlen jedes Paars 101 ist. Die Summe der Zahlen von 1 bis 100 ist damit 50 · 101 = 5050.
b) ① Für n = 100 ergibt die Formel:
100 · (100 + 1) : 2 = 50 · 101, also die Berechnung aus a).
② Mit n = 200 ergibt die Formel für die Summe der ersten 200 Zahlen:
200 · (200 + 1) : 2 = 100 · 201 = 20 100.
Beim Vorgehen von Gauß bildet man insgesamt 100 Zahlenpaare, deren Summe jeweils 201 beträgt: 1 + 200; 2 + 199; …; 100 + 101.
Die Summe der Zahlen von 1 bis 200 ist damit 100 · 201 = 20 100.
③ 30 (40; 75)

2 Auf unterschiedlichen Wegen

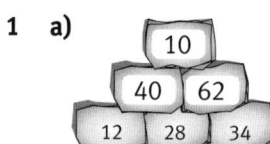

K4 **1** a) Pyramide: 10 / 40, 62 / 12, 28, 34
b) Pyramide: 220 / 60, 160 / 12, 48, 112
a) Pyramide: 608 / 357, 251 / 144, 213, 38
b) Pyramide: 400 / 173, 227 / 98, 75, 152

K4 **2**
a)   453
   +477
   $\underline{1\,1}$
    930

b) 70002
   + 380
   $\overline{}$
   70382

a)   1615
   +2344
   +1043
   $\underline{1\,1\,1}$
    5002

b) 6812
   + 964
   +2412
   $\underline{2}$
   10188

c)   5312
   +14490
   $\underline{1}$
   19802

d) 56150
   +17312
   $\underline{1}$
   73462

c) 725133
   +445713
   $\underline{1}$
   1170846

d)   92788
   +994819
   $\underline{1\,1\,1\,1}$
   1087607

K4 **3** a) 63663   b) 5272   a) 1928   b) 6248

K4 **4**
a) 999 − 100 = 899
b) 10000 − 9999 = 1
a) 999999 − 100000 = 899999
b) 100000000 − 999999 = 99000001

K2 **5**
23 · 145 = 145 · 23 = 3335
23 · 4 = 4 · 23 = 92
145 · 4 = 4 · 145 = 580

203 · 67 = 67 · 203 = 13601
203 · 710 = 710 · 203 = 144130
67 · 710 = 710 · 67 = 47570

K2 **6**
a) 187 · 51
      935
      187
    $\overline{9537}$

b) 729 · 58
     3645
     5832
   $\overline{46282}$

a) 53 · 48
     212
     424
   $\overline{2544}$

b) 4269 · 22
     8538
     8538
   $\overline{93918}$

K4 **7**
$2^5 = 2 \cdot 2 \cdot 2 \cdot 2 \cdot 2$
$4^3 = 4 \cdot 4 \cdot 4$
$5^2 = 5 \cdot 5$
$3^4 = 3 \cdot 3 \cdot 3 \cdot 3$

$4^8 = 4 \cdot 4 \cdot 4 \cdot 4 \cdot 4 \cdot 4 \cdot 4 \cdot 4$
$7^5 = 7 \cdot 7 \cdot 7 \cdot 7 \cdot 7$
$5^7 = 5 \cdot 5 \cdot 5 \cdot 5 \cdot 5 \cdot 5 \cdot 5$
$0^1 = 0$
$8^4 = 8 \cdot 8 \cdot 8 \cdot 8$

K4 **8**
a) 62256 : 12 = 5188
   −60
    22
   −12
    105
    −96
     96
    −96
      0   Probe: 5188 · 12 = 62256

62256 : 24 = 5188 : 2 = 2594
Probe: 2594 · 24 = 62256

b) 159072 : 16 = 9942
   −144
    150
   −144
     67
    −64
     32
    −32
      0   Probe: 9942 · 16 = 159072

159072 : 32 = 9942 : 2 = 4971
Probe: 4971 · 32 = 159072

a) 11914 : 37 = 322
   −111
     81
    −74
     74
    −74
      0   Probe: 322 · 37 = 11914

11914 : 74 = 322 : 2 = 161
Probe: 161 · 74 = 11914

b) 826500 : 19 = 43500
   −76
    66
   −57
    95
   −95
     0   Probe: 43500 · 19 = 826500

Auf unterschiedlichen Wegen 2

c)   54 420 : 30 = 1814
    −30
      244
     −240
        42
       −30
       120
      −120
         0   Probe: 1814 · 30 = 54 420
   54 420 : 60 = 1814 : 2 = 907
   Probe: 907 · 60 = 54 420

K4 **9 a)** 221 025 : 105 = 2105
        −210
          110
         −105
            52
           − 0
           525
          −525
             0

b) 294 784 : 98
      −294
         07
        − 0
         78
        − 0
        784
       −784
          0

c)   2 355 148 : 116 = 20 303
    −232
       35
      − 0
      351
     −348
       34
      − 0
      348
     −348
        0   Probe: 20 303 · 116 = 2 355 148

a) 241 844 : 412 = 587
      −2060
        3584
       −3296
        2884
       −2884
           0

b) 429 450 : 210 = 2045
      −420
         94
        − 0
        945
       −840
       1050
      −1050
          0

K5 **10** teilbar durch 2: 430; 1748; 14 000; 15 424; 5736; 214; 12 450; 7860; 5326; 7772
teilbar durch 4: 1748; 14 000; 15 424; 5736; 7860; 7772
teilbar durch 5: 625; 430; 14 000; 77 365; 12 540; 7860
teilbar durch 10: 430; 14 000; 12 450; 7860

a) Lösungsmöglichkeiten:
teilbar durch 5: 100 005; 200 015; 321 560; 555 555; 999 990
teilbar durch 10: 100 000; 200 010; 355 230; 450 250; 652 120
teilbar durch 8: 236 236; 456 224; 500 004; 584 388; 651 256
teilbar durch 4: 122 224; 355 556; 448 464; 745 592; 999 996
b) größte fünfstellige Zahl, durch 4 und 5 teilbar: 99 980
kleinste fünfstellige Zahl, durch 4 und 5 teilbar: 10 000

K4 **11** teilbar durch 3: 43 671
teilbar durch 9: −

teilbar durch 3: 277 173; 142 350
teilbar durch 9: 277 173

K4 **12** ① 50   ② 60   ③ 50   ④ 50
Die Terme ①, ③ und ④ haben denselben Wert 50.

① 0   ② 723   ③ 0   ④ 86
Die Terme ① und ③ haben denselben Wert 0.

K4 **13 a)** 17   **b)** 37   **c)** 29   **d)** 331

a) 0   **b)** 1856   **c)** 88 019

K2 **14 a)** x = 4
b) x = 6
c) x = 4
d) x = 6

a) x = 7
b) x = 25
c) x = 0 oder x = 6
d) x = 10

Schulbuchseite 63

2 Auf unterschiedlichen Wegen

K3 **15 a)** 2 · x = 240
x = 120
Tasse und Untertasse wiegen jeweils 120 g.

b) 2 · x + x = 240
x = 80
Die Untertasse wiegt 80 g und die Tasse 160 g.

a) 3 · x + x = 240
x = 60
Die Untertasse wiegt 60 g und die Tasse 180 g.
4 · x + x = 240
x = 48
Die Untertasse wiegt 48 g und die Tasse 192 g.

b) 3 · x + 2 · x = 240
x = 48
Die Untertasse wiegt 96 g und die Tasse 144 g.

Kreuz und quer

K3 **1** 23 · 185 m = 4255 m

K3 **2** 18 · 135 € = 2430 € Gesamtpreis: 2430 € + 100 € = 2530 €
Ersparnis: 2530 € − 2299 € = 231 €

K3 **3** Anzahl der Sitze: 36 · 1285 = 46 260 Gesamteinnahmen: 46 260 · 18 € = 832 680 €

K3 **4** 1800 kg : 5 = 360 kg Anzahl der Säcke: 1440 kg : 12 kg = 120

K3 **5** Gesamtpreis: 345 € + (3 · 130 €) = 735 € Einzelpreis: 735 € : 138 = 5 Rest 45
Nein, es reicht nicht, wenn man 5 € einsammelt.

K5 **6** **a)** 1 · 1 = 1   1 · 9 + 2 = 11
11 · 11 = 121   12 · 9 + 3 = 111
111 · 111 = 12 321   123 · 9 + 4 = 1111
1111 · 1111 = 1 234 321   1234 · 9 + 5 = 11 111
b) Beispiele:
111 · 11 = 1221   111 · 11 · 1221
1111 · 111 = 123 321   1111 · 11 = 12 221
11 111 · 1111 = 12 344 321   11 111 · 11 = 122 221

K4 **7** **a)** ① C, D ② A, B ③ C, D ④ A, B
b) ① 8 · 12, 7 − 96 = 89 ② 8 − 7, 12 · 1 = 12 ③ 12 − 7, 8 · 5 = 40 ④ 7 · 12, 8 + 84 = 92

K3 **8** **a)** Auf Zehntausender gerundete Besucherzahlen:

Besucherzahlen	2014	2015
Januar	70 000	70 000
Februar	140 000	80 000
März	160 000	150 000
April	160 000	310 000
Mai	370 000	190 000
Juni	210 000	280 000
Juli	320 000	280 000
August	410 000	350 000
September	190 000	200 000
Oktober	170 000	180 000
November	70 000	100 000
Dezember	60 000	60 000

2 Kreuz und quer

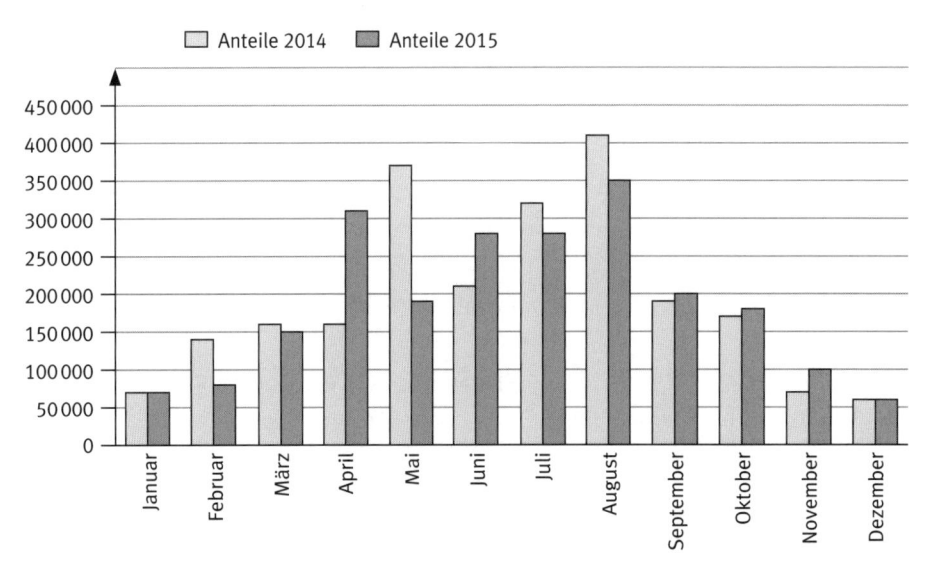

Legend: Anteile 2014 | Anteile 2015

b) In den Monaten April und Mai gab es die größten Unterschiede zwischen den Besucherzahlen. Im April war der Unterschied 152 104, im Mai 180 022.

c) 2014: 2 347 931 Besucher   2015: 2 273 169 Besucher

d) Individuelle Antworten und Artikel. Mögliche Ursachen können z. B. die Jahreszeit, das Wetter und Schulferien sein.

K4 **9 a)**
```
  1 3 3 5
  4 9 3 9
+   8 7 8
---------
  7 1 5 2
```
b)
```
  7 8 6 4 8
    2 1 1 9
-   8 9 5 6
-----------
  6 7 5 7 3
```
c)
```
  1 5 8 · 2 5
  3 1 6 0
      7 9 0
  ---------
  3 9 5 0
```
d)
```
  1 4 6 · 1 5
  1 4 6 0
      7 3 0
  ---------
  2 1 9 0
```

K4 **10 a)** 16 · 74 + 2534 = 3718
b) 2^5 + (2614 − 364) = 2282
c) (835 + 529) · (453 − 83) = 1364 · 370 = 504 680
d) $(520 : 65)^2 = 8^2 = 64$

K5 **11 a)** Multipliziere die Summe aus 354 und 253 mit 24.
607 · 24 = 14 568

b) Dividiere die Differenz aus 9231 und 7359 durch die Differenz aus 2003 und 1967.
1872 : 36 = 52

c) Multipliziere 98 mit der Differenz aus 242 und 156 und addiere anschließend 17.
98 · 86 + 17 = 8428 + 17 = 8445

d) Subtrahiere das Quadrat von 6 vom Quadrat von 7 und potenziere das Ergebnis mit 3.
$(49 − 36)^3 = 13^3 = 2197$

K4 **12 a)** Lösungsmöglichkeit: zu **b)**:

teilbar durch					Summe
2	342	124	116	102	684
4	100	104	108	112	424
5	100	105	110	115	430
2 und 4	100	104	108	112	424
2 und 5	100	110	120	130	460
4 und 5	100	120	140	180	540

b) Die Summe der Zahlen ist ebenfalls durch den angegebenen Teiler teilbar.

Kreuz und quer

K1 **13 a)** Klammer um (6 · 7) überflüssig, weil Punkt vor Strich
   b) Klammer um (12 · 3) überflüssig, weil Punkt vor Strich
   c) Klammer um (2 · 3) überflüssig, weil Punkt vor Strich
   Klammer um (5 · 4 · 3) überflüssig, weil assoziativ und Punkt vor Strich
   d) keine Klammer überflüssig
   e) Klammer hinter : 3 überflüssig, weil Punkt vor Strich
   Klammer um (27 : 9) überflüssig, weil reine Punktrechnung
   f) Klammer um (13 · 5^2) überflüssig, weil Punkt vor Strich; äußere Klammer überflüssig

K4 **14 a)** 1148   **b)** 2888   **c)** 18474
         27000   46305   190730
           634   30   235
           658   343   571

K4 **15 a)** a = 12   **b)** b = 23   **c)** c = 144
      d) d = 9   **e)** e = 7   **f)** f = 45
      g) g = 6   **h)** h = 0   **i)** i = 4

K4 **16 a)** Anzahl der Paare: 1 922 632   Erwachsene Pinguine: 1 922 632 · 2 = 3 845 264
   Annahme: Jeder Pinguin lebt als Brutpaar.
   b) Anzahl in 1 000 000

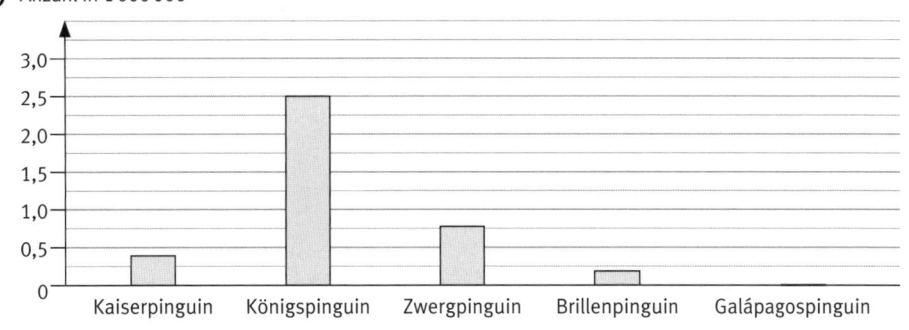

   [Balkendiagramm: Kaiserpinguin ≈ 0,4; Königspinguin ≈ 2,5; Zwergpinguin ≈ 0,8; Brillenpinguin ≈ 0,2; Galápagospinguin ≈ 0]

   c) Mit der Genauigkeit kann man die Anzahl der Pinguine sicherlich nicht bestimmen, weil man niemals alle Pinguine zählen kann. Man kann jedoch Fotos von Brutkolonien auswerten (vgl. Rasterverfahren).

K3 **17 a)** 696 € : a = 29 €   a = 24   Die Abzahlung dauert 24 Monate (bzw. 12 Monate).
         696 € : a = 58 €   a = 12
   b) 15 · p = 7350 ct   p = 490 ct = 4,90 €   Ein Teilnehmer muss 4,90 € bezahlen.
   c) ① 2 · b = 7,80 €   b = 3,90 €   Jeder muss 3,90 € bezahlen.
         ② Beispiel: Kugel 80 ct, Cola 2,30 €; Kugel 1 €, Cola 1,90 €

K2 **18 a)** Der Deckstein enthält stets gerade Zahlen. Ist der Abstand zwischen den Basiszahlen 1, so unterscheiden sich der kleinste und der größte Deckstein um 8; ist er 2, beträgt der Unterschied 16, ist der Abstand 3, beträgt er 24 usw.
   Allgemein: Ist der Abstand der Basiszahlen x, so beträgt der Unterschied 8x (vgl. auch Lösung zu d) und e)).
   b) Wenn die beiden größten Basiszahlen auf den mittleren Steinen stehen, ergibt sich der größte Deckstein, wenn sie auf den äußeren Steinen stehen, ergibt sich der kleinste Deckstein.
   c) Wenn die beiden äußeren und/oder beiden mittleren Basissteine jeweils getauscht werden, dann ändert sich der Deckstein nicht, da die Zahlenmauer lediglich „gespiegelt" wird.

2 Kreuz und quer

d), e)

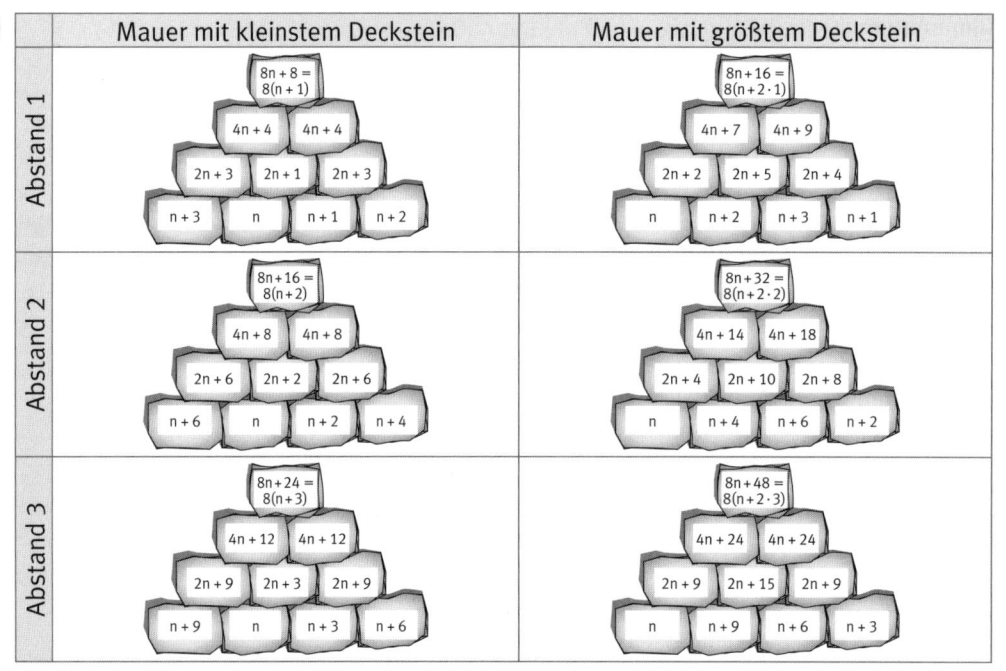

	Mauer mit kleinstem Deckstein	Mauer mit größtem Deckstein
Abstand 1	$8n+8 = 8(n+1)$; $4n+4$, $4n+4$; $2n+3$, $2n+1$, $2n+3$; $n+3$, n, $n+1$, $n+2$	$8n+16 = 8(n+2\cdot 1)$; $4n+7$, $4n+9$; $2n+2$, $2n+5$, $2n+4$; n, $n+2$, $n+3$, $n+1$
Abstand 2	$8n+16 = 8(n+2)$; $4n+8$, $4n+8$; $2n+6$, $2n+2$, $2n+6$; $n+6$, n, $n+2$, $n+4$	$8n+32 = 8(n+2\cdot 2)$; $4n+14$, $4n+18$; $2n+4$, $2n+10$, $2n+8$; n, $n+4$, $n+6$, $n+2$
Abstand 3	$8n+24 = 8(n+3)$; $4n+12$, $4n+12$; $2n+9$, $2n+3$, $2n+9$; $n+9$, n, $n+3$, $n+6$	$8n+48 = 8(n+2\cdot 3)$; $4n+24$, $4n+24$; $2n+9$, $2n+15$, $2n+9$; n, $n+9$, $n+6$, $n+3$

K2 **19** Beispiele:
- $10 = 3 \cdot 5 - (1 + 4)$
- $11 = 3 \cdot 5 - 1 \cdot 4$
- $12 = 3 \cdot 5 - (4 - 1)$
- $13 = 1 + 3 + 4 + 5$
- $14 = 3 \cdot (4 - 1) + 5$
- $15 = (5 - 3)^4 - 1$
- $16 = (3^4 - 1) : 5$
- $17 = 3 \cdot 4 + 5 \cdot 1$
- $18 = 3 \cdot 4 + 1 + 5$
- $19 = 3 \cdot 5 + 1 \cdot 4$
- $20 = 3 \cdot 5 + 1 + 4$

K2 **20 a)** Individuelle Ergebnisse.

b) In einer Stunde schlägt ein Herz etwa 3600-mal.
An einem Tag schlägt ein Herz etwa 86 400-mal.
In einem Jahr schlägt ein Herz etwa 31 536 000-mal.
Im bisherigen Leben: Individuelle Ergebnisse.

c), d) Individuelle Ergebnisse.

K2 **Alltag**

- **Prüfziffern:**
  a) 400-262780173-□, □ = 8   **b)** 400-775100073-□, □ = 6   **c)** 400-019700127-□, □ = 5
- **Ländercode:** Frankreich 300–379, Tschechien 859
- **Lösungsmöglichkeit:**

=1*B2+3*C2+...+3*M2

	A	B	C	D	E	F	G	H	I	J	K	L	M	N	O
1	Ziffer	1	2	3	4	5	6	7	8	9	10	11	12	Prüfsumme	Prüfziffer
2		4	0	0	4	1	8	2	0	3	5	5	2	72	8

=WENN((GANZZAHL(N2/10)+1)*10−N2<10;(GANZZAHL(N2/10)+1)*10−N2;0)

Anmerkung: Für einfache Fälle reicht sicherlich die Prüfsumme aus.
Bei der Prüfziffer wird wie folgt vorgegangen:
Durch (GANZZAHL(N2/10)+1)*10 wird die Zehnerstelle um 1 erhöht. Problematisch wird es dann, wenn die Prüfsumme selbst ein voller 10er ist. In dem Fall würde mit obiger Bedingung die Prüfziffer 10 ausgegeben werden. Dafür ist dann die Bedingungsabfrage WENN.
Die Tabelle ist im Internet unter www.ccbuchner.de (Eingabe: 8405) kostenlos abrufbar.

- Die Prüfziffernberechnung über die Quersumme wäre deutlich unsicherer, denn selbst „Laien" könnten ohne großen Aufwand Prüfziffern erstellen. Zudem wäre die Länge der Codes verschieden, denn die Prüfziffer wäre eine meist mehrstellige Zahl.

Tiefgang – Primzahlen

K4 **Verschiedene Wege erproben**

a)
Gruppengröße	1	2	3	5	6	10	15	30
Anzahl der Gruppen	30	15	10	6	5	3	2	1

Die Gruppengrößen 1 und 30 sind sicher nicht sinnvoll, da hier keine Einteilung in „echte" Gruppen vorliegt.
Je nach Sportart und Intention des Sportlehrers könnten am ehesten Gruppengrößen von 5 oder 6 Schülerinnen und Schülern sinnvoll sein.

b) Mit der Seitenlänge der ausgeschnittenen Quadrate als Längeneinheit erhält man Rechtecke mit Längen (z. B. entsprechend der Gruppengröße) und Breiten (z. B. entsprechend der Anzahl der Gruppen) wie in der Tabelle in Teil a) angegeben.

c) Bei 24 Kindern gibt es 8 Möglichkeiten:

Gruppengröße	1	2	3	4	6	8	12	24
Anzahl der Gruppen	24	12	8	6	4	3	2	1

Bei 27 Kindern gibt es 4 Möglichkeiten:

Gruppengröße	1	3	9	27
Anzahl der Gruppen	27	9	3	1

Bei 28 Kindern gibt es 6 Möglichkeiten:

Gruppengröße	1	2	4	7	14	28
Anzahl der Gruppen	28	14	7	4	2	1

Bei 32 Kindern gibt es 6 Möglichkeiten:

Gruppengröße	1	2	4	8	16	32
Anzahl der Gruppen	32	16	8	4	2	1

d) Jede Zahl ist durch 1 und (außer der Null) durch sich selbst teilbar.

e) Teiler von 4:   1; 2; 4
   Teiler von 12:   1; 2; 3; 4; 6; 12
   Teiler von 16:   1; 2; 4; 8; 16
   Teiler von 18:   1; 2; 3; 6; 9; 18
   Teiler von 45:   1; 3; 5; 9; 15; 45
   Teiler von 48:   1; 2; 3; 4; 6; 8; 12; 16; 24; 48
   Teiler von 66:   1; 2; 3; 6; 11; 22; 33; 66
   Teiler von 225: 1; 3; 5; 9; 15; 25; 45; 75; 225

f)
Zahl	x 1	x 2	x 3	x 4	x 5	x 6	x 7	x 8	x 9	x 10
8	8	16	24	32	40	48	56	64	72	80
13	13	26	39	52	65	78	91	104	117	130
15	15	30	45	60	75	90	105	120	135	150
18	18	38	54	72	90	108	126	144	162	180
24	24	48	72	96	120	144	168	192	216	240
25	25	50	75	100	125	150	175	200	225	250
36	36	72	108	144	180	216	252	288	324	360

2 Tiefgang – Primzahlen

K4 **Primzahlen entdecken**

a)
Zahl	1	2	3	4	5	6	7	8	9	10	11	12
Teiler	1	1; 2	1; 3	1; 2; 4	1; 5	1; 2; 3; 6	1; 7	1; 2; 4; 8	1; 3; 9	1; 2; 5; 10	1; 11	1; 2; 3; 4; 6; 12

Zahl	13	14	15	16	17	18	19	20
Teiler	1; 13	1; 2; 7; 14	1; 3; 5; 15	1; 2; 4; 8; 16	1; 17	1; 2; 3; 6; 9; 18	1; 19	1; 2; 4; 5; 10; 20

Die Überprüfung der Vermutungen von Lars ergibt:
„Die Zahl 1 ist die einzige Zahl mit nur einem Teiler.":
Das stimmt, jede Zahl außer der 1 hat mindestens zwei Teiler (die 1 und sich selbst).
„Bei den geraden Zahlen nimmt die Anzahl der Teiler immer um 1 zu.":
Das stimmt nicht, so z. B. hat die 8 vier Teiler, also genau so viele Teiler wie die 6.
„Alle ungeraden Zahlen haben genau zwei Teiler.":
Das stimmt nicht, z. B. die 9 hat drei Teiler.

b) Primzahlen:
① : 3; 13; 23; 43; 53   ② : keine   ③ : 19; 29; 59; 79

c)
① $8 = 2^3$ $28 = 2^2 \cdot 7$ $46 = 2 \cdot 23$ $120 = 2^3 \cdot 3 \cdot 5$
② $124 = 2^2 \cdot 31$ $101 = 101$ $169 = 13^2$ $216 = 2^3 \cdot 3^3$
③ $125 = 5^3$ $225 = 3^2 \cdot 5^2$ $294 = 2 \cdot 3 \cdot 7^2$ $468 = 2^2 \cdot 3^2 \cdot 13$

K1 **Primzahlen finden**

a) 2; 3; 5; 7; 11; 13; 17; 19; 23; 29; 31; 37; 41; 43; 47; 53; 59; 61; 67; 71; 73; 79; 83; 89; 97

b) Lösungsmöglichkeiten:
Es lassen sich Muster der folgenden Art erkennen:
Vielfache von 2: Einträge in jeder 2. Spalte
Vielfache von 3: Ausgehend von den Vielfachen in der ersten Zeile findet man weitere immer durch eine Bewegung „einen Schritt nach unten und einen Schritt nach links".
Vielfache von 5: Einträge in der 5. und 10. Spalte
Vielfache von 7: Bewegung „einen Schritt nach unten und 3 Schritte nach links"

c) Alle Vielfachen werden durchgestrichen, also bleiben nur die Zahlen übrig, die sich selbst und die 1 als Teiler haben.

d) Lösungsmöglichkeiten:
Primzahlen werden zum Verschlüsseln verwendet, indem Informationen mit der Primzahl multipliziert werden und vom Empfänger durch dieselbe Primzahl wieder dividiert werden. Die Primzahl dürfen natürlich nur Sender und Empfänger kennen.
Größte bekannte Primzahl (2016): $2^{74207281} - 1$. Diese Zahl hat 22 338 618 Dezimalstellen.

K2 **Bausteine von Zahlen**

a) ① $2^2 \cdot 5^2 = 100$ ② $3 \cdot 7^2 = 147$ ③ $2^3 \cdot 3^2 \cdot 5 = 360$ ④ $3^3 \cdot 11 = 297$
⑤ $3^2 \cdot 5^3 = 1125$ ⑥ $3 \cdot 13^2 = 507$ ⑦ $5^3 \cdot 7 = 875$ ⑧ $2^3 \cdot 3^2 \cdot 5^2 \cdot 7 = 12\,600$

b) Lösungsmöglichkeiten:
$14 = 2 \cdot 7$
$26 = 2 \cdot 13$
$28 = 2 \cdot 2 \cdot 7$
$338 = 2 \cdot 13 \cdot 13$
$931 = 7 \cdot 7 \cdot 19$

c) Da bei der Multiplikation das Assoziativgesetz gilt und die Primfaktorzerlegung eindeutig ist, müssen zwei Zahlen mit denselben Primfaktoren gleich sein.

K2 **Lauter Primzahlen**

① Die 2 ist die einzige gerade Primzahl. Jede andere gerade Zahl hat mehr als zwei Teiler (mindestens 1; 2 und sich selbst), ist also keine Primzahl.

② Beispiele: 17 und 71; 37 und 73; 79 und 79

③ 59

Am Ziel! 2

Aufgaben zur Einzelarbeit

K4 1 a) 88   b) 144   c) 126   d) 134   e) 73   f) 32   g) 51   h) 35   i) 0

K4 2 a) 1270   b) 11 608   c) 14 150   f) 20 883   g) 28 902   h) 263 608

K4 3
a)
```
    4 5 2
    8 3 8
  +   1 4
  -------
  1 3 0 4
```
b)
```
    2 3 1 1
      3 8 4
  + 4 3 1 5
  ---------
    7 0 1 0
```
c)
```
    9 0 3 9
    9 9 8 3
  + 3 8 9 9
  ---------
  2 2 9 2 1
```

K4 4 a) 101   b) 7810   c) 1346   d) 87   e) 1273   f) 3087   g) 52 879

K4 5 a) 506   b) 47 552   c) 391 034   d) 223 672   e) 709 956
f) 115 128   g) 1 183 888   h) 1 271 790   i) 409 356

K4 6 a) 12^4 b) 3^8 c) $4^3 \cdot 2^3$

K4 7 a) 8; 243; 16   b) 1728; 289; 361   c) 1024; 14; 1

K4 8 a) 735   b) 216   c) 216   d) 1345 R 5
e) 3654   f) 8547   g) 64 Rest 35   h) 268

K2 9 Verschiedene Ansichten desselben Rechtecks werden nicht mitgezählt. Bei der Aufzählung wird jeweils die Anzahl der Kästchen in der Länge und Breite eines Rechtecks angegeben.
- a) 2 Möglichkeiten: $1 \cdot 4$; $2 \cdot 2$
- b) 3 Möglichkeiten: $1 \cdot 12$; $2 \cdot 6$; $3 \cdot 4$
- c) 1 Möglichkeit: $1 \cdot 13$
- d) 2 Möglichkeiten: $1 \cdot 15$; $3 \cdot 5$
- e) 3 Möglichkeiten: $1 \cdot 16$; $2 \cdot 8$; $4 \cdot 4$
- f) 3 Möglichkeiten: $1 \cdot 18$; $2 \cdot 9$; $3 \cdot 6$
- g) 3 Möglichkeiten: $1 \cdot 20$; $2 \cdot 10$; $4 \cdot 5$
- h) 2 Möglichkeiten: $1 \cdot 21$; $3 \cdot 7$
- i) 3 Möglichkeiten: $1 \cdot 28$; $2 \cdot 14$; $4 \cdot 7$
- j) 4 Möglichkeiten: $1 \cdot 42$; $2 \cdot 21$; $3 \cdot 14$; $6 \cdot 7$

K2 10 a) 23 450; 23 455   b) 23 450   14 400; 14 410; 14 420; …; 14 490
83 500; 83 505; 83 510; …; 83 590; 83 595
c) 70 452   883 053   d) 70 452; 70 455; 70 458
883 050; 883 053; 883 056; 883 059

K5 11
a) 17 + 48 + 23 (KG)
= 17 + 23 + 48 (AG)
= (17 + 23) + 48 (Klammer zuerst)
= 40 + 48 = 88

b) 46 + (177 + 54) + 23 (KG)
= 46 + (54 + 177) + 23 (AG)
= (46 + 54) + (177 + 23) (Klammer zuerst)
= 100 + 200 = 300

c) $(25 \cdot 7) \cdot 4$ (KG)
= $(7 \cdot 25) \cdot 4$ (AG)
= $7 \cdot (25 \cdot 4)$ (Klammer zuerst)
= $7 \cdot 100 = 700$

d) $4 \cdot 9 \cdot 17 \cdot 125$ (KG)
= $4 \cdot 125 \cdot 9 \cdot 17 = 500 \cdot 9 \cdot 17 = 76\,500$

e) $12 + 88 \cdot 113 - 13$ (Punkt vor Strich)
= $12 + 9944 - 13 = 9943$

2 Am Ziel!

f) 17 · (2 · 10 − 10) : 5 (Punkt vor Strich, Klammer zuerst)
= 17 · 10 : 5 (AG)
= 17 · (10 : 5) (Klammern zuerst)
= 17 · 2 = 34

g) (5 · (123 − 48) + 2) · 3 (Klammer zuerst)
= (5 · 75 + 2) · 3 (Punkt vor Strich)
= (375 + 2) · 3 (Klammer zuerst)
= 377 · 3 = 1131

h) 125 · ($5^2 − 4^2$)^2 (Potenz vor Punkt)
= 125 · (25 − 16)^2 (Klammer zuerst)
= 125 · 9^2 (Potenz vor Punkt)
= 125 · 81 = 10125

K3 12 12 € · 28 · 3 = 1008 €

K4 13 a) 15 · 23 + 15 · 17 = 15 · (23 + 17) = 15 · 40 = 600
b) (9 + 8) · 6 = 9 · 6 + 8 · 6 = 54 + 48 = 102
c) 8 · (8 + 40) = 8 · 8 + 8 · 40 = 64 + 320 = 384
d) 45 · 3 − 15 · 3 = (45 − 15) · 3 = 30 · 3 = 90
e) 17 · 120 + 83 · 120 = (17 + 83) · 120 = 100 · 120 = 12000
f) 6 · 9 + 6 · 10 + 6 · 11 = 6 · (9 + 10 + 11) = 6 · 30 = 180

K3 14 75 ct · 45 + 60 ct · 26 = 4935 ct = 49 € 35 ct

K2 15 a) Punkt vor Strich nicht beachtet.
richtig: 3468 − 7 = 3461
b) Punkt vor Strich nicht beachtet.
richtig: 15 + 32 = 47
c) DG nicht beachtet bzw. Klammer nicht berücksichtigt.
richtig: 39 · 16 + 42 · 16 = 624 + 672 = 1296

Aufgaben für Lernpartner

K1/5 A Richtig. Letztlich ist die Multiplikation nichts anderes als eine verkürzte Schreibweise der Addition für den Fall, dass lauter gleiche Summanden auftreten.

K1/5 B Falsch. Man ordnet beim schriftlichen Addieren alle Summanden unter den kleinsten Stellenwert an („von rechts").

K1/5 C Nein, prinzipiell ist die Reihenfolge der Faktoren bei der Multiplikation egal. Es hat sich jedoch als hilfreich erwiesen, wenn man die kleinere Zahl als 2. Faktor festlegt.

K1/5 D Nein, denn: 9^3 = 729, aber 3^9 = 19683.

K1/5 E Ja, das ist richtig. In den meisten Fällen hat man gar keine andere Wahl, als die innerste Klammer zuerst zu berechnen.

K1/5 F Ja, das ist richtig, wenn der 2. Summand größer als null ist. Bei null hingegen hat die Summe denselben Wert wie der 1. Summand.

K1/5 G Ja, das ist richtig.

K1/5 H Nein, das ist falsch. Beim Faktor 0 ist das Produkt 0, beim Faktor 1 hat das Produkt den gleichen Wert wie der andere Faktor. Bei Faktoren größer als 1 ist die Aussage dann richtig.

Am Ziel! 2

K1/5 I Nein, das ist falsch. $3^7 = 3 \cdot 3 \cdot 3 \cdot 3 \cdot 3 \cdot 3 \cdot 3$

K1/5 J Ja, das ist richtig.

K1/5 K Ja, das ist richtig, da auch 10 durch 2 (durch 5) teilbar ist.

K1/5 L Nein, das gilt so nicht: Jede Zahl, die durch 9 teilbar ist, ist auch durch 3 teilbar. Die Umkehrung gilt im Allgemeinen nicht, wie man sich an einfachen Beispielen verdeutlichen kann (z. B. 12; 21).

K1/5 M Nein, das ist falsch.

K1/5 N Nein, sowohl das Vertauschungs- als auch das Verbindungsgesetz gelten nur für die Addition und die Multiplikation, nicht für die Subtraktion und die Division. Anhand von Gegenbeispielen lässt sich das zeigen (hier Subtraktion und Verbindungsgesetz):
$(10 - 5) - 3 = 2$ aber: $10 - (5 - 3) = 8$

K1/5 O Ja, das ist richtig. Ausmultiplizieren ist das Gegenteil von Ausklammern.

K1/5 P Ja, das ist richtig.

Startklar!

K4 **1**

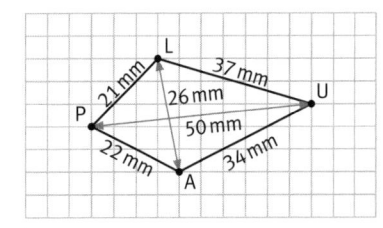

K4 **2**

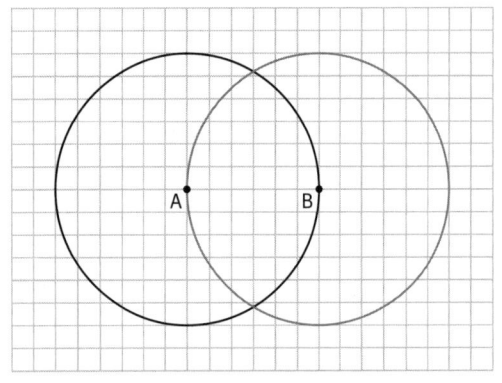

Die Kreise haben zwei Schnittpunkte.

K4 **3**

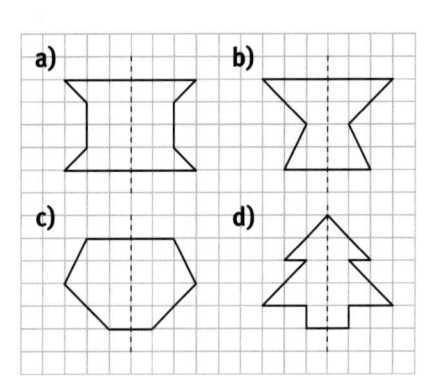

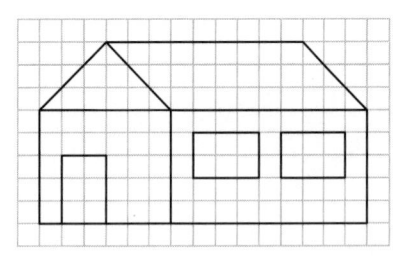

a) b) c) d)

K4 **4**

Das Dach besteht aus einem (gleichschenkligen) Dreieck und einem Parallelogramm.
Die beiden Wände sind Rechtecke, in denen Tür und 2 Fenster ebenfalls als Rechtecke eingezeichnet sind.

K2 **5**

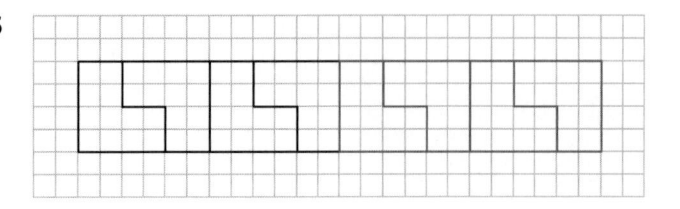

3 Geometrische Grundbegriffe

Einstieg

Die Auftaktseite eines Kapitels enthält zwei verschiedene Elemente:
Zunächst werden die Schüler mit einem offenen Einstiegsbeispiel an das neue Kapitel herangeführt. Zentral ist dabei immer der Anwendungsbezug: Kein Lehrplaninhalt ist rein innermathematisch, sodass den Schülern von Beginn an gezeigt werden sollte, dass Mathematik nichts Abstraktes ist, sondern oft im Leben der Schüler vorkommt. In einem Unterrichtsgespräch zur Auftaktseite können viele der kommenden Lerninhalte schon heuristisch erarbeitet, Vermutungen geäußert und Zusammenhänge erschlossen werden.

- Gerade Linien (Strecken) sind beispielsweise an den Trägern, an den Seilen und an den Lampen zu sehen. Gekrümmte Linien sind an den beiden dicken Trageseilen zu sehen.

- Senkrechte Strecken sind ebenfalls an den Trägern, auf der Fahrbahn, an den Seilen und Lampen zu entdecken, ebenso parallele.

- Die Brücke wirkt achsensymmetrisch zu einer gedachten Senkrechten zur Fahrbahn durch den Punkt, an dem das geschwungene Kabel die Fahrbahn berührt. Die Brückenpfeiler sind achsensymmetrisch.

- An Gebäuden, Fahnen, Gemälden, Wappen, Zahlen, Buchstaben, ...

Ausblick

Die Aufzählung am Ende der Seite bietet einen Ausblick auf die wesentlichen Lernziele des Kapitels und schafft so eine hohe Transparenz für Schüler und Lehrer. Durch einen informierenden Unterrichtseinstieg können sich Schüler und Lehrer auf das Kommende einstellen. Idealerweise wird im Unterricht der Bezug hergestellt zwischen der Einstiegssituation und den im Ausblick angegebenen Lernzielen.

Schulbuchseite 73

3 Rundreise – Mit Schiffen unterwegs

Kap. 3.1

Segelregatta

K3
- Die Länge der Regattastrecke auf der Karte beträgt etwa 115 mm. Mit dem abgebildeten Maßstab erhält man damit 575 m als Länge der Regattastrecke.

Kap. 3.2

Auf Entdeckungsreise mit der „Gorch Fock"

K5 - Individuelle Beschreibungen.
K5 - Individuelle Beschreibungen.
K3 - Individuelle Schätzungen.

Kap. 3.4

Schiffsmalerei

K4 -

K3 - Individuelle Bemalungen.

Kap. 3.6

Unterwegs auf dem Bodensee

K4 - Die Insel Mainau liegt in den Planquadraten B3, C3 und C4.
K4 - Die Fähre fährt durch die Planquadrate C2, D2, E2, E3 und F3.
K5 - Das Sportboot fährt in Überlingen los. Von da aus fährt es zur Insel Mainau, dann nach Konstanz, danach nach Meersburg und schließlich nach Hagnau.
K5 - Individuelle Routen.

3.1 Geraden und Strecken

Alternativer Einstieg: Schulbuch Seite 74

Entdecken

K2 ■ Die Versuche mit dem Nagelbrett und dem Faden eröffnen einen handlungsorientierten Zugang zum Themenbereich „Strecken und Streckenlängen".

Nachgefragt

K1 ■ Das ist i. Allg. falsch. Die Gesamtfigur ist nur dann eine Strecke, wenn die zweite Strecke in geradliniger Verlängerung der ersten Strecke liegt.

K2 ■ Zwischen vier Punkten gibt es sechs Strecken, zwischen fünf Punkten zehn.

Aufgaben

K4 1 a) Halbgerade b) weder noch c) Gerade d) Gerade
e) keine, jedoch ist es von A nach H eine Strecke f) Strecke g) Halbgerade h) Gerade

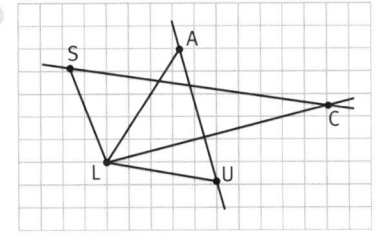

K4 2 a) A├────────────┤B
b) E├────────┤F
c) J├──────┤K
d) M├──────────────────┤N
e) O├────────────┤P
f) Q├────────────────────────────┤R

K4 3 a) ①, ②

b) $\overline{LU}$ = 25 mm $\overline{AL}$ = 30 mm $\overline{SL}$ = 22 mm

K4 4 a) 3 Strecken: $\overline{AB}, \overline{AC}, \overline{BC}$
1 Gerade: AB bzw. BC bzw. AC
b) 5 Strecken: $\overline{AB}, \overline{BC}, \overline{CD}, \overline{DA}, \overline{AC}$
1 Gerade: AC
c) 10 Strecken: $\overline{AB}, \overline{BC}, \overline{CD}, \overline{DA}, \overline{AE}, \overline{BE}, \overline{CE}, \overline{DE}, \overline{AC}, \overline{BD}$
2 Geraden: AE bzw. AC; BE bzw. ED
d) 12 Strecken: $\overline{AB}, \overline{BC}, \overline{AC}, \overline{AE}, \overline{AF}, \overline{EF}, \overline{CD}, \overline{CF}, \overline{DF}, \overline{BD}, \overline{DE}, \overline{BE}$
6 Geraden: AF bzw. AE bzw. EF; AC bzw. AB bzw. BC; CF bzw. CD bzw. DF; BD; BE; ED

3.1 Geraden und Strecken

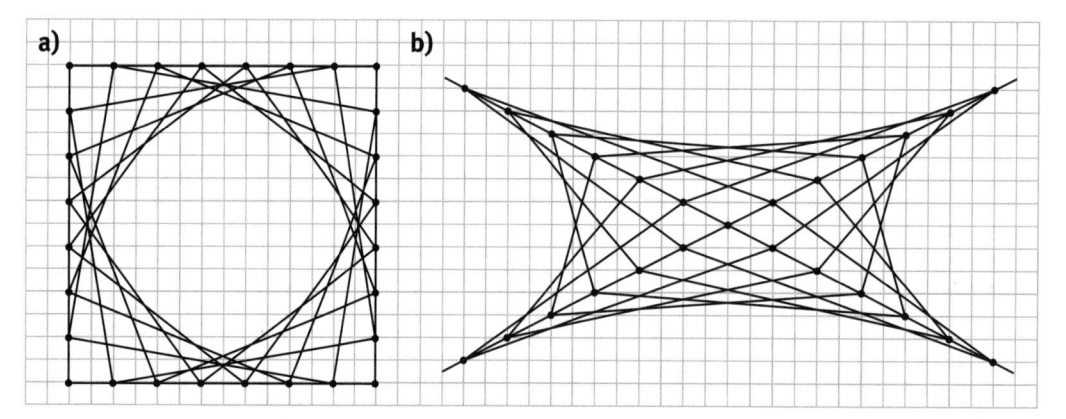

5 a) b)

3.2 Parallele und orthogonale Geraden

Alternativer Einstieg: Schulbuch Seite 74

Entdecken

K5 ■ Die Faltlinien g und h sind senkrecht zueinander.
K5 ■ Die Faltlinien g und k sind senkrecht zueinander.

Nachgefragt

K5 ■ Ja, das stimmt, wie man sich leicht an einer Zeichnung klarmachen kann.
K1 ■ Geraden g und h schneiden sich nicht, sie sind parallel zueinander.
K1 ■ Man kann unendlich viele Geraden durch einen Punkt zeichnen und unendlich viele Geraden stehen senkrecht aufeinander. Einzige Schwierigkeit: Man kann es in Wirklichkeit leider nicht zeichnen, da man rasch an die Grenzen stößt.

Aufgaben

K4 1 Senkrecht: $a \perp c$ $a \perp d$ $b \perp c$ $b \perp d$ $e \perp f$ $e \perp k$
        Parallel: $a \parallel b$ $c \parallel d$ $g \parallel h$ $f \parallel k$

K3 2 Individuelle Lösungen.

K4 3 a), b), c)

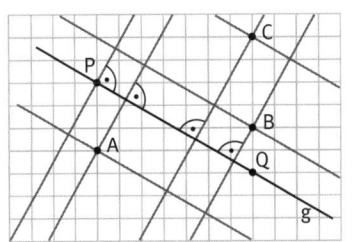

K3 4 a) 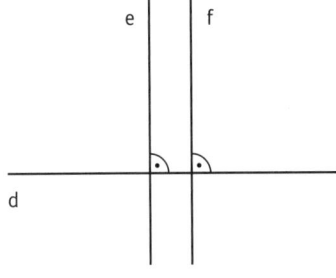 Die Geraden, die orthogonal auf d stehen, sind zueinander parallel.

b) Die vier Geraden sind alle parallel zueinander.

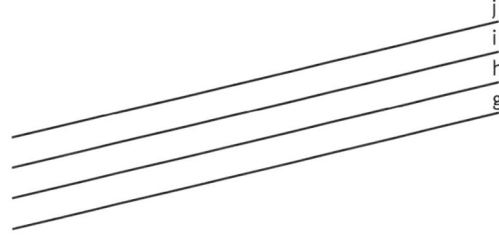

c) Um festzustellen, ob zwei Geraden parallel zueinander sind, die weit auseinander liegen, kann ich zu einer Gerade solange parallele Geraden in Richtung der anderen Geraden zeichnen, bis die parallele Gerade nahe genug an der anderen Geraden ist. Nun kann ich mit dem Geodreieck prüfen, ob Parallelität vorliegt oder nicht.

3.2 Parallele und orthogonale Geraden

K1 5

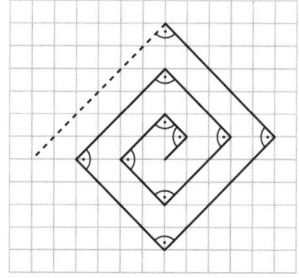

Die Strecken in der „zweiten Runde" sind parallel zu den entsprechenden Strecken der „ersten Runde", weil sie auf jeweils parallelen Strecken senkrecht stehen.

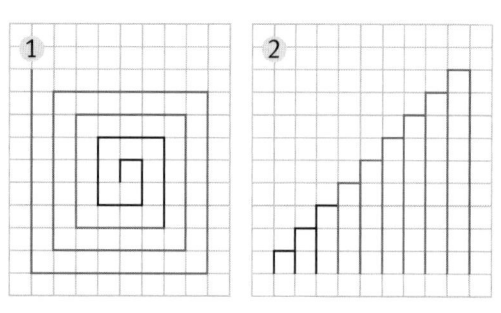

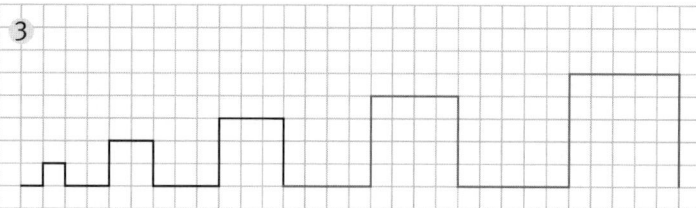

K1 6 a)

b)
	1	2	3
4. Abschnitt	4 cm	2 cm	8 cm
6. Abschnitt	6 cm	3 cm	12 cm
8. Abschnitt	8 cm	4 cm	16 cm

c)
Gesamtlänge nach	1	2	3
4 Abschnitten	10 cm	6 cm	20 cm
6 Abschnitten	21 cm	11,5 cm	42 cm
8 Abschnitten	36 cm	19 cm	72 cm

Länge der Figur in einem beliebigen Abschnitt:
① Bei einem beliebigen Abschnitt n ist die Strecke n cm lang, d. h. 2 · n Kästchen.
② Bei jedem Abschnitt kommt 1 Kästchen hinzu. Möglichkeit für Länge des beliebigen Abschnitts n:
 • n · 0,5 cm
 • Zahlenfolge: 0,5 cm; 1 cm; 1,5 cm; ...
③ Der n-te Abschnitt besteht aus 4 · n Kästchen, d. h. (2 · n) cm Länge.

K5 7 Der Schreiner verwendet es, um senkrechte und parallele Linien zu zeichnen, damit er dort z. B. sägen oder etwas leimen kann und alles seine Richtigkeit hat und nichts schief steht.

K4 8 a) Die Übung dient dazu, das Zeichnen ohne die Hilfslinien des Karogitters zu schulen.
b) Es sind verschiedene Lösungen möglich.

K4 9 a) Je nach Schriftart ergibt sich folgende Tabelle:

parallel ∥	E, F, H, M, N, Z, W
senkrecht ⊥	B, E, F, G, H, K, L, T, Y
weder noch	A, C, D, I, J, O, P, Q, R, S, U, V, X

b)

3.2 Parallele und orthogonale Geraden

K2 **10** Für die Bearbeitung der Aufgabe sind die Punkte Z, A und S bzw. E und R jeweils untereinander vertauschbar und daher nicht fest vorgegeben.

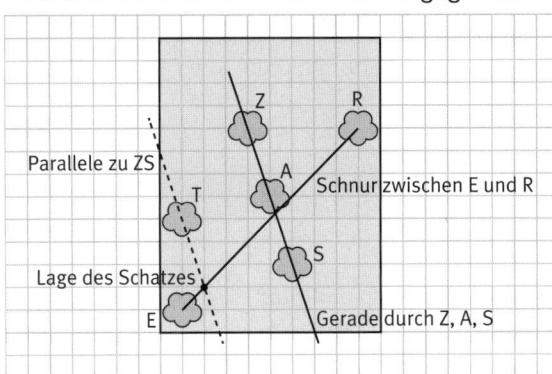

K4 **11** a) b) 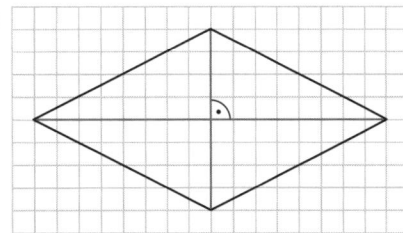 c) 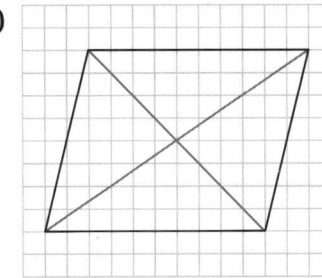 d)

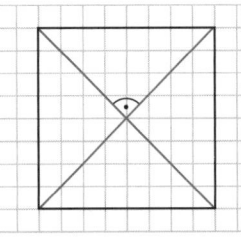

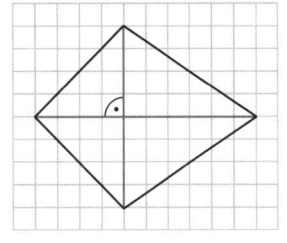

K5 **12** a) Individuelle Beschreibungen.
  b) Alle Linien, die in den Zeichnungen eingezeichnet sind, sind senkrecht oder parallel zueinander, was sich leicht mithilfe des Geodreiecks nachprüfen lässt. Das Auge lässt sich durch die im Hintergrund liegenden schwarzen Linien täuschen.
  c) Individuelle Recherche-Ergebnisse.

K5

Alltag

Senkrecht – Waagerecht
- Beispiele:
  Der Brückenpfeiler steht senkrecht, die Fahrbahn ist dazu orthogonal. Die Fahrbahn ist aber nicht senkrecht.
  In der Zeichnung sind vier senkrechte Brückenstreben zu erkennen, zu denen die Fahrbahn orthogonal ist. Die Fahrbahn ist aber nicht senkrecht.
- Individuelle Ergebnisse.

3.3 Abstand

Entdecken

K5
- ① C ist der kürzeste Weg.
- ② Der Weg A und dann orthogonal dazu ist am sichersten, weil Sabrina dabei die Fahrbahn auf der kürzesten Strecke überquert.

Nachgefragt

K1
- Da die beiden Geraden nicht parallel sind, schneiden sie sich in einem Punkt. In diesem Punkt ist ihr Abstand 0. Je weiter man sich von diesem Punkt entfernt, umso größer wird der „Abstand" der beiden Geraden. Man kann also keinen festen Abstand zweier Geraden, die nicht parallel zueinander sind, angeben.

K1
- Nur in dem Fall, wenn die Geraden g und h parallel zueinander sind und der Punkt P zwischen diesen Geraden liegt, ist der Abstand zwischen g und h 7 cm. Bei allen anderen gegenseitigen Lagen der Geraden g und h und des Punktes P zu diesen Geraden gilt das nicht.
Wenn die Geraden g und h nicht parallel sind, lässt sich überhaupt kein Abstand dieser Geraden angeben (s. o.).

Aufgaben

K1 1 a) b   b) b   c) d

K4 2

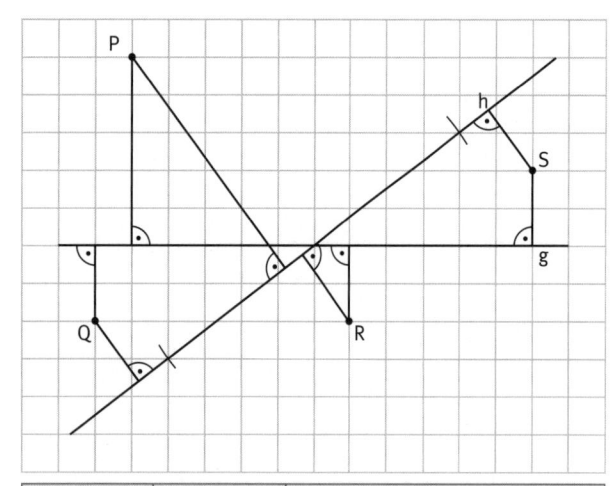

Punkt	Gerade	Abstand zur Geraden
P	g	25 mm
P	h	34 mm
Q	g	10 mm
Q	h	10 mm
R	g	10 mm
R	h	11 mm
S	g	10 mm
S	h	10 mm

K4 3 Bei dieser Aufgabe soll der Umgang mit dem Geodreieck geübt werden. Die Teilaufgaben a), b) und c) können noch mit den parallelen Hilfslinien des Geodreiecks gezeichnet werden. Bei d) erhält man die Parallele durch die Konstruktion zweier Senkrechten.

3.3 Abstand

K4 **4 a)** ① , ②

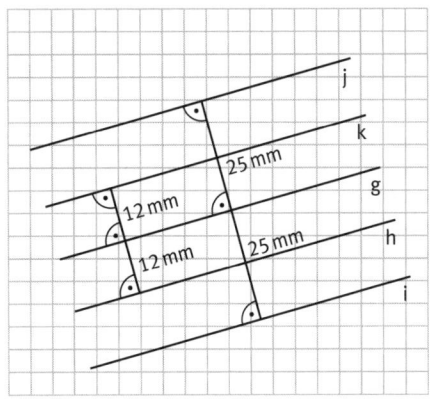

b) Abstand von h und k: 24 mm   Abstand von i und j: 50 mm
Abstand von h und i: 13 mm   Abstand von k und j: 13 mm
Abstand von k und i: 37 mm   Abstand von h und j: 37 mm

K3 **5 a)**

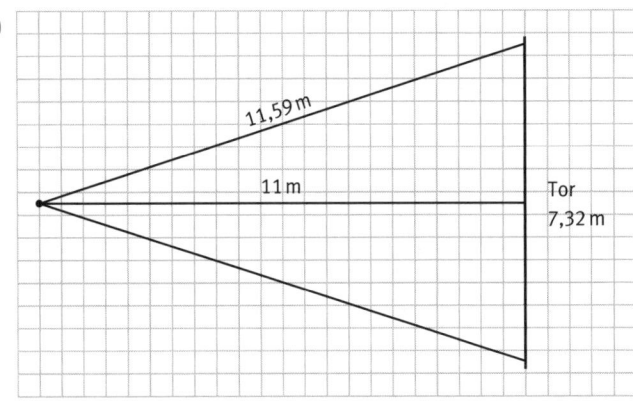

Wenn man den Ball flach Richtung linkem Torpfosten schießt, sind das schon 11,59 m zur Torlinie. Wenn man den Ball in die linke obere Ecke schießen würde, wäre er sogar noch länger unterwegs, bis er im Tor landet. 11 m ist der Abstand des Elfmeterpunktes zur Mitte der Torlinie.

b) Man markiert zunächst (mit Kreide) die Torlinie und anschließend durch Ausmessen die Mitte dieser Torlinie. Anschließend trägt man in der Mitte des Tores eine Senkrechte ab und misst darauf zum Schluss den vereinbarten Abstand zum Tor. Dort befindet sich der Strafstoßpunkt.

K4 **6**

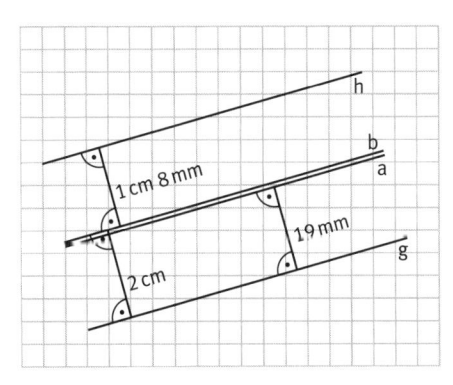

K4 **7** Beispiel (es sind auch andere Lagen der Parallelen möglich):

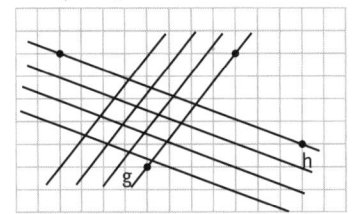

Die Punkte, die zu g und zu h den Abstand 5 mm (1 cm; 1 cm 5 mm) haben liegen auf den Schnittpunkten der Parallelen mit den entsprechenden Abständen zu g und zu h.

3.4 Achsensymmetrie

Alternativer Einstieg: Schulbuch Seite 75

Entdecken

K5
- Halteverbot   Sackgasse   Verbot für Radfahrer
  Parkverbot   Vorfahrtstraße   Vorfahrt gewähren

K1
- ① Die Ergänzung durch das Spiegelbild geht bei allen abgebildeten Verkehrszeichen mit Ausnahme des Zeichens „Verbot für Radfahrer".
- ② Mehrere Lagen für den Spiegel gibt es bei den Zeichen „Halteverbot" ④, „Parkverbot" ② und „Vorfahrt gewähren" ③.

Nachgefragt

K1
- Bei üblicher Schreibweise sind die Ziffern 0; 3 und 8 achsensymmetrisch.

K5
- Nach der zweiten Spiegelung fällt die gespiegelte Figur mit der Ausgangsfigur zusammen.

K1
- Ein Quadrat hat vier Symmetrieachsen: Jeweils die Geraden, auf denen die beiden Diagonalen liegen, sowie die Geraden, die durch die gegenüberliegenden Seitenmitten verlaufen.

Aufgaben

K1 1 a) ① achsensymmetrisch mit einer senkrechten Symmetrieachse
② nicht achsensymmetrisch
③ achsensymmetrisch mit einer waagrechten Symmetrieachse
④ achsensymmetrisch mit einer waagrechten Symmetrieachse
⑤ achsensymmetrisch mit einer senkrechten Symmetrieachse

b) ① achsensymmetrisch mit drei Symmetrieachsen (bei Vernachlässigung der Schattierungen)
② achsensymmetrisch mit einer senkrechten und mit einer waagrechten Symmetrieachse (bei Vernachlässigung der Lichtreflexe und Schatten)
③ nicht achsensymmetrisch
④ achsensymmetrisch mit einer senkrechten Symmetrieachse (bei Vernachlässigung der Lichtreflexe und Schatten)
⑤ achsensymmetrisch mit einer senkrechten Symmetrieachse (bei Vernachlässigung der Lichtreflexe und Schatten)

K3 2 Individuelle Lösungen.

K5 3 Achsensymmetrisch sind z. B. das Logo von Borussia Mönchengladbach (eine Symmetrieachse) und das des Hamburger SV (zwei Symmetrieachsen).

K3 4 a) A, B, C, D, E, H, I, M, O, T, U, V, W, X, Y
H, O und X haben zwei Symmetrieachsen.

b) Lösungsmöglichkeiten: ~~DIE~~   AUTO   IM AT   VAMU T   MUH U

c) Lösungsmöglichkeit: OHO, HOH (Familienname), OXO (Computerspiel)

3.4 Achsensymmetrie

K5   **5**   Individuelle Lösungen.

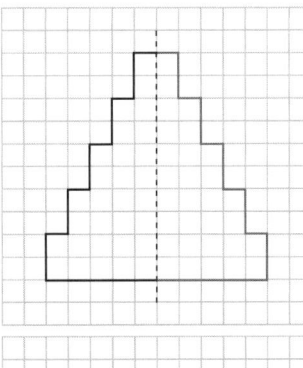

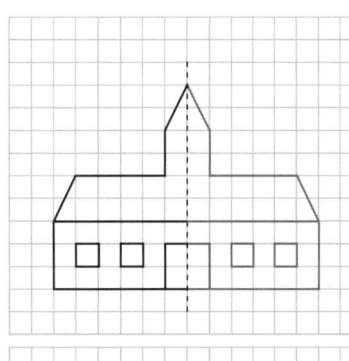

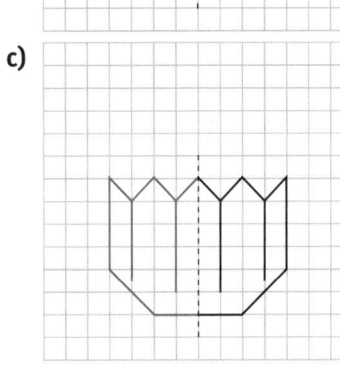

K4   **6**

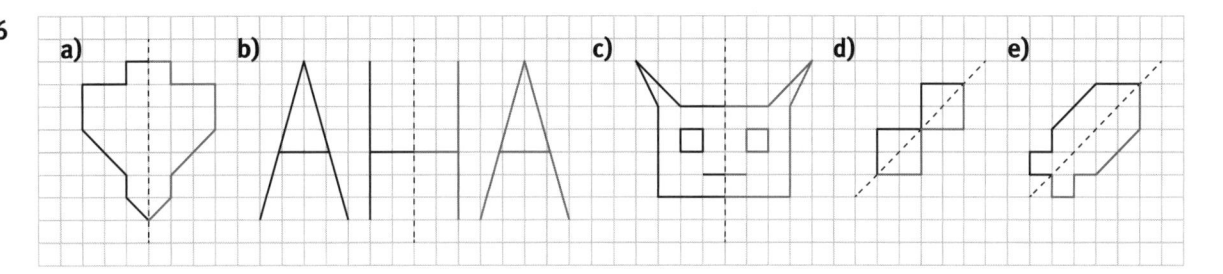

K4   **7**

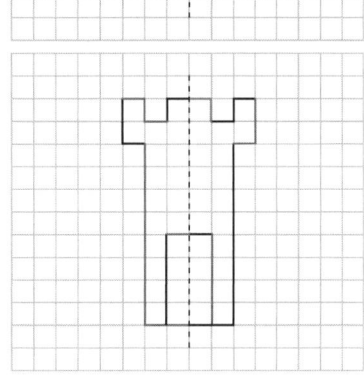

K4   **8**

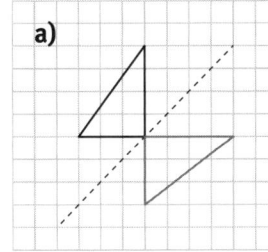

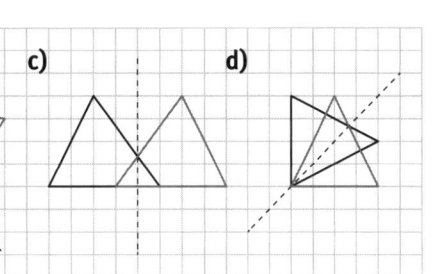

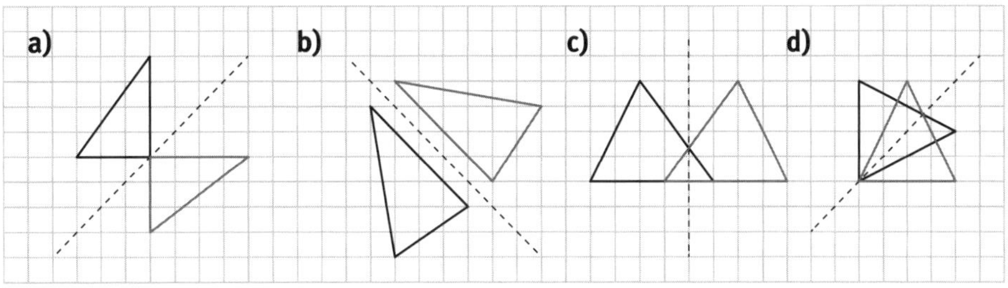

K4   **9**   a) Die Figur ist achsensymmetrisch.

Punkt	A	B	C	D	E	F	G
Symmetriepunkt	A	L	K	J	I	H	G

b) Ein solches Parallelogramm ist nicht achsensymmetrisch.

c) Die Figur ist achsensymmetrisch.

Punkt	A	B	C	D	E
Symmetriepunkt	I	H	G	F	E

3.4 Achsensymmetrie

K4 10 a)

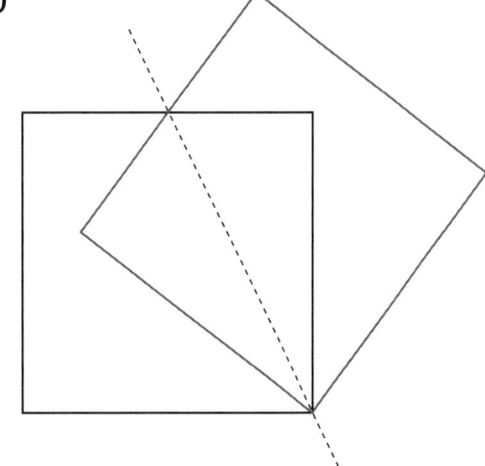

b)

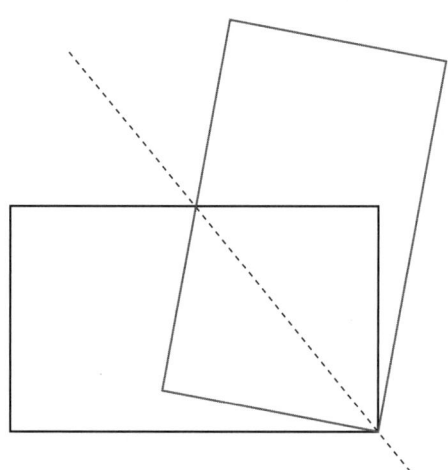

c)

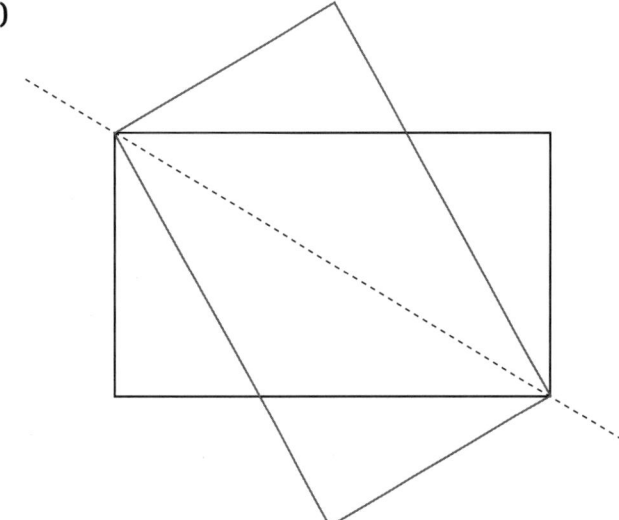

K3 11 Beispiele für achsensymmetrische Figuren mit einer Symmetrieachse

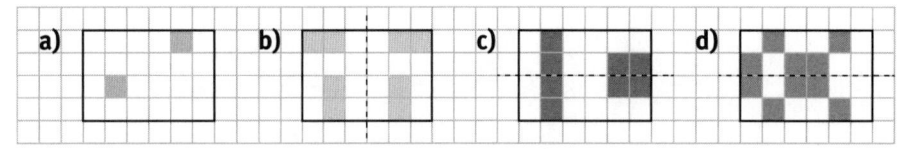

Beispiele für achsensymmetrische Figuren mit zwei Symmetrieachse

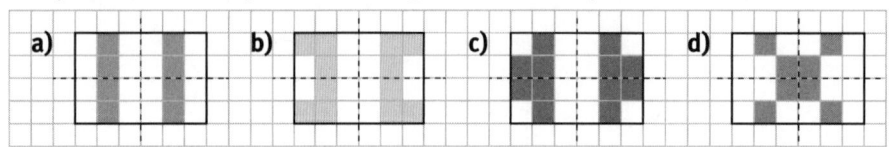

K5 12 Individuelle Lösungen.

K2 13 Zuordnung: 1A, 2E, 3B, 4D, 5C, 6F
Am besten lässt man die Schülerinnen und Schüler es ausprobieren.

3.4 Achsensymmetrie

K2 **14** Die Aufgabenstellung beabsichtigt eine Verbalisierung der Zusammenhänge; dabei ist auf die exakte Verwendung der Fachsprache besonders zu achten. Natürlich macht auch das Ausprobieren viel Spaß.

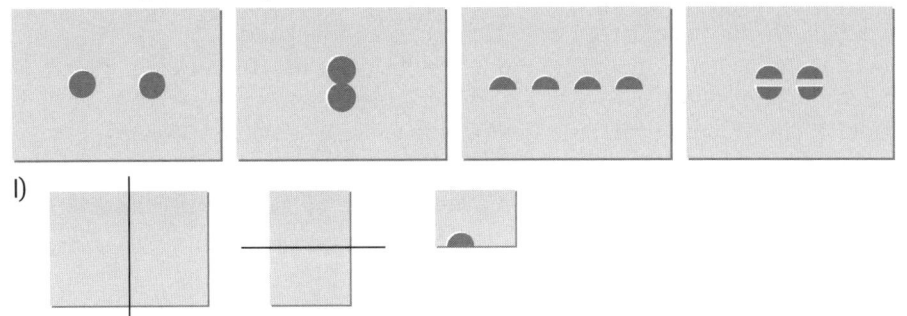

I)

II) nacheinander vertikal und horizontal falten, jedoch andere Ausschnittsstelle beachten

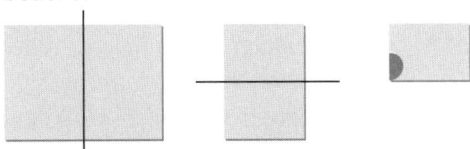

III) nacheinander dreimal jeweils vertikal mittig falten, anschließend Viertelkreis aus schneiden

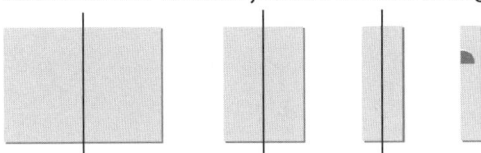

IV) nacheinander vertikal, horizontal und anschließend nochmals vertikal falten

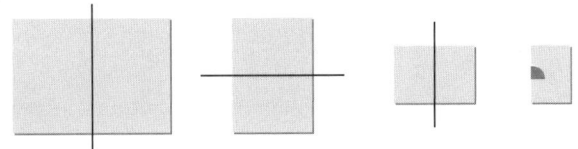

K4 **15** a) 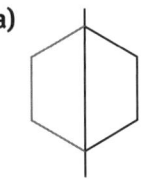 b) 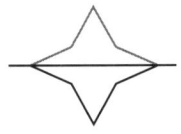 c)  d)

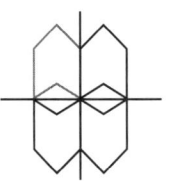

K5 Knobelei

- Das erste und das letzte Bild sind achsensymmetrisch. Beide Gesichtshälften sind gleich, sogar die Haare liegen absolut symmetrisch. Die totale Symmetrie eines Gesichts wirkt auf den Menschen befremdlich, steif und fast beängstigend, weil es wenig lebendig ist.
- Die Bilder sind entstanden durch Spiegelung der einen Gesichtshälfte mithilfe eines Grafikprogramms.
- Es ist heute nicht schwierig, solche Spiegelungen am Computer selbst durchzuführen. Wichtig ist nur, dass die zugrunde liegende Aufnahme das Gesicht genau „von vorne" zeigt.

Schulbuchseite 87

3.5 Punktsymmetrie

Entdecken

K5 ■ Alle Windräder kommen durch eine volle Drehung mit sich selbst zur Deckung.
Das erste Windrad kommt jeweils nach einer Drittendrehung mit sich selbst zur Deckung.
Das zweite Windrad kommt jeweils nach einer Vierteldrehung mit sich selbst zur Deckung.
Das dritte Windrad kommt jeweils nach einer Sechsteldrehung mit sich selbst zur Deckung.
Das vierte Windrad kommt jeweils nach einer Achteldrehung mit sich selbst zur Deckung.

K5 ■ Das zweite, das dritte und das vierte Windrad kommen durch eine Halbdrehung mit sich selbst zur Deckung.

Nachgefragt

K1 ■ Ein Quadrat ist punktsymmetrisch mit dem Schnittpunkt seiner Diagonalen als Symmetriezentrum, weil es bei einer Halbdrehung um diesen Punkt mit sich selbst zur Deckung kommt.

K1 ■ Peter hat Recht. Zwei parallele Geraden sind punktsymmetrisch mit jedem beliebigen Punkt der zwischen diesen beiden Geraden in gleichem Abstand von beiden Geraden liegenden Parallelen zu den beiden Geraden als Symmetriezentrum.

Aufgaben

K3 **1 a)** Das Verkehrszeichen, das Logo von Hannover 96 und das Opel-Logo (wenn man von den Lichtreflexen und Schatten im Logo absieht) sind punktsymmetrisch, weil diese Figuren durch eine Halbdrehung um den Mittelpunkt des jeweils darin vorkommenden äußeren Kreises mit sich selbst zur Deckung kommen.

Der fünfzackige Stern und das Ying-Yang-Symbol sind nicht punktsymmetrisch, weil sie durch eine Halbdrehung nicht mit sich selbst zur Deckung kommen.

K3 **2 a)** Individuelle Ergebnisse je nach verwendetem Kartenspiel.
b) Individuelle Ergebnisse. Beispiele: Flaggen von Großbritannien, Österreich, Bangladesch, Japan, Thailand, Nigeria, Trinidad und Tobago.

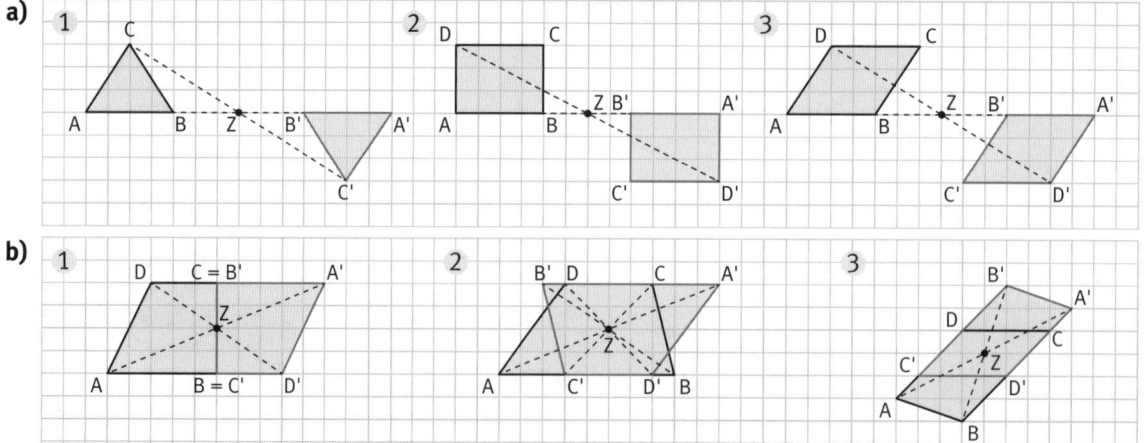

K4 **3 a)**

3.5 Punktsymmetrie

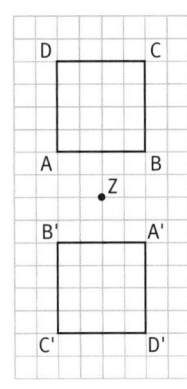

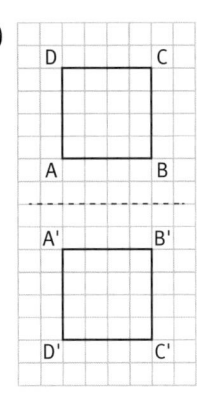

K4   **4**   **a)**   **b)**

K1   **5**   **a)** Die Aussage ist wahr. Ein Paar zueinander paralleler (nicht identischer) Geraden ist stets achsensymmetrisch mit folgenden Symmetrieachsen:
- die zwischen diesen beiden Geraden in gleichem Abstand von beiden Geraden liegende Parallele zu den beiden Geraden
- alle gemeinsamen Senkrechten zu den beiden parallelen Geraden.

  b) Die Aussage ist wahr. Ein Paar einander schneidender Geraden ist stets achsensymmetrisch mit den Winkelhalbierenden der Schnittwinkel als Symmetrieachsen.

  c) Die Aussage ist wahr. Ein Paar einander schneidender Geraden ist stets punktsymmetrisch mit dem Schnittpunkt als Symmetriezentrum.

  d) Die Aussage ist wahr. Jeder Kreis ist punktsymmetrisch mit seinem Mittelpunkt als Symmetriezentrum.

K4   **6**   Es entsteht die Figur 4.

3.6 Koordinatensystem

Alternativer Einstieg: Schulbuch Seite 75

Entdecken

K5 ■ Individuelle Beschreibungen.

K5 ■ Konkordienkirche: R2; Volkshochschule: R3; Institut für deutsche Sprache: R5

Nachgefragt

K1 ■ Alle Punkte mit gleicher y-Koordinate liegen auf einer Parallelen zur x-Achse in dem Abstand, der der y-Koordinate entspricht.
Alle Punkte mit gleicher x-Koordinate liegen auf einer Parallelen zur y-Achse in dem Abstand, der der x-Koordinate entspricht.

K1 ■ Alle Punkte mit gleichen x- und y-Koordinaten liegen auf der Winkelhalbierenden des I. und III. Quadranten.

Aufgaben

K4 1 a) A(1|2)   B(2|1)   C(5|0)   E(0|3)
F(4|2)   G(1|4)   H(6|3)

b) Z.B.: (0|0); (8|4)

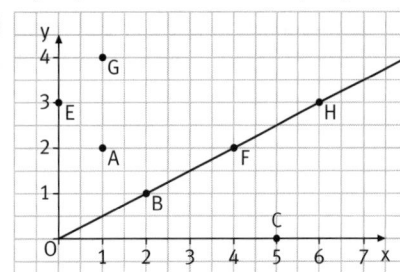

c) Abstand von der Geraden BH: G: ungefähr 31 mm   A: ungefähr 13 mm

K4 2 a)

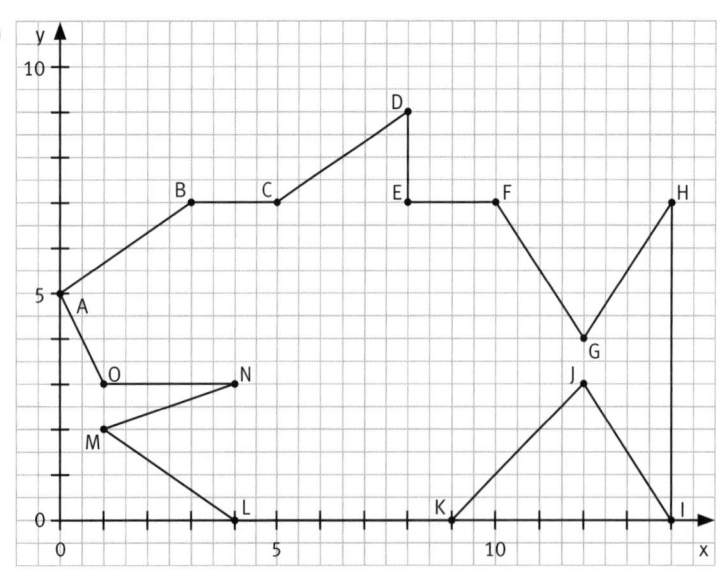

84 Schulbuchseite 90/91

3.6 Koordinatensystem

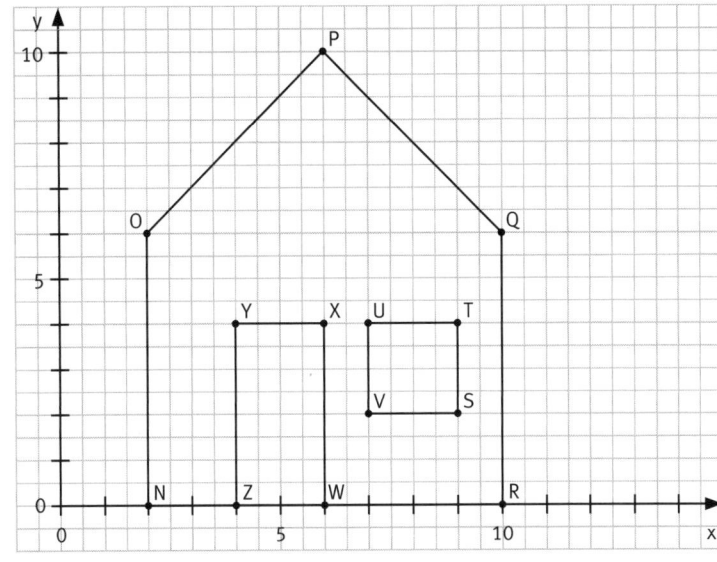

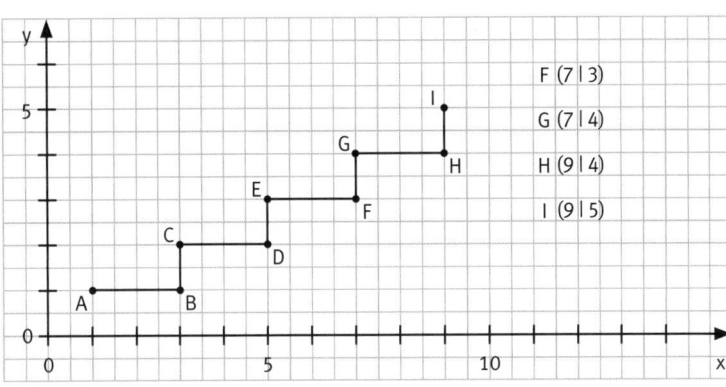

b) [Koordinatensystem mit Haus]

3 [Koordinatensystem mit Treppenpunkten]

F (7|3)
G (7|4)
H (9|4)
I (9|5)

Regel: Man geht zunächst immer zwei Einheiten parallel zur x-Achse nach rechts und dann eine Einheit parallel zur y-Achse nach oben. Diese Schrittfolge wiederholt sich ständig.

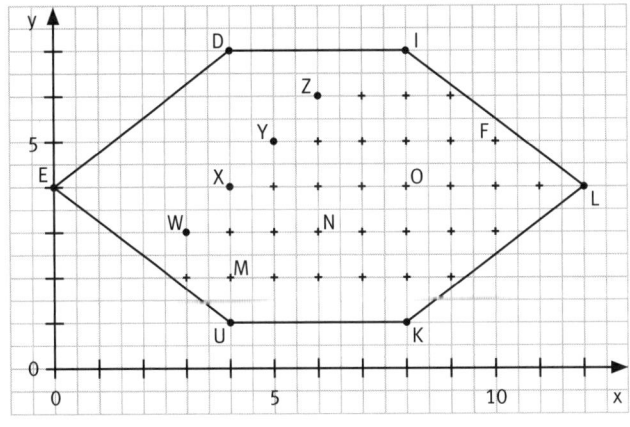

4 [Koordinatensystem mit Sechseck]

a) W(3|3)   X(4|4)   Y(5|5)   Z(6|6)

b) Es sind insgesamt 29 Punkte:

(3|2)   (4|2)   (4|3)   (5|2)   (5|3)   (5|4)   (6|2)   (6|3)   (6|4)   (6|5)
(7|2)   (7|3)   (7|4)   (7|5)   (7|6)   (8|2)   (8|3)   (8|4)   (8|5)   (8|6)
(9|2)   (9|3)   (9|4)   (9|5)   (9|6)   (10|3)   (10|4)   (10|5)   (11|4)

c) M(4|2)   N(6|3)   O(8|4)   F(10|5)

3.6 Koordinatensystem

K5 **5** Ein Hydrant gehört zur Löschwasserversorgung von Städten und Gemeinden und ermöglicht der Feuerwehr, der Straßenmeisterei, den Stadtreinigungsfirmen, ... die Wasserentnahme mithilfe von Standrohren. Hauseigentümer oder Baufirmen dürfen unter bestimmten Auflagen Wasser entnehmen. Der Hydrant liegt 4 m rechts und 3 m vor diesem Hinweisschild. Die Angabe „H100" weist darauf hin, dass der Durchmesser der Versorgungsleitung in diesem Fall 100 mm beträgt.

K2 **6 a)**

Spiegelpunkte: L' (7|1); A' (5|1); R' (5|3); S' (7|3)

b) Zeichnung: siehe a).
Spiegelpunkte: L'' (7|7); A'' (5|7); R'' (5|5); S'' (7|5)

c) Zeichnung: siehe a).
Die Spiegelgerade ist die Gerade z. B. durch die Punkte U (2|4) und V (8|4).

3.7 Winkel

Entdecken

K5 ■ Nach einer zweifachen Drehung zeigt die Spitze in dieselbe Richtung wie vor der Drehung.

K5 ■ Nach einer eineinhalbfachen bzw. nach einer halben Drehung zeigt die Spitze in die zur ursprünglichen Richtung entgegengesetzte Richtung.

K5 ■ Nach einer Vierteldrehung zeigt die Spitze in eine Richtung rechtwinklig zur Richtung vor der Drehung.

Nachgefragt

K5 ■ Die Spitze eines gespitzten Bleistifts bildet auf der Seite des Bleistifts einen spitzen Winkel. Auf der gegenüberliegenden Seite bildet sie einen überstumpfen Winkel.

K1 ■ Das stimmt nicht, weil ein stumpfer Winkel bereits größer als ein rechter Winkel ist. Ein spitzer und ein stumpfer Winkel ergänzen sich zu einem sich zu einem stumpfen oder zu einem überstumpfen Winkel.

Aufgaben

K3 1 a) 1 Schaukel – Scheitel: Halterung   Schenkel: Seile
        2 Schere – Scheitel: Schraube   Schenkel: Klingen
        3 Sichtfeld – Scheitel: Augen   Schenkel: Rand des Sichtfelds
        4 Öffnung einer Tür – Scheitel: Scharnier   Schenkel: Tür, Wand
        5 Lichtkegel einer Taschenlampe – Scheitel: Lichtquelle   Schenkel: äußerer Lichtstrahl
        6 Schranke – Scheitel: Drehpunkt   Schenkel: Schranke
     b) Individuelle Beispiele.

K5 2 α und β sind kleiner als die Papierecke. γ ist größer als die Papierecke. δ ist genauso groß wie die Papierecke.

K4 3 a) α: überstumpfer Winkel   Schenkel: SS_1 und SS_5
        β: spitzer Winkel   Schenkel: SS_4 und SS_5
        γ: stumpfer Winkel   Schenkel: SS_5 und SS_1
        δ: rechter Winkel   Schenkel: SS_3 und SS_4
     b) α: spitzer Winkel   Schenkel: SS_1 und SS_2
        β: spitzer Winkel   Schenkel: SS_2 und SS_3
        γ: rechter Winkel   Schenkel: SS_3 und SS_4
        δ: stumpfer Winkel   Schenkel: SS_2 und SS_4

K3 4 Individuelle Antworten.

K3 5 a) rechter Winkel   b) überstumpfer Winkel (unter Beachtung des Drehsinns)
        c) stumpfer Winkel   d) gestreckter Winkel; Kurs NW

3.7 Winkel

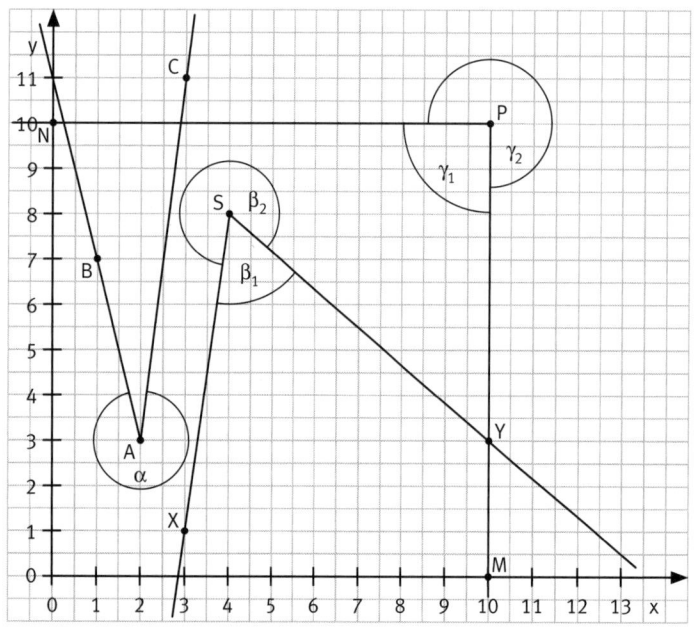

6 a)

b) α: überstumpfer Winkel
β_1: spitzer Winkel
β_2: überstumpfer Winkel
γ_1: rechter Winkel
γ_2: überstumpfer Winkel

3.8 Winkel messen und zeichnen

Entdecken

K5
- Wenn man z. B. als Radfahrer neben einem Lkw steht, gibt es einen Bereich, in dem man vom Fahrer des Lkw weder durch das Seitenfenster noch durch den Außenspiegel gesehen werden kann. Dieser Bereich heißt „toter Winkel". Er ist gefährlich, weil der Fahrer des Lkw beim Abbiegen nach rechts den im toten Winkel stehenden oder fahrenden Radfahrer nicht sieht und es dadurch zu einem Zusammenstoß des Lkw mit dem Radfahrer kommen kann.

K5
- Die Fahrradfahrerin kann sich neben dem Lkw in dem gesamten winkelförmigen Bereich, der weder durch das rechte Seitenfenster noch durch den rechten Außenspiegel des Lkw einsehbar ist, befinden.

K5
- Man sollte den toten Winkel meiden und ausreichend seitlichen Abstand z. B. zu einem Lkw halten. Am sichersten ist es, sich als Radfahrer an einer Kreuzung z. B. bei roter Ampel gar nicht neben einen Lkw zu stellen, sondern seitlich neben das Ende des Lkw und beim Umschalten der Ampel auf Grün abzuwarten, ob der Lkw geradeaus fährt oder rechts abbiegt.
Wenn ein Radweg vorhanden ist, sollte man den auch benutzen, an Kreuzungen aber auch hier auf abbiegende Fahrzeuge achten.

Nachgefragt

K4
- 145°

K5
- Das Geodreieck besitzt zwei Winkelskalen, die Summe der jeweiligen Werte beträgt immer 180°. Beim Ablesen muss man darauf achten, dass man den gesuchten Wert auf der richtigen Skala abliest, je nachdem, ob der Winkel spitz oder stumpf ist.
Der Schüler hat für einen spitzen Winkel auf der falschen Skala den Wert für die Größe des zugehörigen stumpfen Winkels abgelesen. Der richtige Wert ist 30° (Differenz zu 180°).

K1
- Ja, das stimmt, denn ein Vollwinkel umfasst 360°. Wenn man einen 10°-Winkel zeichnet, kann man gleichzeitig einen 350°-Winkel darstellen.

Aufgaben

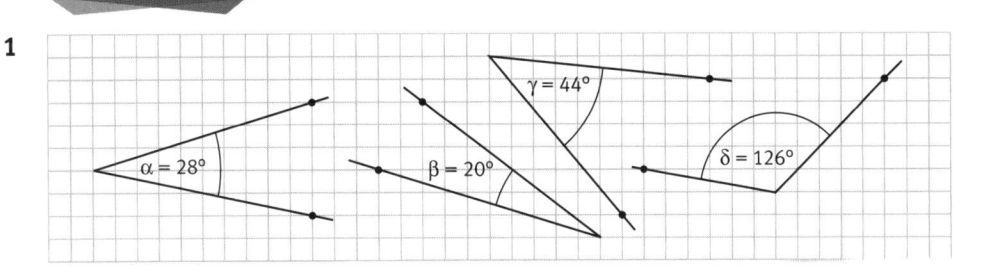

K4 1 $\alpha = 28°$ $\beta = 20°$ $\gamma = 44°$ $\delta = 126°$

K5 2 Es sind individuelle Lösungen möglich.

K4 3 $45° = \beta$ $55° = \delta$ $111° = \varphi$ $122° = \alpha$ Übrig bleiben ε und γ. $\varepsilon = 31°$ $\gamma = 90°$

3.8 Winkel messen und zeichnen

K4 **4** ① 30°, 60°, 90°, 120°, 150°

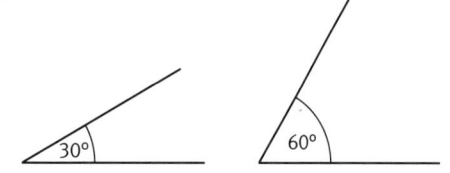

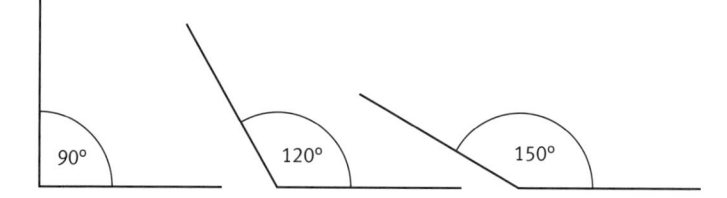

② 45°, 55°, 75°, 125°, 165°

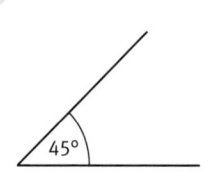

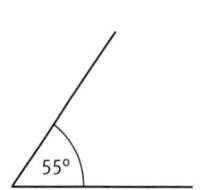

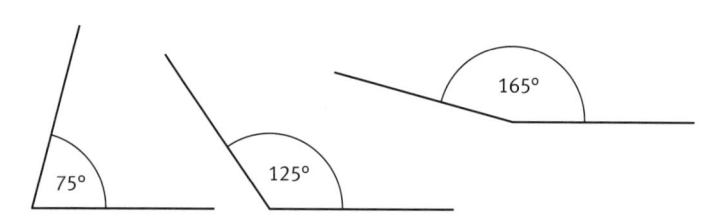

③ 17°, 27°, 86°, 117°, 172°

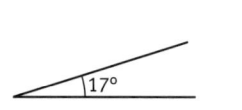

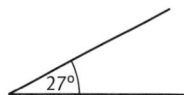

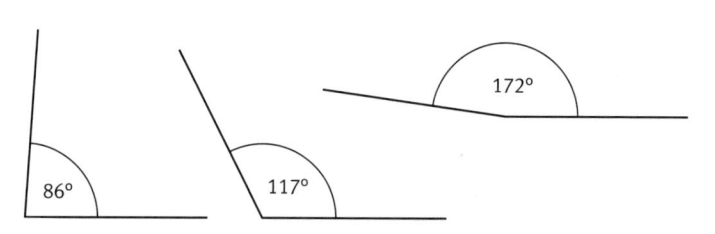

K4 **5**
a) 40°
b) 90°
c) 65°
d) 73°
e) 105°
f) 139°
g) 175°
h) 123°

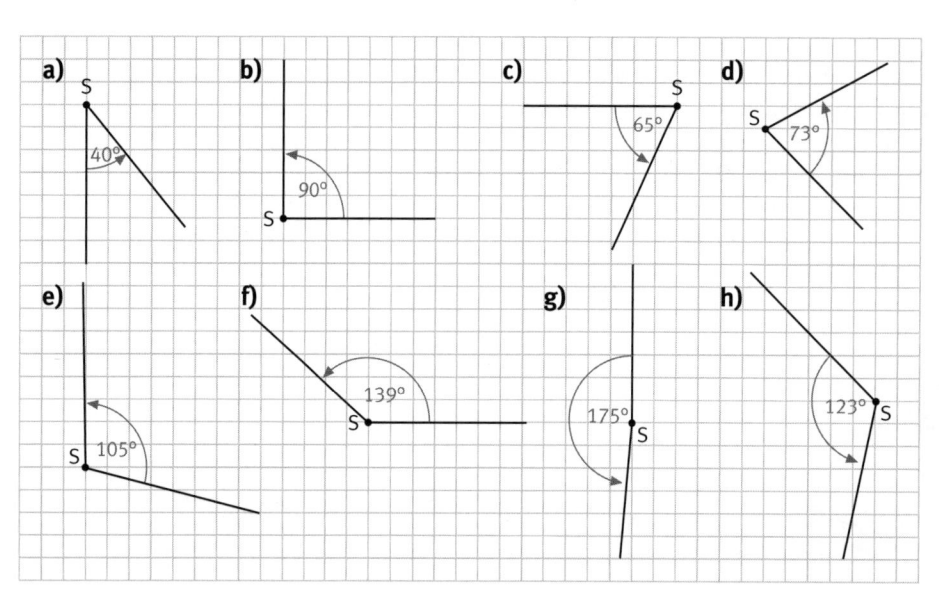

K4 **6**
a) 35°
b) 117°
c) 75°
d) 110°
e) 160°
f) 101°

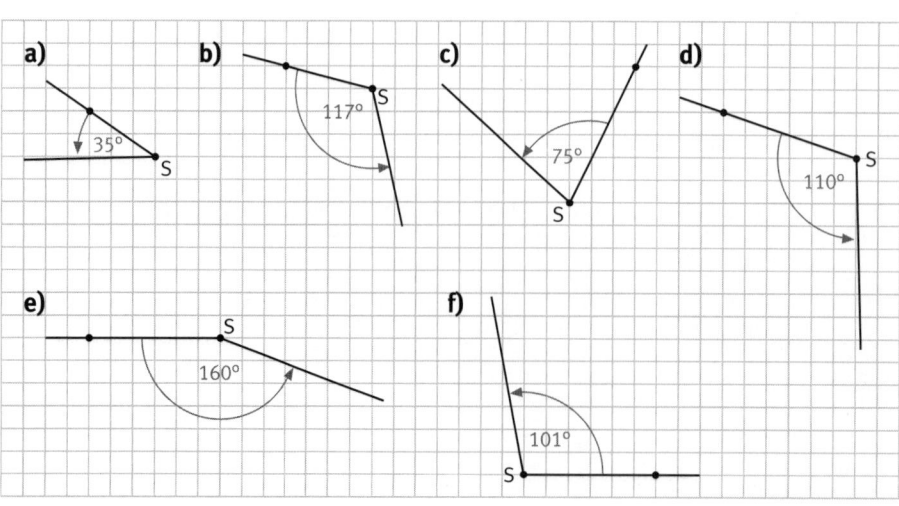

3.8 Winkel messen und zeichnen

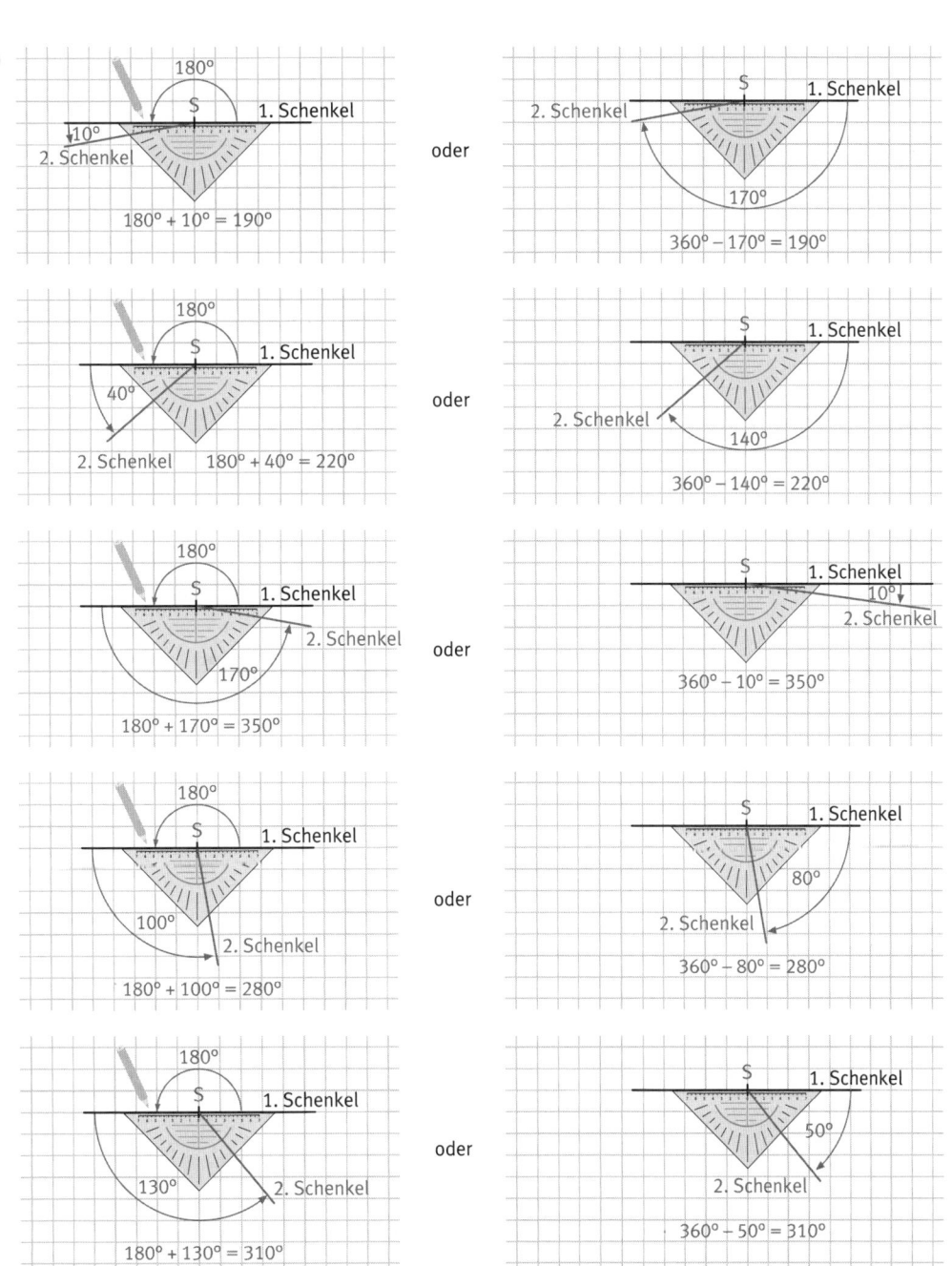

K5 **7 a)** spitzer Winkel: zwischen 0° und 90°
Vollwinkel: 360°
gestreckter Winkel: 180°
stumpfer Winkel: zwischen 90° und 180°
rechter Winkel: 90°
überstumpfer Winkel: zwischen 180° und 360°

b) ① stumpfer Winkel 120°
② spitzer Winkel 60°
③ stumpfer Winkel 150°
② gestreckter Winkel 180°

K5 **8 a)** Axel zeichnet zunächst einen gestreckten Winkel und ergänzt diesen dann mit dem Geodreieck um einen Winkel mit 145°. Insgesamt erhält er damit einen Winkel von
180° + 145° = 325°.

Martina geht von einem Vollwinkel (360°) aus und zeichnet im Uhrzeigersinn einen Winkel von 35° ein. Damit erhält sie einen Winkel von 360° − 35° = 325°.

b) ① $\alpha = 252°$ ② $\alpha = 215°$ ③ $\alpha = 340°$ ④ $\alpha = 190°$

K4 **9** ①

Zeichnungen mit Geodreieck zeigen jeweils zwei Lösungswege:

- 180° + 10° = 190° oder 360° − 170° = 190°
- 180° + 40° = 220° oder 360° − 140° = 220°
- 180° + 170° = 350° oder 360° − 10° = 350°
- 180° + 100° = 280° oder 360° − 80° = 280°
- 180° + 130° = 310° oder 360° − 50° = 310°

Schulbuchseite 96

3.8 Winkel messen und zeichnen

2

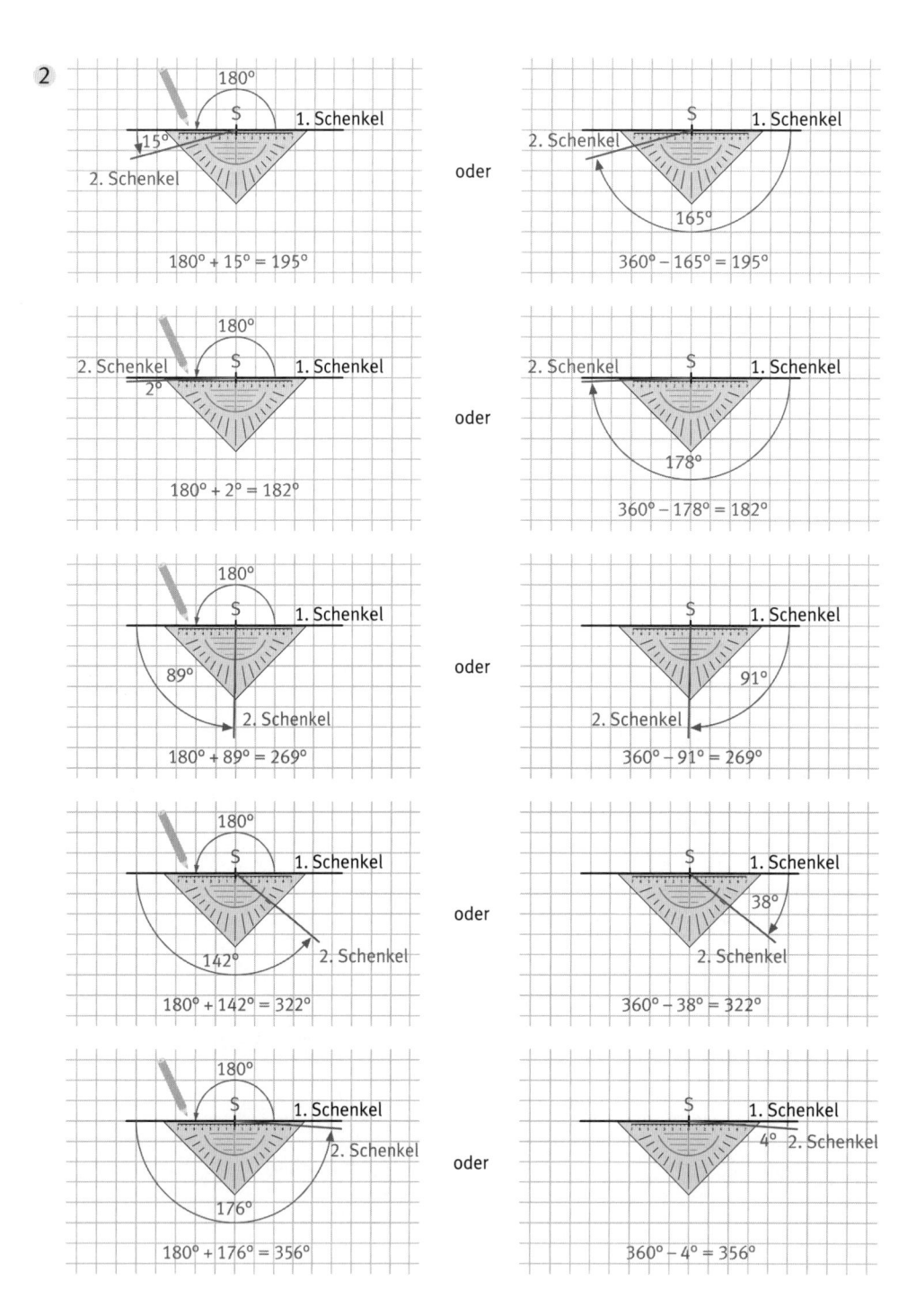

(Diagramme zeigen Winkelmessungen mit Geodreieck:)

- 180° + 15° = 195°   oder   360° − 165° = 195°
- 180° + 2° = 182°   oder   360° − 178° = 182°
- 180° + 89° = 269°   oder   360° − 91° = 269°
- 180° + 142° = 322° oder   360° − 38° = 322°
- 180° + 176° = 356° oder   360° − 4° = 356°

K4

10 a) $\alpha = \beta = 35°$ b) $\alpha = \beta = 56°$

K4

11
① $\alpha = 84°$; $\beta = 63°$; $\gamma = 33°$ $\alpha + \beta + \gamma = 180°$
② $\alpha = 77°$; $\beta = 98°$; $\gamma = 108°$; $\delta = 77°$ $\alpha + \beta + \gamma + \delta = 360°$
③ $\alpha = 130°$; $\beta = 25°$; $\gamma = 25°$ $\alpha + \beta + \gamma = 180°$
④ $\alpha = 65°$; $\beta = 74°$; $\gamma = 79°$; $\delta = 142°$ $\alpha + \beta + \gamma + \delta = 360°$

Bei den Figuren (1) und (3) bzw. (2) und (4) ist die Summe der Innenwinkel jeweils gleich (180° bzw. 360°).

3.8 Winkel messen und zeichnen

K3 **12 a)**

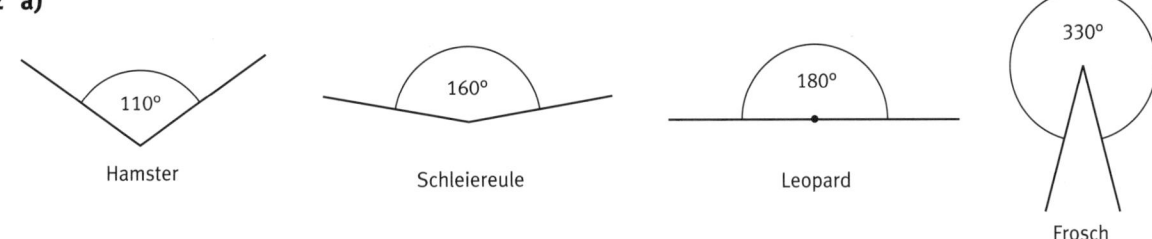

Hamster 110°
Schleiereule 160°
Leopard 180°
Frosch 330°

Ein großes Gesichtsfeld hat den Vorteil, dass man den Kopf weniger drehen muss, wenn man „sich umblicken" will.

b) Lösungsmöglichkeiten: Man stellt sich in die Mitte eines Raumes und markiert mit einem Klebepunkt auf dem Boden die eigene Position. Ein Freund bzw. eine Freundin erhält die Aufgabe, zwei weitere Klebepunkte an der Wand zu befestigen, und zwar so weit, dass sie jeweils gerade noch sichtbar sind, ohne dass der Versuchskandidat dem Kopf bzw. die Augen dreht. Der Winkel zwischen den Klebepunkt ist ein Näherungswert für das Gesichtsfeld eines Menschen. Die Klebepunkte an der Wand müssen vor dem Messvorgang auf dem Boden projiziert werden, sonst ergeben sich Messfehler durch eine dreidimensionale Darstellung.

K3 **13 a)**

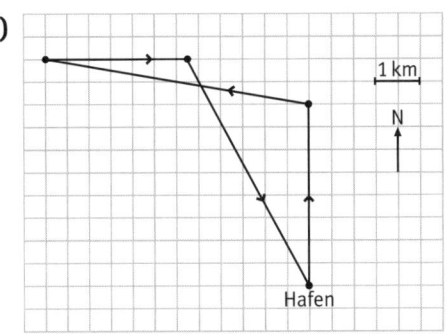

b) Der Winkel bei der letzten Kursänderung beträgt 119°. Von der Stelle dieser Kursänderung bis in den Hafen sind es etwa 5 km 800 m.

c) Individuelle Entwürfe.

K2 **14 a)**

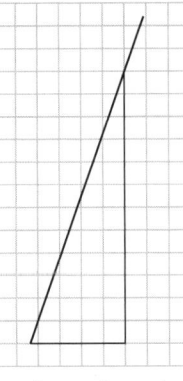

Zeichnung im maßstab 1:100
1 m in Wirklichkeit entspricht 1 cm in der Skizze.

Die Mindestlänge der Leiter beträgt 6,40 m.

b) Ja, denn sie steht im Winkel von 69° zur Wand.

c)

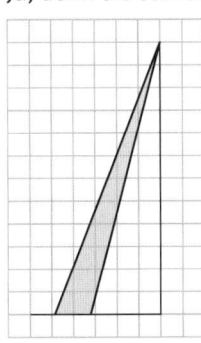

Bei 68° beträgt der Abstand zur Wand 2,40 m.
Bei 75° beträgt der Abstand zur Wand 1,60 m.

Schulbuchseite 97

3.9 Vierecke

Entdecken

K5 ■ ① Es entsteht ein Rechteck mit einem ausgeschnittenen Rechteck darin.
② Es entsteht ein Rechteck mit einem ausgeschnittenen Quadrat (Raute) darin.
③ Es entsteht ein Rechteck mit einem ausgeschnittenen Rechteck darin.
④ Es entsteht ein Rechteck mit einer ausgeschnittenen Raute darin.

K5 ■ Individuelle Antworten.

Nachgefragt

K1 ■ Ja, das stimmt, denn das Quadrat ist ein Spezialfall aller genannten Vierecke.
K1 ■ Nein, das stimmt nicht, denn eine Raute besitzt immer vier gleich lange Seiten und ein Rechteck nicht.

Aufgaben

K4 1 Parallelogramm: B, F, N, P (C, I, J, K, L, M, Q, R)   Raute: M, Q (C, I, L)
Rechteck: J, K, R (C, I, L)   Quadrat: C, I, L
Drachenviereck: D   Trapez: A, E, G, O

K3 2 Individuelle Beispiele.

K3 3 a) ① Parallelogramm   ② Parallelogramm   ③ Raute
Je nach Stellung können sich auch Sonderfälle der angegebenen Vierecke ergeben.

K4 4 a) Beispiele: ABDE ist ein Quadrat; BCDE ist ein Trapez; AHEF ist ein Quadrat; GBDI ist ein Rechteck.
b) Beispiele: ADNK ist eine Raute; EBJM ist ein Rechteck; BCML ist ein Parallelogramm.
c) Beispiele: DBLJ ist ein Quadrat; DBIG ist ein Rechteck; ICMK ist ein Parallelogramm; ACIE ist ein Trapez.

K4 5 a) b) c) d) e)

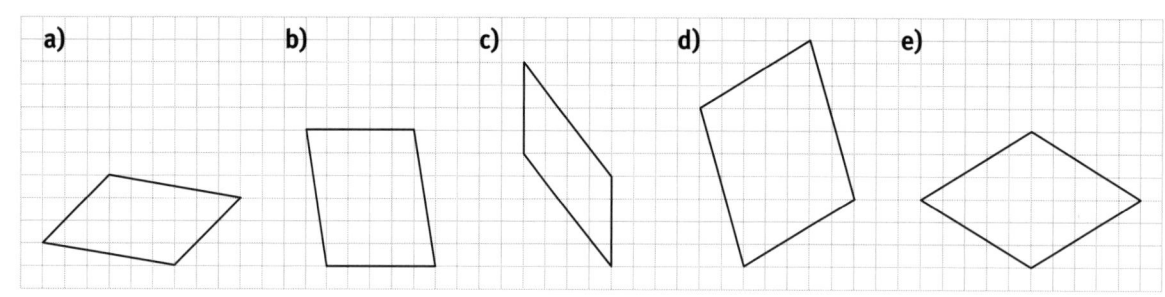

K4 6 a) Raute   b) Rechteck

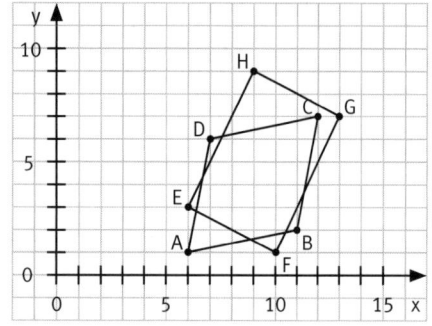

3.9 Vierecke

c) Parallelogramm   d) Rechteck

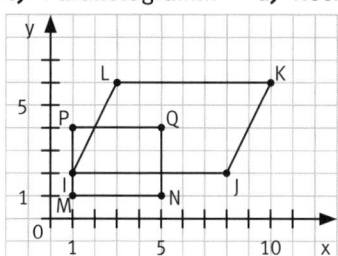

e) Trapez   f) Parallelogramm

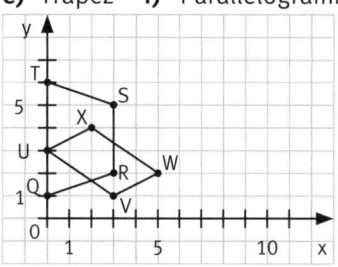

K4 **7 a)** Es entsteht eine Raute.

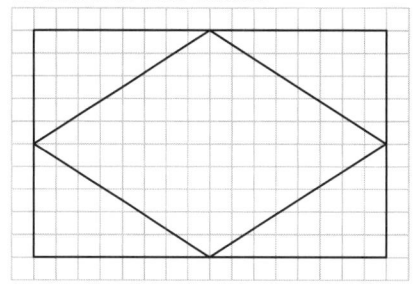

b) Durch das Verbinden der Seitenmittelpunkte eines Quadrats (eines Parallelogramms) entsteht wieder ein Quadrat (Parallelogramm).

K1 **8 a)**

	Die Diagonalen ...		
	sind gleich lang.	halbieren sich.	sind orthogonal zueinander.
Quadrat	×	×	×
Rechteck	×	×	–
Parallelogramm	–	×	–
Raute	–	×	×
Drachen	–	–	×
Trapez	–	–	–
gleichschenkliges Trapez	×	–	–

b)

	Die Vierecke ...	
	sind achsensymmetrisch.	sind punktsymmetrisch.
Quadrat	×	×
Rechteck	×	×
Parallelogramm	–	×
Raute	×	×
Drachen	×	–
Trapez	–	–
gleichschenkliges Trapez	×	–

3.9 Vierecks

K4 **9**

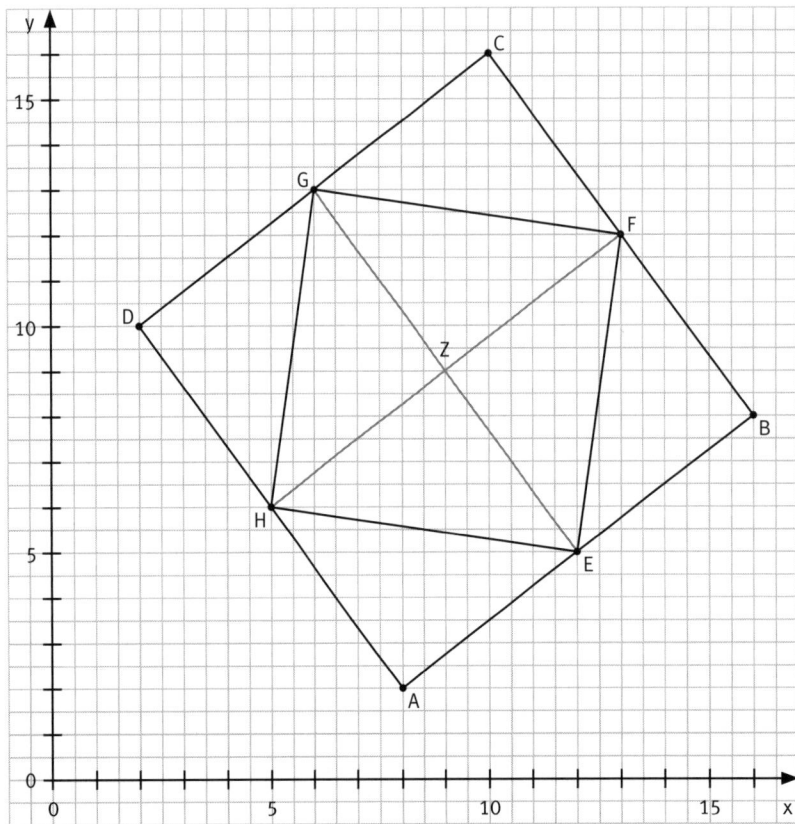

a) E(12|5) F(13|12) G(6|13) H(5|6)
Es handelt sich um ein Quadrat.

b) Z(9|9)

c)

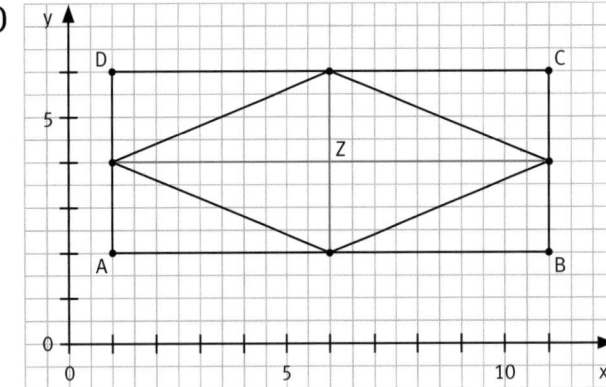

Aus einem Rechteck ist eine Raute entstanden, deren Diagonalen sich in Z(6|4) schneiden.

3.9 Vierecke

10 a) – f) [Parallelogramme mit Winkeln 40°, 60°, 70°, 30°, 45°, 120°]

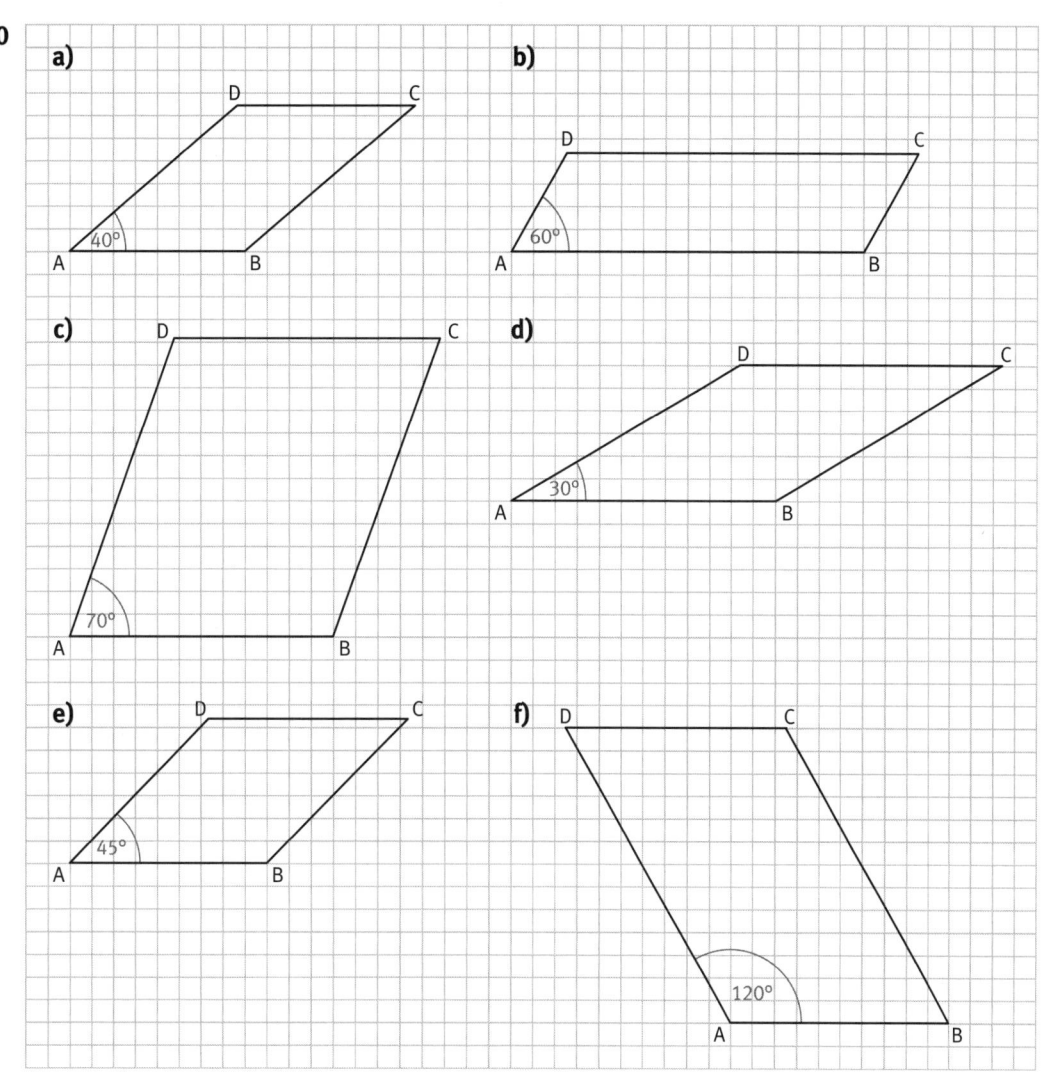

11

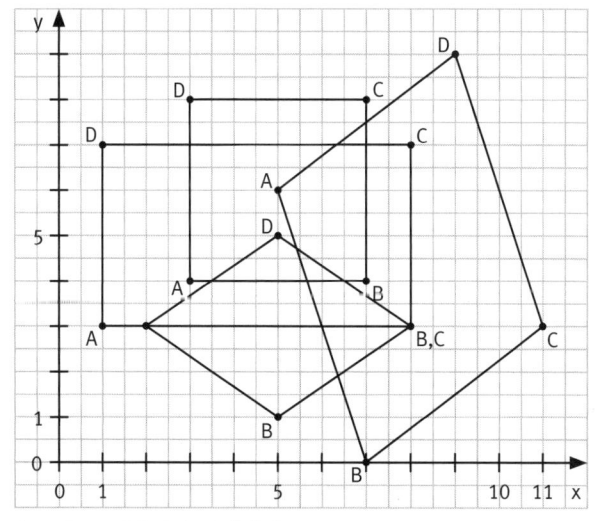

Quadrat: C (7|8); D (3|8)
Rechteck: B (8|3); D (1|7)
Raute: B (5|1)
Parallelogramm: B (7|0)

3.9 Vierecke

K2 **12** a) b)

c) d)

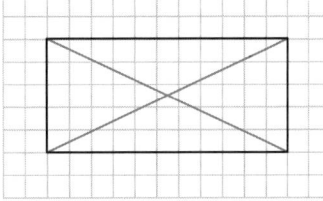

Anmerkung zu **a)** und **c)**:
Es gibt viele Lösungen.
Die Diagonalen müssen sich nur halbieren.

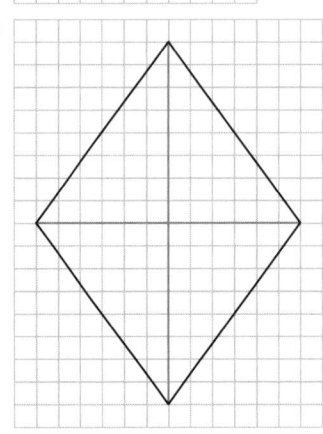

K2 **13** a) Individuelle Beschreibungen, z. B.:
- Die Seiten $\overline{AB}$ und $\overline{DA}$ sind gleich lang.
- Die Seiten $\overline{BC}$ und $\overline{CD}$ sind gleich lang.
- Die Winkel < ABC und < ADC sind gleich groß.
- Achsensymmetrie

b) Individuelle Beschreibungen. Die Stäbe sind orthogonal zueinander und eine Stange halbiert die zweite.

c) Der Drachen ist achsensymmetrisch mit Symmetrieachse AC.

d) Quadrat, Raute

K2 Knobelei

Streichholzaufgaben

a) 1   2   3   4

b) Individuelle Lösungen möglich.

3.10 Kreise

Entdecken

K5 · Der Platzwart könnte eine Schnur passender Länge im Mittelpunkt befestigt haben und dann den Kreis durch Umrunden des Mittelpunkts mit dem anderen Ende der gespannten Schnur gezeichnet haben.

K5 · Er muss z. B. darauf achten, dass die Schnur immer gleichmäßig gespannt ist.

K4 · Individuelle Zeichnungen.

Nachgefragt

K1 · Der Abstand der Mittelpunkte muss größer als der Durchmesser der beiden Kreise sein.

K1 · Peter verwechselt die Begriffe Radius und Durchmesser. Der Fahrradreifen der jüngeren Schwester kann nur kleiner sein. In diesem Fall beträgt der Durchmesser vielleicht 44 cm.

K1 · Jeder Durchmesser eines Kreises ist eine Symmetrieachse des Kreises. Ein Kreis hat also unendlich viele Symmetrieachsen.

Aufgaben

K3 **1 a)** Teller, Untertassen, Becher, Schnur, Nadel und Stift, Zirkel, usw.

b) Zimmeruhr, Armbanduhr, Straßen- / Verkehrsschilder, Fenster, Reifen, Aufkleber, Wappen von Fußballmannschaften, Brillengläser, Teller, Tassen, Töpfe, Papierrolle (Küchenrolle), Bilderrahmen, usw.

c) Fußballfeld, Basketballfeld, Hockeyfeld, Kugelstoß-, Diskus- und Hammerwurfring, Eishockeyfeld, usw.

K4 **2**

	a)	b)	c)	d)	e)	f)
r	4 cm	6 cm	56 cm	32 mm	2 m 65 cm	1 m 85 cm
d	8 cm	12 cm	112 cm	64 mm	5 m 3 dm	3 m 70 cm

K4 **3** Die Zeichnungen der Kreise sind nicht angegeben.
- **a)** r = 2 cm   d = 4 cm
- **b)** r = 35 mm   d = 70 mm
- **c)** r = 4 cm 5 mm   d = 9 cm
- **d)** r = 5 m   d = 10 cm
- **e)** r = 3 cm   d = 6 cm
- **f)** r = 4 cm 5 mm   d = 9 cm
- **g)** r = 28 mm   d = 5 cm 6 mm
- **h)** r = 7 cm   d = 1,4 dm

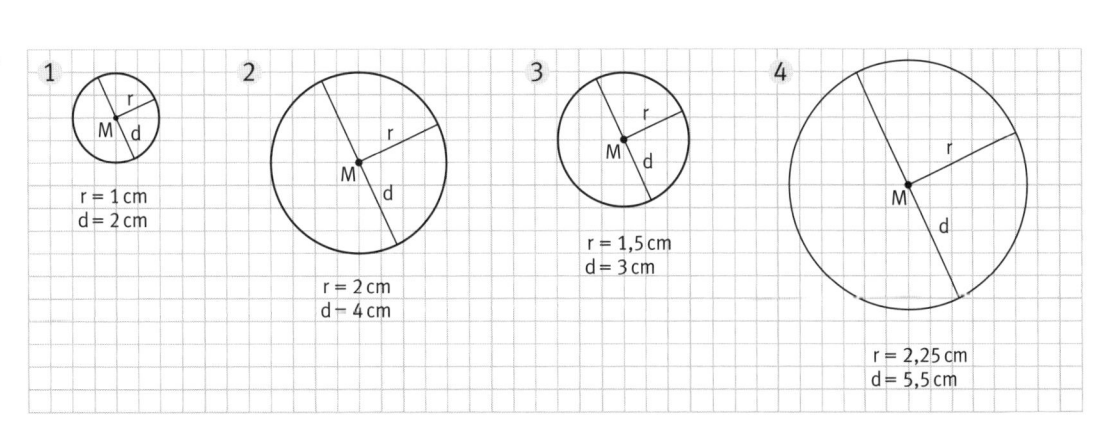

K4 **4**

1: r = 1 cm; d = 2 cm
2: r = 2 cm; d = 4 cm
3: r = 1,5 cm; d = 3 cm
4: r = 2,25 cm; d = 5,5 cm

3.10 Kreise

K4 **5 a)** Lösungsmöglichkeit:

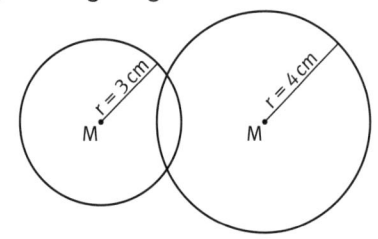

K3 **6**
- Riesenreifen: Die Körpergröße der Frau wird auf 1,70 m geschätzt. Die Frau würde 2,5-mal in den Reifen passen, womit der Reifen einen Durchmesser von ca. 4,25 m hätte.
- Riesentorte: Schätzt man die im Vordergrund stehenden Menschen auf 1,70 m bei einer Abbildungsgröße von 12 mm, dann ergibt sich bei einem abgebildeten Tortendurchmesser von 38 mm einen realer Tortendurchmesser von knapp 6 m.
- Autobahnkreuz: Zunächst wird man die Breite der gesamten, zweispurigen Autobahn schätzen. Um eine genauere Schätzung zu erhalten, wurde hier zunächst recherchiert:
Aufbau einer normalen 2-spurigen Autobahn:
Pro Fahrtrichtung: 1,5 m Bankett, 2,5 m Standstreifen, 0,75 m Seitenstreifen, 3,75 m je für rechte und linke Fahrspur, 0,75 m Randstreifen
Zusätzlich: 3,5 m Mittelstreifen
Ergibt: 29,5 m ≈ 30 m Autobahnbreite
In der Abbildung ist die Autobahn ca. 3 mm breit. Die annähernd kreisrunden Schleifen haben im Mittel einen Durchmesser von ungefähr 10 mm, was einem realen Durchmesser von 100 m entspricht (vermutlich tatsächlich etwas weniger).

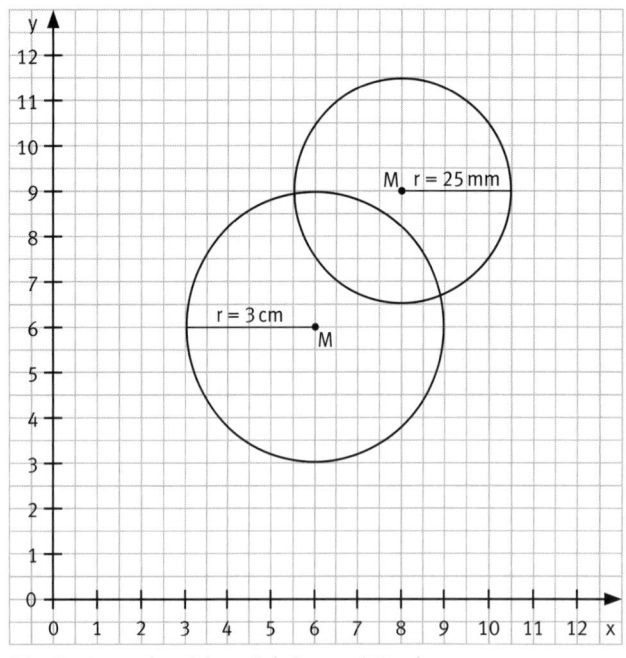

K4 **7 a)** ①

Die Kreise schneiden sich in zwei Punkten.

3.10 Kreise

2

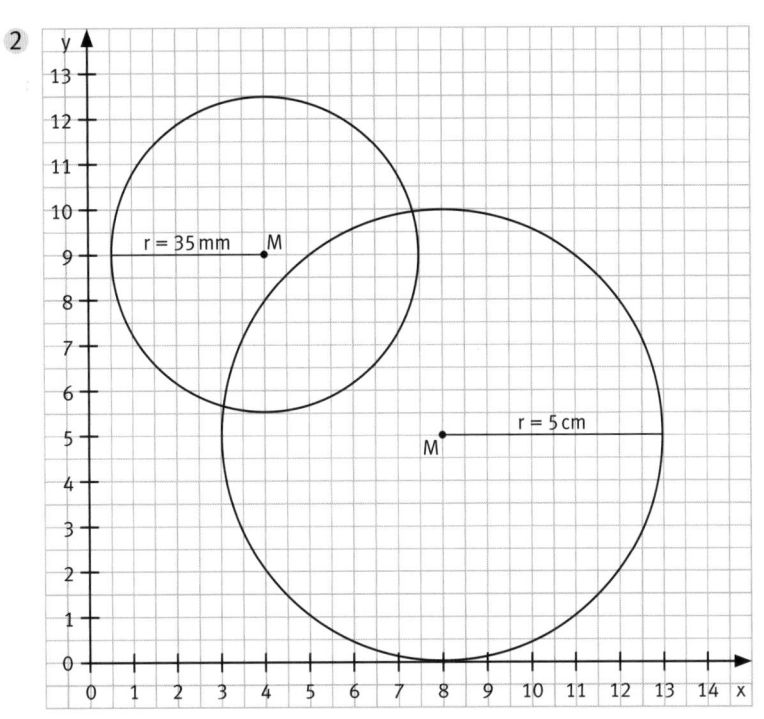

Die Kreise schneiden sich in zwei Punkten.

3

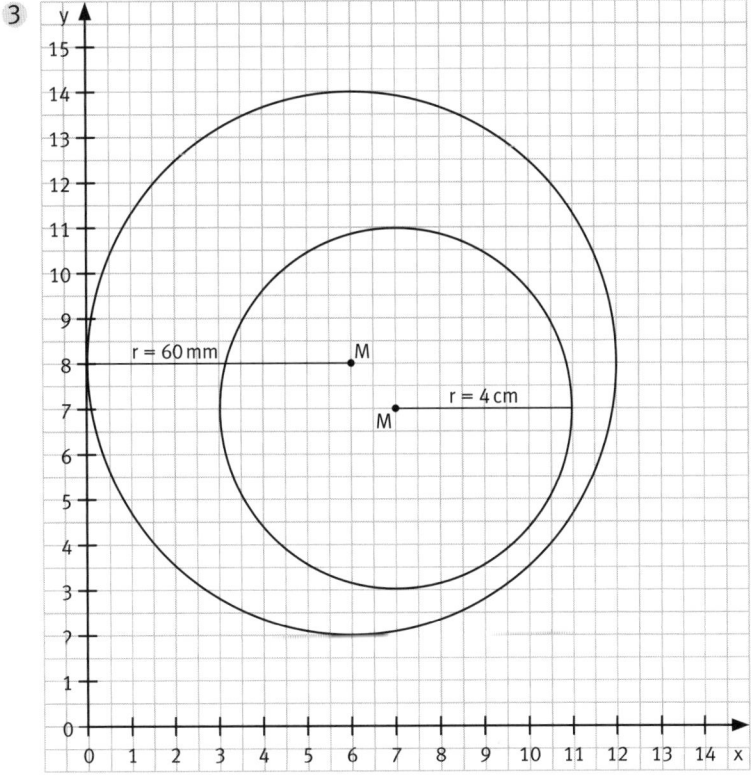

Die Kreise liegen ineinander und haben keine gemeinsamen Punkte.

3.10 Kreise

b) Beispiele (nur Koordinaten der Punkte):

① im Kreis um M (6|6) mit r = 3 cm: (5|4); (8|7)
außerhalb des Kreises: (1|1); (8|11)
auf dem Kreis: (6|3); (9|6)
im Kreis um M (8|9) mit r = 25 mm: (7|10); (10|8)
außerhalb des Kreises: (4|10); (8|3)
auf dem Kreis: keine Punkte mit ganzzahligen Koordinaten

② im Kreis um M (4|9) mit r = 35 mm: (2|7); (5|12)
außerhalb des Kreises: (3|4); (8|1)
auf dem Kreis: keine Punkte mit ganzzahligen Koordinaten
im Kreis um M (8|5) mit r = 5 cm: (6|6); (12|4)
außerhalb des Kreises: (7|11); (13|2)
auf dem Kreis: (8|0); (13|5)

③ im Kreis um M (7|7) mit r = 4 cm: (5|6); (8|4)
außerhalb des Kreises: (2|5); (9|12)
auf dem Kreis: (7|11); (7|3)
im Kreis um M (6|8) mit r = 60 mm: (5|7); (10|11)
außerhalb des Kreises: (3|2); (6|0)
auf dem Kreis: (0|6); (12|8)

K4 **8** **a) und b)**

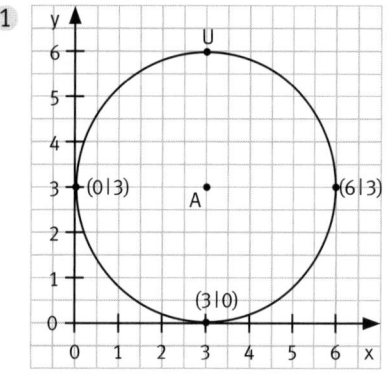

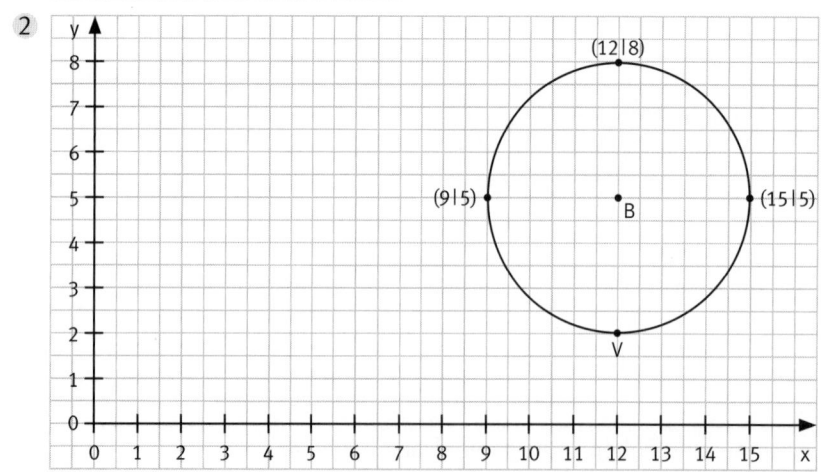

3.10 Kreise

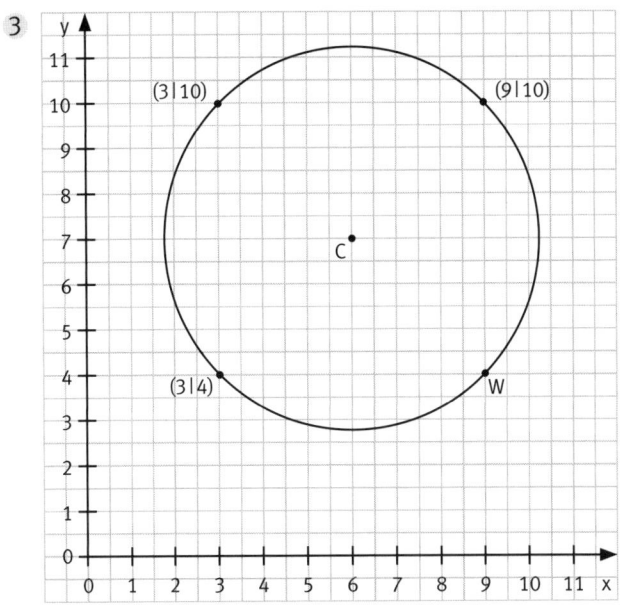

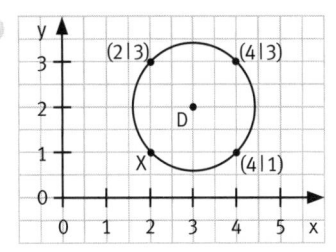

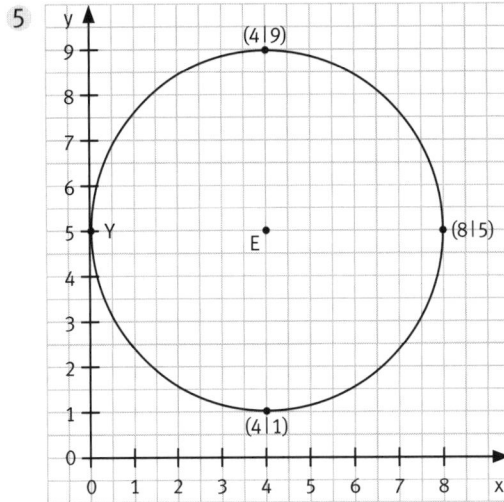

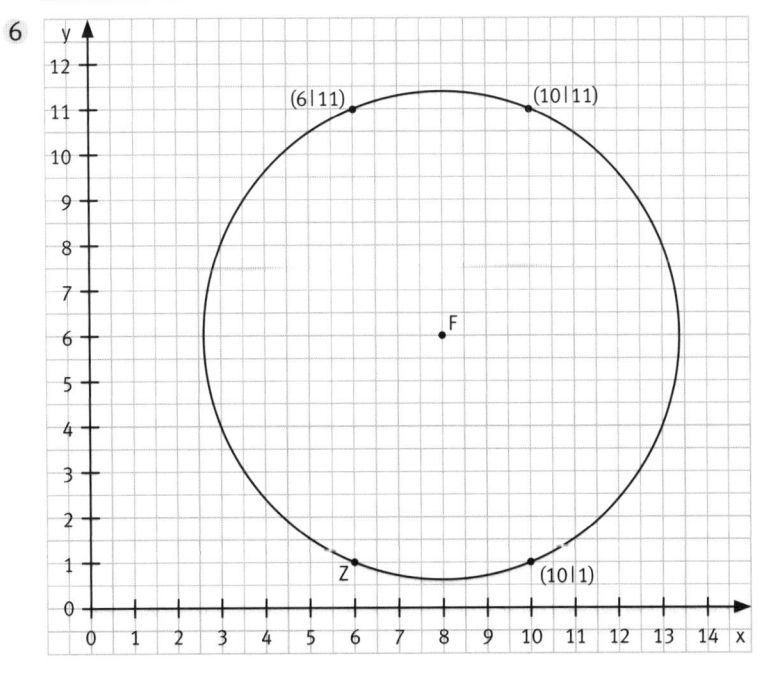

3.10 Kreise

K4 **9** Die Aufgabe dient dem Üben des Umgangs mit dem Zirkel.

a)

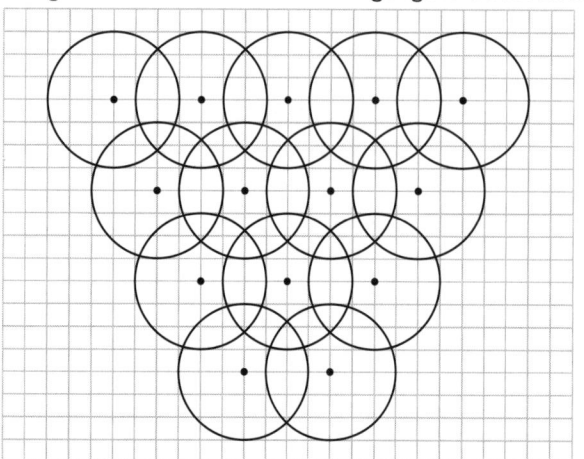

b)

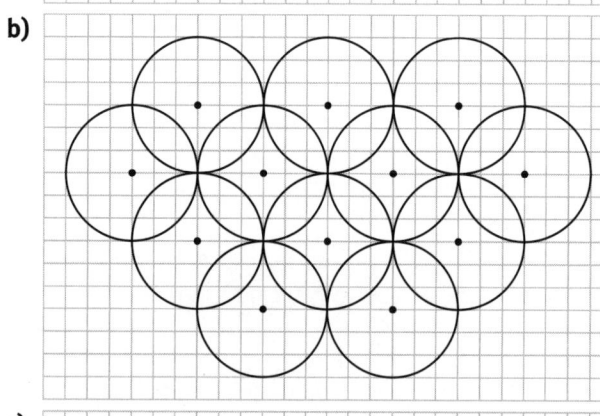

c)

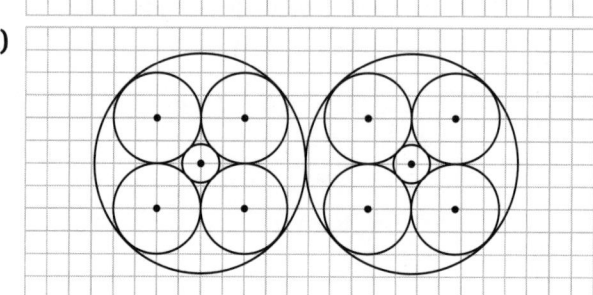

K3 **10** Die Aufgabe fördert den haptischen Zugang zu Kreisen.

K3 **11**

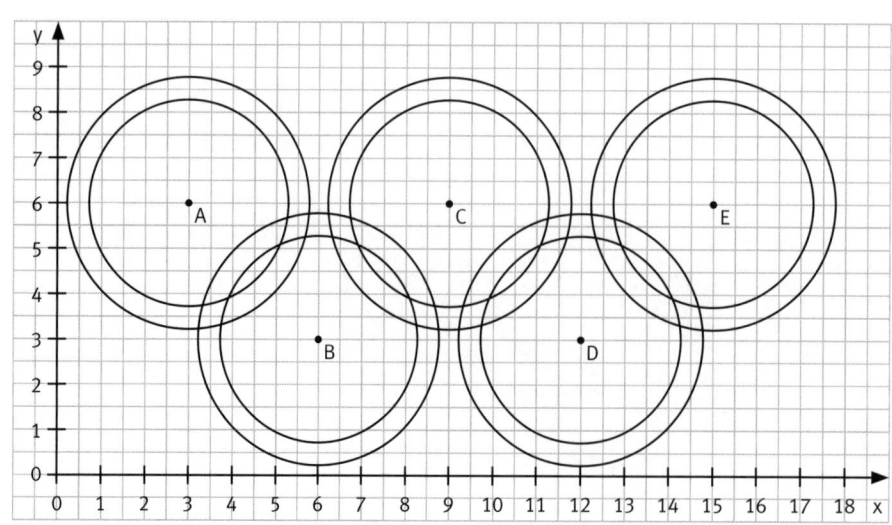

3.10 Kreise

K2 **12 a) – c)**

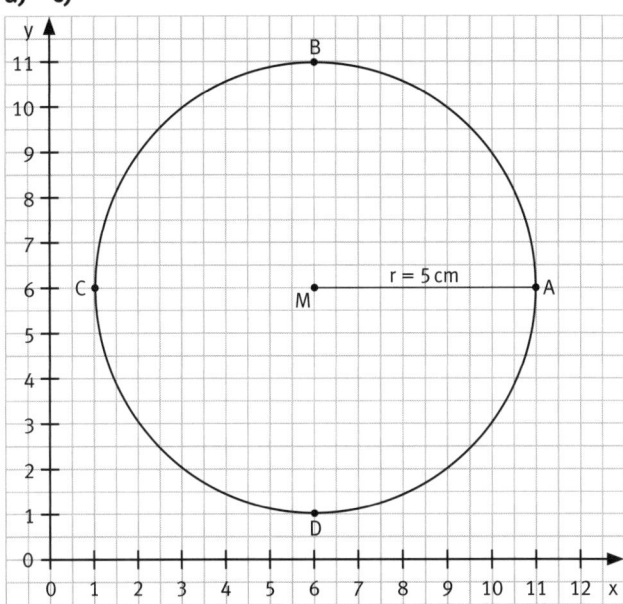

Schüler dieser Klassenstufe werden nach dem Zeichnen der Punkte diese zunächst einfach diagonal verbinden und probieren, ob der dadurch entstandene Schnittpunkt als Kreismittelpunkt taugt. Das ist der Fall, der Mittelpunkt des Kreises ist M (6|6).
Allgemeiner: Die Strecken $\overline{AC}$ und $\overline{BD}$ sind gleich lang und halbieren sich gegenseitig. Daraus folgt, dass die beiden Strecken Kreisdurchmesser sind, was den Punkt M (6|6) zum Mittelpunkt des Kreises werden lässt.

K3 **13** Die Aufgabe fördert das Erkennen von Kreismustern und zugehörigen Mittelpunkten und schult das Zeichnen von Kreisen.

3 Auf unterschiedlichen Wegen

K4 **1 a)**

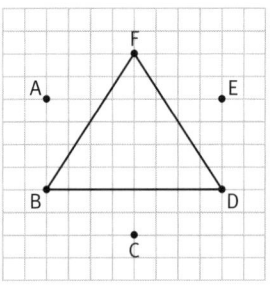

b) CE (zu BF); AE (zu BD); AC (zu FD)

a)

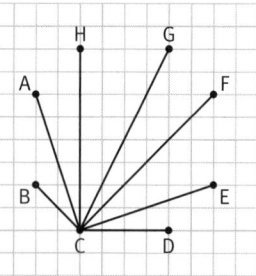

b) Parallelen zu $\overline{CD}$: BE; AF; HG
Parallelen zu $\overline{BC}$: AD; HE; GF
Parallele zu $\overline{AC}$: GE
Parallelen zu $\overline{HC}$: AB; GD; FE
Parallelen zu $\overline{CG}$: –
Parallelen zu $\overline{CF}$: AH; BG; DE
Parallele zu $\overline{CE}$: AG

c) Beispiele: $\overline{AE}$ und $\overline{FC}$;
$\overline{AB}$ und $\overline{BD}$;

c) Orthogonale zu $\overline{CD}$: CH
Orthogonalen zu $\overline{BC}$: AH; BG; CF; DE
Orthogonalen zu $\overline{AC}$: AG; CE
Orthogonalen zu $\overline{HC}$: CD; BE; AF; HG
Orthogonalen zu $\overline{CG}$: –
Orthogonalen zu $\overline{CF}$: BC; HE; GF
Orthogonalen zu $\overline{CE}$: AC; GE

K1 **2 a)** Diese Punkte liegen auf den beiden Parallelen mit Abstand 2 cm zu g.

b) Diese Punkte liegen auf den beiden Parallelen mit Abstand 3 cm zu h.

c) Die vier Schnittpunkte der Parallelen aus a) und b) erfüllen beide Bedingungen.

a) Diese Punkte liegen auf der gemeinsamen Parallelen, die in der Mitte der Geraden g und h verläuft.

b) Diese Punkte liegen auf jener Parallelen zu g im Abstand 3 cm, die von g nicht auf derselben Seite wie h verläuft.

c) Nein, solche Punkte gibt es nicht. Die Punkte, die von h den Abstand 4 cm haben, liegen auf zwei Parallelen zu h im Abstand 4 cm von h. Diese Parallelen haben von g den Abstand 6 cm bzw. 2 cm. Keiner der Punkte auf diesen beiden Parallelen zu h hat somit von g den Abstand 1 cm.

K4 **3 a)**

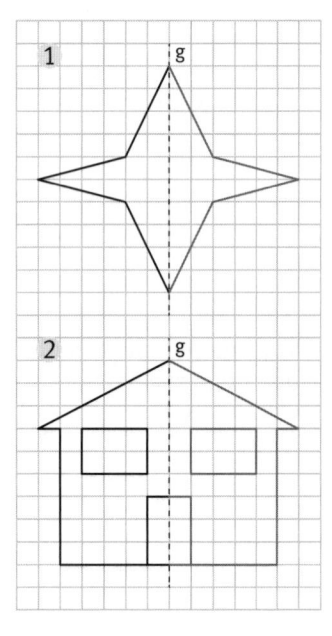

a)

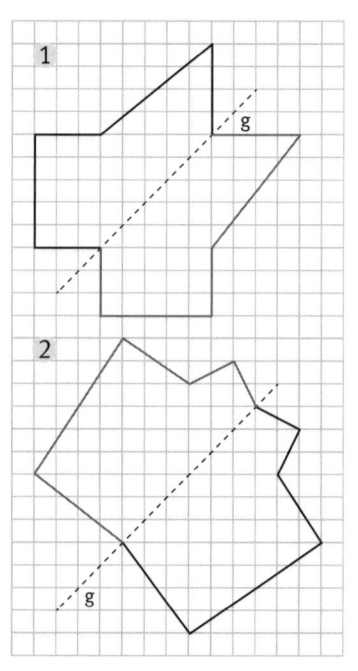

Auf unterschiedlichen Wegen

b) Figur ① ist punktsymmetrisch, Figur ② nicht.
Symmetriezentrum von Figur ①:

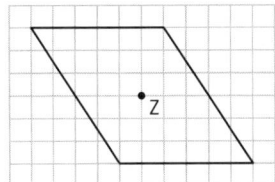

b) Beide Figuren sind punktsymmetrisch.
Symmetriezentren:

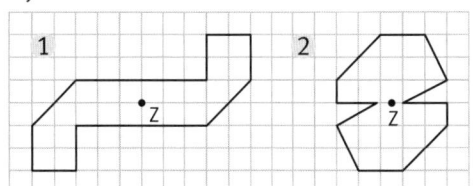

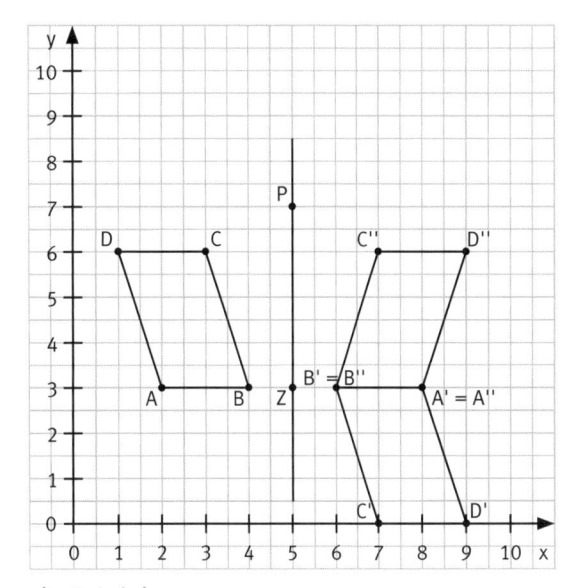

4 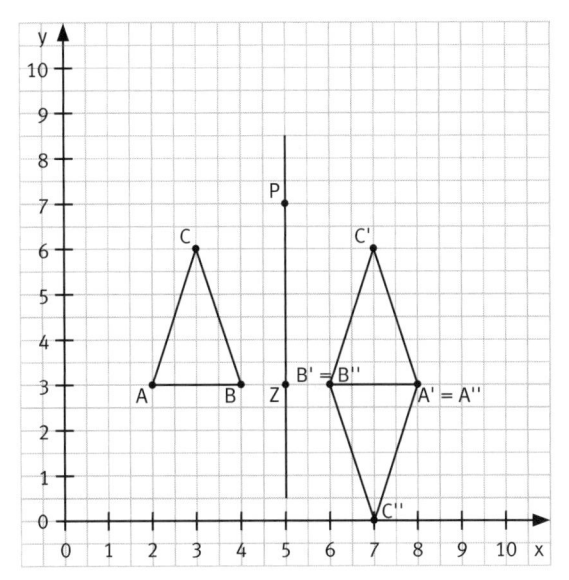
a) A' (8|3), B' (6|3), C' (7|6)
b) A'' (8|3), B'' (6|3), C'' (7|0)
c) Die beiden gespiegelten Dreiecke bilden zusammen eine Raute.

a) D (1|6)
b) siehe Zeichnung
c) Beispiel 1: R = A'; Raute RC''B'C'
Koordinaten der Punkte der Raute:
R (8|3), C'' (7|6), B' (6|3), C' (7|0)
Beispiel 2: R (10|3); Raute RD''A'D'
Koordinaten der Punkte der Raute:
R (10|3), D'' (9|6), A' (8|3), D' (9|0)

5 a) A (0|1), B (3|1), C (5|3), D (2|3)
b) Der Punkt hat die Koordinaten (2|2).

a) B (10|2), C (10|4), D (8|4), F (5|6), G (5|5), H (2|5)
b) Die Punkte liegen jeweils auf einer Geraden. Die drei Geraden sind zueinander parallel.

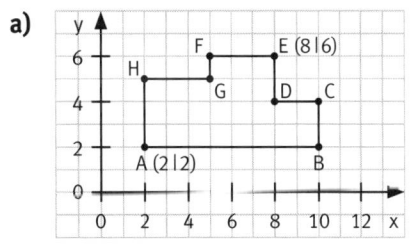

3 Auf unterschiedlichen Wegen

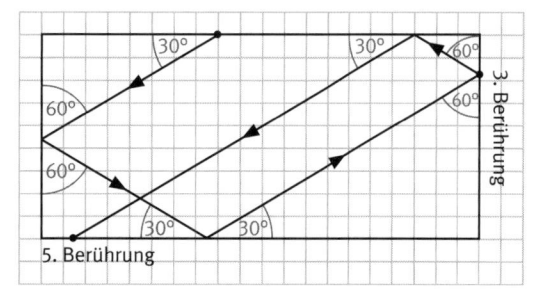

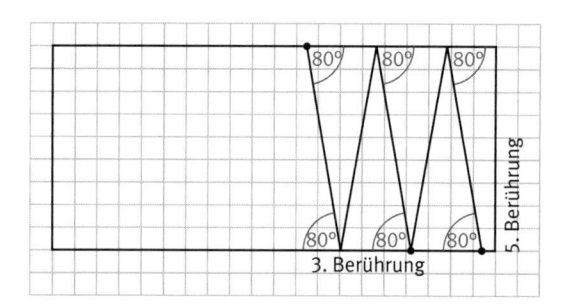

K3 6

K4 7

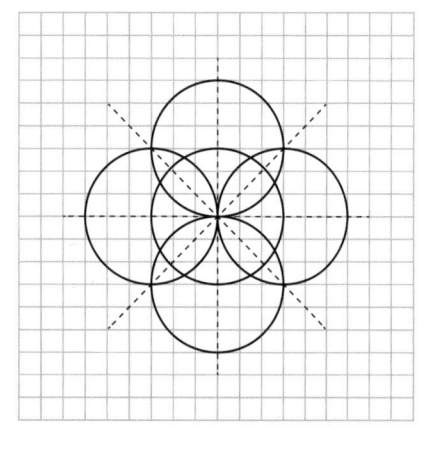

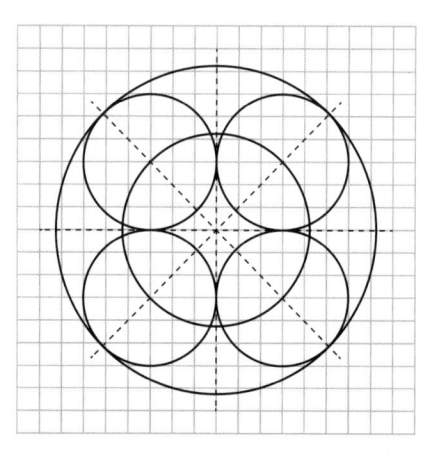

Kreuz und quer 3

K4 **1 a)**

Strecken	$\overline{AB}$, $\overline{GH}$, $\overline{DE}$
Halbgeraden	BA, HI, DE
Geraden	GC, BD, GH

  b) $\overline{AC} = 23\,mm$ $\overline{BI} = 28\,mm$ $\overline{CH} = 10\,mm$ $\overline{CE} = 16\,mm$

  c) AB, AC, AD, AE, BC, BD, BE, CD, CE, DE (und jeweils in umgekehrter Buchstabenfolge)

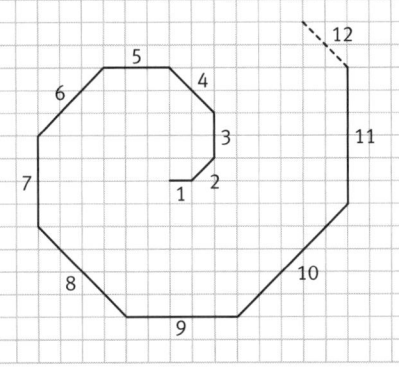

K4 **2 a)**

  b) parallel: 1 ∥ 5   1 ∥ 9   5 ∥ 9   2 ∥ 6   2 ∥ 10   6 ∥ 10   3 ∥ 7   …
  Feststellung: Jeder Abschnitt ist zu einem Abschnitt vier Folgen weiter parallel.
  orthogonal: 1 ⊥ 3   1 ⊥ 7   1 ⊥ 11   2 ⊥ 4   2 ⊥ 8   3 ⊥ 5   3 ⊥ 9   4 ⊥ 6   …
  Feststellung: Jeder Abschnitt steht auf jedem übernächsten Abschnitt senkrecht.

K1 **3 a)** Der dritte Winkel, weil dieser kein spitzer Winkel ist.
  b) Der zweite Winkel, weil dieser kein rechter Winkel ist.
  c) Der dritte Winkel, weil dieser kein stumpfer Winkel ist.
  d) Der erste Winkel, weil dieser kein überstumpfer Winkel ist.

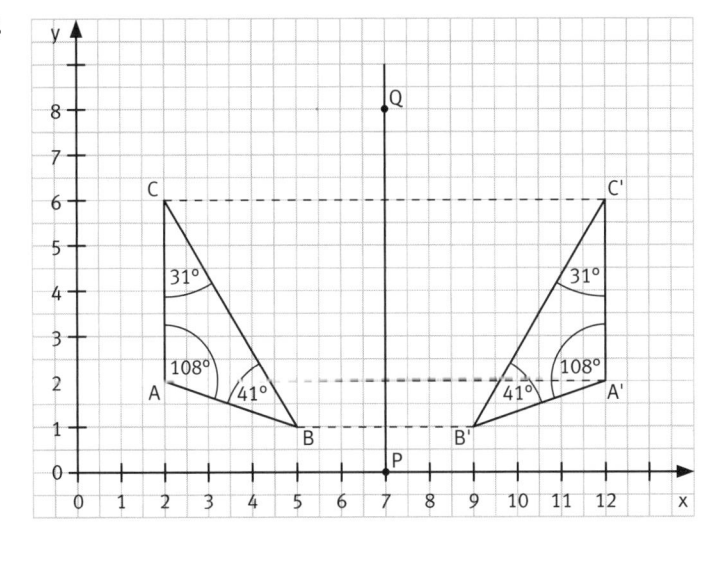

K4 **4**

A' (12|2)
B' (9|1)
C' (12|6)

K4 **5** Die Übung soll die Basiskompetenzen beim Zeichnen von Winkeln schulen.

Schulbuchseite 108

Kreuz und quer

K3 **6 a)** Der Schnabel kann spitze bis rechte Winkel bilden. Der obere und der untere Schnabel bilden die Schenken. Scheitelpunkt ist der Berührungspunkt der beiden Schnabeln am Schabelansatz.

b) Die Neigung eines Daches kann (gemessen gegen die Horizontale) nur ein spitzer Winkel sein. In der Giebelansicht eines Daches bildet die Dachfläche den einen Schenkel, die Horizontale den anderen. Der Scheitel wäre im Bereich der Dachrinne zu sehen.
Betrachtet man in der Giebelansicht den Öffnungswinkel der beiden Dachflächen gegeneinander, so bilden diese die beiden Schenkel, der Dachfirst den Scheitel. In diesem Fall können dann auch stumpfe Winkel auftreten.

c) Die Abbiegung an einer Straßenkreuzung kann ein spitzer, ein rechter, ein stumpfer oder ein überstumpfer Winkel sein. Die einander kreuzenden Straßen bilden die Schenkel des Winkels.

d) Es gibt Zirkel, die lediglich einen spitzen Winkel bilden können. Mit einigen Zirkeln, vor allem älteren Modellen ohne Stellschraube, können auch rechte und stumpfe Winkel eingestellt werden.

K4 **7** Die Übung soll die Basiskompetenzen beim Zeichnen von Kreisen schulen.

K4 **8 a)** D (0|3)

b) und c)

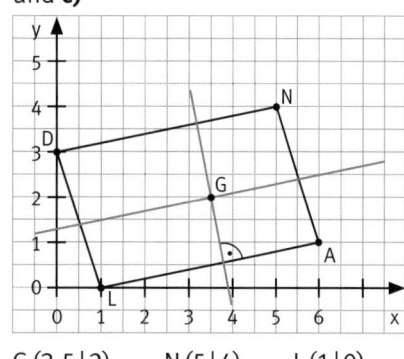

G (3,5|2)   N (5|4)   L (1|0)

c) Der Abstand des Punktes G zur Strecke $\overline{LA}$ beträgt etwa 15 mm.

K4 **9 a)** b) 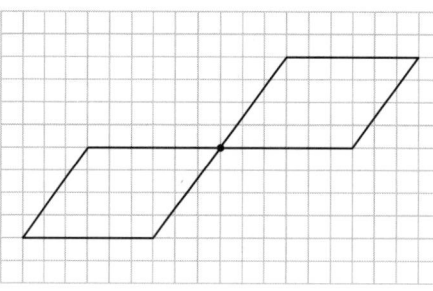 c) 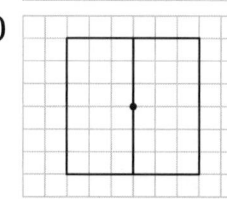 d)

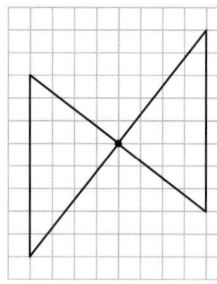

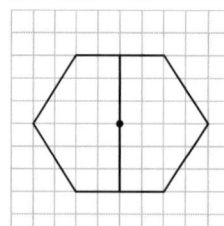

Die Bildfiguren stimmen bis auf ihre Lage mit den ursprünglichen Figuren überein.

K4 **10 a)** Die Aufgabe dient der Übung im Umgang mit dem Geodreieck.

b) Beispiel: Wenn alle Seiten eines Rechtecks verdoppelt (halbiert) werden, verdoppelt (halbiert) sich auch die Länge der Diagonalen.

K5 **11 a)** Quadrat, Raute   **b)** Quadrat, Rechteck   **c)** Quadrat

Kreuz und quer 3

K4 **12** a) b) 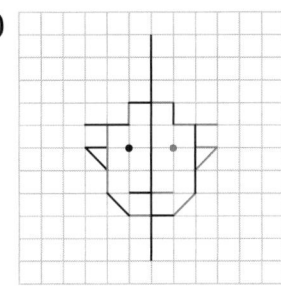 c)

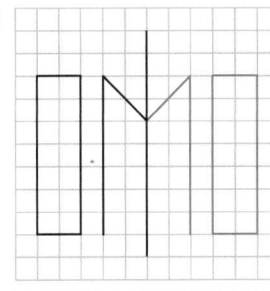

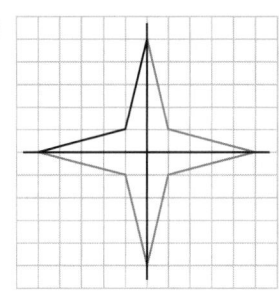

d)

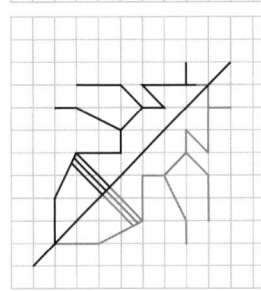

K4 **13**

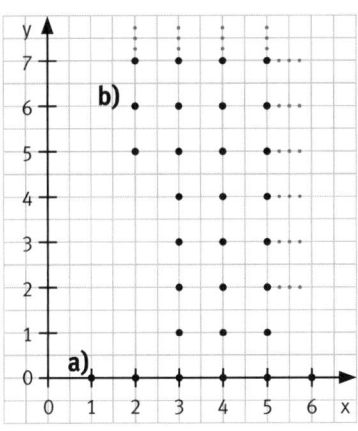

a) Diese Punkte liegen auf der x-Achse.
b) Diese Punkte liegen auf einem Strahl, der parallel zur y-Achse ist und den Anfangspunkt (2|5) hat. Die Punkte haben die Koordinaten (2|5), (2|6), (2|7) usw.
c) Diese Punkte liegen auf Strahlen, die parallel zur y-Achse sind und die Anfangspunkte (3|0), (4|0), (5|0) usw. haben.

K4 **14**

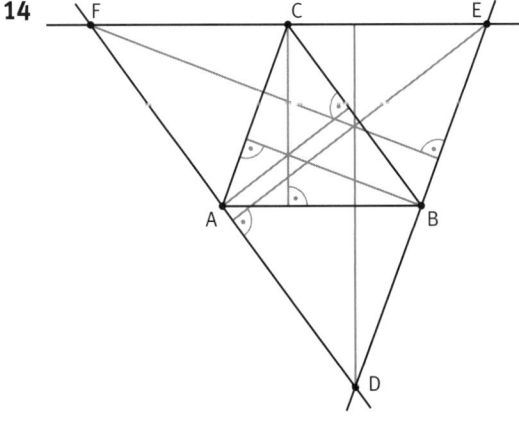

Schulbuchseite 109/110   111

3 Kreuz und quer

a) Abstand C zu $\overline{AB}$ = 24 mm
Abstand B zu $\overline{AC}$ = 25 mm
Abstand A zu $\overline{BC}$ = 22 mm

b) Es entsteht ein größeres Dreieck. Das Dreieck ist ähnlich zum Ausgangsdreieck, was natürlich in dieser Klassenstufe nur heuristisch erarbeitet werden kann („hat dieselbe Form").

c) Abstand D zu $\overline{EF}$ = 48 mm
Abstand F zu $\overline{DE}$ = 50 mm
Abstand E zu $\overline{DF}$ = 44 mm
Der Abstand hat sich jeweils verdoppelt, was nicht nur für dieses spezielle Dreieck, sondern für alle auf diese Weise konstruierten Dreiecke gilt. Zugrunde liegt eine zentrische Streckung mit dem Faktor 2 (bzw. –2).

K1 **15 a)**, **b)**, 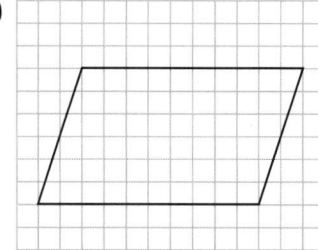 **c)**

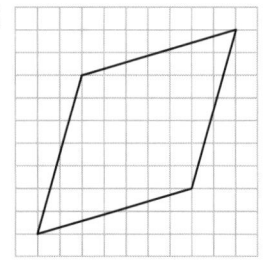

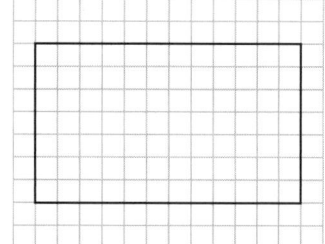

d) Das Vertauschen der Figuren ist nicht möglich. Der Grund ist jeweils, dass die Figuren aus den zweiten Teilsätzen jeweils Sonderfälle der Figuren aus den ersten Teilsätzen sind.

K4 **16 a)** r_1 = SI = 36 mm
b) r_2 = SN = 2 cm
c) (4|7), (5|7), (6|7),
(3|6), (4|6), (6|6),
(7|6), (2|5), (3|5),
(7|5), (8|5), (2|4),
(8|4), (2|3), (3|3),
(7|3), (8|3), (3|2),
(4|2), (6|2), (7|2),
(4|1), (5|1), (6|1)

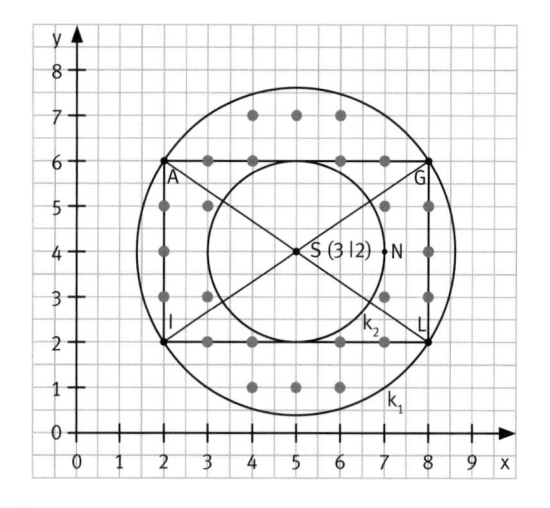

K2 **17** ① Radius blauer Kreis: 45 mm   Radius grüner Kreis: 6 cm
② Radius blauer Kreis: 3 cm   Radius grüner Kreis: 6 cm

K4 **18** Die Aufgabe dient der Übung des Umgangs mit dem Zirkel.

K1 **19 a)**

Größe des Winkels	30°	60°	120°	180°	270°
Uhrzeit z. B.	11 h	10 h	8 h	6 h	9 h
oder z. B.	13 h	14 h	16 h	18 h	21 h

b) 22-mal

c)

Zeitspanne	40 min	12 min	31 min 40 s	55 min	45 min	6 min 40 s	15 min
Winkel, den der Minutenzeiger überstreicht	240°	72°	190°	330°	270°	40°	90°

20

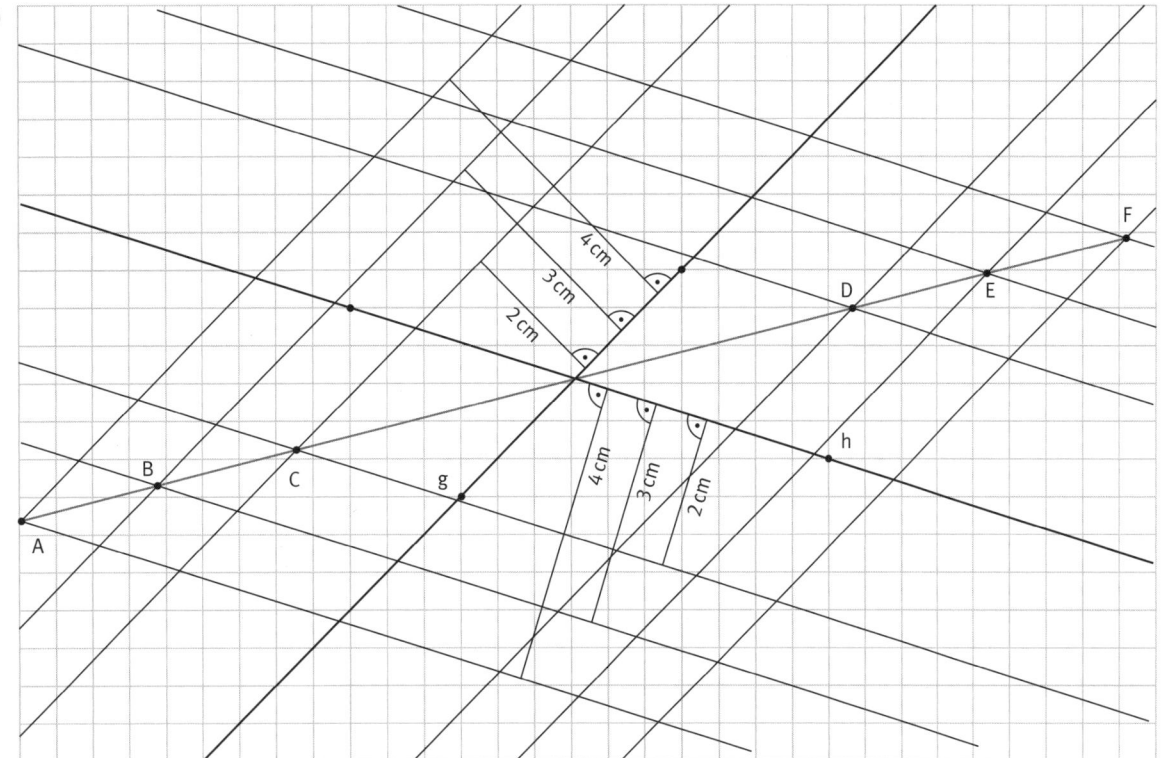

Alle sechs gesuchten Punkte (A, B, C, D, E und F) liegen auf einer Geraden.

Amerikanische Verhältnisse
Lösungsmöglichkeiten:
- Amerikanische Städte sind nicht über eine lange Zeit gewachsen, sondern wurden geplant. Das führt dazu, dass die Stadtpläne sehr durch rechte Winkel geprägt sind.
- Mögliche Einheit: Häuserblock
- Gehe einen Häuserblock nach Osten, dann 6 Hauserblöcke nach Norden, wieder einen Block nach Osten, 3 Häuserblöcke nach Norden, wieder einen nach Osten. Dann gehe 4 Häuserblöcke nach Norden, nun 3 Blöcke nach Osten und nach 3 Blöcken Richtung Norden bist du am Ziel angekommen.
- Es gibt zahlreiche Wege zum Ziel. Problematisch ist lediglich der Verlauf des Broadways und des Grand Central Terminal im Südosten des Plans, die die Anordnung der Blöcke in diesen Bereichen etwas unterbrechen.
-   • Rockefeller Center: Gehe 2 Blöcke nach Osten und dann 5 Blöcke nach Norden.
    • The Pond: Gehe 16 Blöcke nach Norden. Du findest den See gegenüber vom 3. Block nach Osten.
    • Grand Central Terminal: Gehe direkt nach Osten. Du läufst nach 5 Blöcken direkt darauf zu.
- Der Broadway beginnt am Columbus Circle bzw. vom Standort aus 16 Blöcke nach Norden. Er schlängelt sich dann fast diagonal durch diese „Blockeinheit" nach Südosten, bis er am Ende des Stadtplans auf die Straße trifft, die einen Block Richtung Osten vom Standort entfernt ist.

Schulbuchseite 111

3 Horizonte – Mindmap

Lernen kann man als die Neuentstehung und/oder Verstärkung bereits bestehender neuronaler Verknüpfungen zwischen Nervenzellen definieren. Je öfter eine bestimmte Lernerfahrung gemacht wird, desto stabiler ist diese Verbindung. Und: Je mehr Eingangskanäle (Sinneskanäle, Emotionen, motorische Zugänge, …) an einer Lernerfahrung beteiligt sind, desto besser wird sie abgespeichert.

Letztgenannter Aspekt stellt den Hintergrund für die didaktische und unterrichtliche Bedeutung von Mindmaps, die als effizientes Unterrichtsmittel zum Lehren und Lernen von Mathematikvernetzungen dienen können, dar. Mindmaps können dabei

- zum Aufbau von Wissensnetzen durch Visualisierung geordneter Strukturen
- als zusammenfassende Wiederholung
- als Visualisierung der kognitiven Strukturen von Schülerinnen und Schülern

dienen.

Es gibt demgemäß zwei wesentliche positive Effekte, die mittels Mindmaps erzielt werden können:

- **Schülerinnen und Schülern** erleichtert die Anfertigung einer Mindmap, die die eigene Sicht auf die Struktur des Lerngegenstands visualisiert, die Erstellung eines klareren Bildes über Zusammenhänge im Themengebiet.
- **Lehrerinnen und Lehrer** erhalten über die von Schülerinnen und Schülern erstellten Mindmaps Aufschluss über Schülervorstellungen, auf die sie dann im anschließenden Unterricht effektiv und individuell eingehen können.

K5   **1**   Individuelle Lösungen

K5   **2**   Individuelle Lösungen

Am Ziel! 3

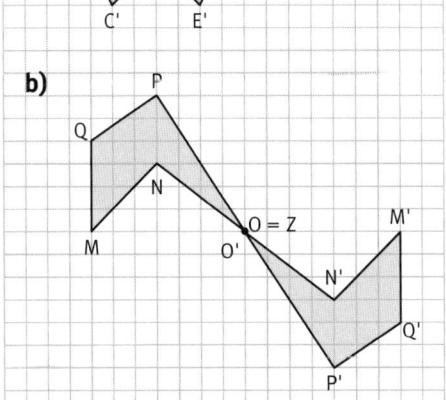

Aufgaben zur Einzelarbeit

1 Lösungsmöglichkeiten

Strecke	Halbgerade	Gerade
$\overline{AB}$; $\overline{AD}$; $\overline{AE}$; $\overline{BC}$; $\overline{BE}$; $\overline{CD}$; $\overline{CE}$; $\overline{DE}$	Anfangspunkt B durch A; Anfangspunkt A durch D; Anfangspunkt D durch A; Anfangspunkt A durch E; Anfangspunkt E durch A; ...	AD; AE; BC; BE; DE

2 k ∥ h   a ∥ c   b ⊥ k   b ⊥ h

3 A: 7 mm   B: 2 cm 1 mm   C: 3 cm 2 mm
   D: 1 cm 4 mm E: 2 cm 8 mm   F: 0 cm

4 a)

Aus Platzgründen entfallen die Lösungen zu b) und c).

5

6

Schulbuchseite 114

3 Am Ziel!

K4 7 A(1|3)   B(4|2)   C(6|3)   D(5|1)   E(0|2)
         F(3|1)   G(1|2)   H(0|3)   I(1|1)

K4 8 Die Figuren sollen ins Heft übertragen werden. Auf eine Lösung kann hier verzichtet werden.

K4 9 a) 50° spitzer Winkel; 70° spitzer Winkel; rechter Winkel; 120° stumpfer Winkel

b) 150° stumpfer Winkel; 210° überstumpfer Winkel; 305° überstumpfer Winkel; 350° überstumpfer Winkel

K4 10 a) Raute   b) Rechteck   c) (Viereck)

Aufgaben für Lernpartner

K1/5 A Ja, das ist richtig, denn sie besitzt keinen Anfangs- und keinen Endpunkt.

K1/5 B Nein, man könnte beispielsweise auch so falten, dass zwei Parallelen entstehen.

K1/5 C Ja, das ist richtig. Es sind diejenigen Punkte, die auf der Geraden liegen. „Kein Abstand" bedeutet auch: Der Abstand ist 0.

K1/5 D Nein. Da die zweite Koordinate den y-Wert angibt, gilt: keine Längeneinheit nach oben, aber vier Längeneinheiten nach rechts. Also liegt der Punkt auf der x-Achse.

K1/5 E Nein, die Reihenfolge der Koordinaten spielt eine Rolle: Der Punkt P(3|4) ist nicht derselbe wie Q(4|3).

Am Ziel! 3

K 1/5 **F** Das ist falsch. Vier rechte Winkel ergeben zusammen 360°, also einen Vollwinkel. Spitze Winkel sind jedoch alle kleiner als ein rechter Winkel, können also keinen Vollwinkel ergeben.

K 1/5 **G** Ja, das ist richtig.

K 1/5 **H** a) Ja, denn gegenüberliegende Seiten einer Raute sind jeweils parallel.
b) Ja, denn die gegenüberliegenden Seiten sind parallel und gleich lang.
c) Nein, denn es gibt Parallelogramme ohne rechten Winkel. Die Umkehrung ist richtig: Jedes Rechteck ist zugleich ein Parallelogramm.

K 1/5 **I** Ja, das ist richtig.

K 1/5 **J** Ja, das ist richtig.

K 1/5 **K** Nein, denn ein Rechteck, das nicht zugleich ein Quadrat ist, besitzt nur zwei Symmetrieachsen. Quadrate hingegen besitzen vier Symmetrieachsen.

K 1/5 **L** Nein, das ist falsch. Es gilt vielmehr: $d = 2 \cdot r$ bzw. $r = d : 2$.

K 1/5 **L** Ja, das ist richtig.

4 Startklar!

K4 **1** a) Meter, Kilometer, …, aber auch Fuß, Ellenbogen, Handbreit, …
  b) Gramm, Kilogramm, Tonne, Zentner, …
  c) Sekunde, Minute, Stunde, Tag, …
  d) Euro, Cent, andere Währungen, Goldunze

K4 **2** a) 1 kg = 1000 g   b) 7 t = 7000 kg
  c) 3 m = 300 cm   d) 70 € = 7000 ct
  e) 11 cm = 110 mm   f) 1000 cm = 10 m
  g) 2 km = 2000 m   h) 33 m = 33 000 mm
  i) 1 Stunde = 60 Minuten   i) 1 Tag = 24 h
  k) 1 Jahr = 365 Tage   j) 3 t = 3 000 000 g

K4 **3** a) 2 cm; 4 dm; 2 m; 250 cm; 1 km.
  b) 57 000 mg; 3 kg; 4500 g; 11 t.
  c) 2 Minuten; 300 Sekunden; 1 Tag; 28 Stunden; 1 Jahr.
  d) 5 €; 45 €; 5000 ct; 10 000 ct.

K4 **4** 300 g: Eichhörnchen   150 t: Blauwal
   600 kg: Braunbär   3 t: Nashorn
   100 g: Amsel

K4 **5** a) 77 Cent   b) 1550 Meter
  c) 50 Sekunden   d) 1270 Gramm

K4 **6**

	Die abgebildeten Uhrzeiten sind	In 15 min ist es jeweils
1	7:55 oder 19:55 Uhr	8:10 oder 20:10 Uhr
2	4:10 oder 16:10 Uhr	4:25 oder 16:25 Uhr
3	12:30 oder 0:30 Uhr	12:45 oder 0:45 Uhr
4	7:45 oder 19:45 Uhr	8:00 oder 20:00 Uhr
5	12:15 oder 0:15 Uhr	12:30 oder 0:30 Uhr
	In 2 h 23 min ist es jeweils	Vor 45 min war es jeweils
1	10:18 oder 22:18 Uhr	7:10 oder 19:10 Uhr
2	6:33 oder 18:33 Uhr	3:25 oder 15:25 Uhr
3	14:53 oder 2:53 Uhr	11:45 oder 23:45 Uhr
4	10:08 oder 22:08 Uhr	7:00 oder 19:00 Uhr
5	14:38 oder 2:38 Uhr	11:30 oder 23:30 Uhr
	Vor 3 h 48 min war es jeweils	
1	4:07 oder 16:07 Uhr	
2	0:22 oder 12:22 Uhr	
3	8:42 oder 20:42 Uhr	
4	3:57 oder 15:57 Uhr	
5	8:27 oder 20:27 Uhr	

4 Messen von Größen

Einstieg

Die Auftaktseite eines Kapitels enthält zwei verschiedene Elemente:
Zunächst werden die Schüler mit einem offenen Einstiegsbeispiel an das neue Kapitel herangeführt. Zentral ist dabei immer der Anwendungsbezug: Kein Lehrplaninhalt ist rein innermathematisch, sodass den Schülern von Beginn an gezeigt werden sollte, dass Mathematik nichts Abstraktes ist, sondern oft im Leben der Schüler vorkommt. In einem Unterrichtsgespräch zur Auftaktseite können viele der kommenden Lerninhalte schon heuristisch erarbeitet, Vermutungen geäußert und Zusammenhänge erschlossen werden.

Riesenslalom – Weltcup in Ofterschwang (Deutschland)				
	1. Lauf	2. Lauf	Gesamt	Platz
Maria Höfl-Riesch	54,22	59,70	113,92	4
Mikaela Shiffrin	52,99	57,67	110,66	1
Lena Dürr	56,34	59,48	115,82	5
Nastasia Noens	54,44	59,19	113,63	3
Maria Pietilä-Holmner	53,79	57,47	111,26	2

- Die kürzeste Reaktionszeit im Straßenverkehr liegt bei 0,2–0,3 s.
  Die Gesamtzeit ist mit guten zwei Minuten beispielsweise etwas kürzer als die Zeit, die man für Zähneputzen aufwenden soll.

- Bei fast allen Einzelsportarten (Ausnahme z. B.: Golf) ist eine Leistung entscheidend, die man in Sekunden oder Metern messen kann. Beispiele:
  – Tour de France: Sieger ist, wer am Ende der Rundfahrt am kürzesten im Sattel saß.
  – Kugelstoßen: Bei mehreren Durchgängen werden die gemessenen Weiten aufaddiert.

Ausblick

Die Aufzählung am Ende der Seite bietet einen Ausblick auf die wesentlichen Lernziele des Kapitels und schafft so eine hohe Transparenz für Schüler und Lehrer. Durch einen informierenden Unterrichtseinstieg können sich Schüler und Lehrer auf das Kommende einstellen.
Idealerweise wird im Unterricht der Bezug hergestellt zwischen der Einstiegssituation und den im Ausblick angegebenen Lernzielen.

4 Rundreise – Unser Wald

Kap. 4.1

Ziemlich groß!

K3
- Die Höhe des Baums kann durch Vergleich mit der geschätzten Größe der Wanderer abgeschätzt werden.

Kap. 4.2

Tief durchatmen

K2/3
- Für die Sauerstoffversorgung der Einwohner Deutschlands sind etwa 8 Millionen Bäume nötig.

Kap. 4.3

Ganz schön alt

K2
- Die Lebenserwartung in Deutschland beträgt etwa 80 Jahre. Damit wird eine Kastanie ungefähr achtmal älter als ein Mensch.

K4/5
- Individuelle Rechercheergebnisse.

K3
- Wenn eine Kastanie nach 500 Jahren gleichmäßigen Wachstums 25 m hoch ist, dann ist sie pro Jahr 5 cm gewachsen. Vor 100 Jahren (vor 250 Jahren) war sie damit 20 m (12 m und 50 cm) hoch.

Kap. 4.5

K2
- Die Kosten betragen etwa 455 €.

K3
- Individuelle Beurteilungen. Die Einschätzung kann auch im Kontext der Leitperspektive „Bildung für nachhaltige Entwicklung (BNE)" erörtert werden.

4.1 Länge

Alternativer Einstieg: Schulbuch Seite 118

Entdecken

K4
- Das Messen der Länge unterschiedlicher Gegenstände und das Vergleichen der Ergebnisse eröffnet einen handlungsorientierten Zugang zum Themenbereich „Länge" und regt z. B. Überlegungen zur Messgenauigkeit an.

Nachgefragt

K1
- Thomas hat nicht Recht. Man kann jede Längeneinheit sowohl in eine kleinere als auch in eine größere umwandeln. Bei der Umwandlung in eine größere Einheit kann in dieser Jahrgangsstufe jedoch das Problem auftreten, dass die Schülerinnen und Schülern mit Dezimalzahlen noch nicht vertraut sind.

K1
- Nein, das ist nicht richtig. Entscheidend bei der Angabe einer Länge ist die Kombination aus Maßzahl und Längeneinheit. Es gibt also sehr wohl Längenangaben in Dezimetern, die größer sind als solche, die man in Metern angibt. Beispiel: 21 dm > 2 m.

K1
- Ein Meter ist 100-mal (1000-mal) größer als ein Zentimeter (Millimeter).

Aufgaben

K4 **1** $\overline{AB}$ = 5 cm = 50 mm $\overline{CD}$ = 2 cm = 20 mm $\overline{EF}$ = 53 mm = 5 cm 3 mm
$\overline{GH}$ = 10 cm = 100 mm $\overline{PQ}$ = 42 mm = 4 cm 2 mm $\overline{RS}$ = 65 mm = 6 cm 5 mm

K4 **2** a) Die Aufgabe dient der Übung im Umgang mit dem Geodreieck bzw. Lineal mit unterschiedlichen Längeneinheiten.
   b) Die doppelten Längen betragen
   12 mm = 1 cm 2 mm   12 cm   2 cm 8 mm   7 cm 2 mm
   2 dm 6 cm 8 mm = 26 cm 8 mm.
   c) Beispiele: Fünf Strecken der Länge 6 mm ergeben zusammen eine Strecke der Länge 30 mm.
   Eine Strecke der Länge 6 cm und fünf Strecken der Länge 6 mm ergeben zusammen eine Strecke der Länge 9 cm.
   Zwei Strecken der Länge 3 cm 6 mm und drei Strecken der Länge 6 mm ergeben zusammen eine Strecke der Länge 9 cm.

K4 **3** a) 23 cm = 230 mm   b) 8 km = 8000 m   c) 16 dm = 160 cm
   4 cm = 40 mm   120 m = 1200 dm   35 cm = 350 mm
   d) 410 cm = 4100 mm   e) 198 cm = 1980 mm
   230 dm = 2300 cm   3750 cm = 37 500 mm

K4 **4** a) 250 cm = 25 dm   b) 6000 m = 6 km   c) 450 dm = 45 m
   3000 cm = 300 dm   20 dm = 2 m   230 cm = 23 dm
   d) 54 300 mm = 5430 cm   e) 9800 cm = 980 dm
   101 000 m = 101 km   1100 dm = 110 m

K4 **5** a) 1 cm < 30 cm < 1 m 4 dm < 185 cm < 20 dm < 520 cm < 324 m < 144 km
   b) Individuelle Schätzungen.

4.1 Länge

K4 **6** a) 2 m = 20 dm = 200 cm = 2000 mm
24 dm = 240 cm = 2400 mm
2 km 23 m = 2023 m = 20 230 dm = 202 300 cm = 2 023 000 mm
b) 4 dm = 40 cm = 400 mm
30 cm = 300 mm
83 dm = 830 cm = 8300 mm
c) 1 km = 1000 m = 10 000 dm = 100 000 cm = 1 000 000 mm
26 km = 26 000 m = 260 000 dm = 2 600 000 cm = 26 000 000 mm
9 m 8 dm 7 cm = 987 cm = 9870 mm
d) 6 cm = 60 mm
3 m 4 dm = 34 dm = 340 cm = 3400 mm
61 cm = 610 mm
e) 13 m = 130 dm = 1300 cm = 13 000 mm
5 dm 4 cm = 54 cm = 540 mm
13 m 10 cm = 1310 cm = 13 100 mm

K4 **7** a) 200 mm = 2 dm b) 400 cm = 4 m c) 10 000 dm = 1 km
d) 80 dm = 8 m e) 900 000 mm = 9000 dm f) 35 000 mm = 3500 cm
g) 78 000 m = 78 km h) 2000 cm = 20 m

K4 **8** a) 35 mm < 20 cm < 65 cm < 1 m < 15 dm
b) 23 cm < 24 cm < 290 mm < 115 cm < 2 m
c) 275 mm < 28 cm 5 mm < 5 dm < 730 mm
d) 14 356 cm < 1500 dm < 1 km 30 m < 1344 m

K4 **9** a) 90 000 m = 90 km = 9 · 10 km
b) 4 Milliarden Meter = 4 000 000 000 m = 4 000 000 km = 4 · 10^6 km
c) 80 000 000 cm = 800 km = 8 · 10^2 km
d) 307 Millionen dm = 307 000 000 dm = 30 700 km = 307 · 10^2 km

K3 **10** Individuelle Beispiele.

K4 **11**

Länge	km			m			dm	cm	mm	
	100	10	1	100	10	1				
a) 7 m 6 cm						7	0	6	0	7060 mm
b) 15 cm							1	5	0	mm
c) 56 819 m		5	6	8	1	9	0	0		cm
d) 377 km	3	7	7	0	0	0	0			dm

K3 **12** a) Individuelle Schätzungen. Die Höhe des Muldenkippers kann durch Vergleich mit der geschätzten Größe der Personen abgeschätzt werden.
Die exakte Höhe des Muldenkippers beträgt 7 m 40 cm.
b) Die Schätzung der Bezugsgröße (z. B. einer Person im Vordergrund) ist ungenau, die Personen verdecken zum Teil den unteren Bereich des Muldenkippers, was die Genauigkeit des Höhenvergleichs beeinträchtigt. Hinzu kommt eine (hier allerdings recht geringfügige) perspektivische Verfälschung, weil der Muldenkipper vom Standort des Fotografen weiter entfernt ist als die Personen im Vordergrund.

4.1 Länge

K3 **13 a)** ① Die Zugspitze ist ungefähr 3000 m (3 km) hoch.
Die präzise Angabe wird möglicherweise für geologische Vermessungen benötigt, für das Bergsteigen jedoch nicht.
② Das Auto ist ungefähr 4,5 m lang, 2,0 m breit und 1,4 m hoch.
Präzise Angaben werden möglicherweise vom Hersteller benötigt oder wenn man Ausstattungen anbringen möchte. Für die Abschätzungen im Straßenverkehr werden sie nicht benötigt.
③ Der Eiffelturm ist ungefähr 325 m hoch.
Präzise Angaben werden möglicherweise für die technische Beschreibung oder Luftfahrt benötigt. Für einen Touristen reichen die ungefähren Angaben.
b) Je nach Recherche kann es unterschiedliche Ergebnisse geben.

K4 **14 a)**

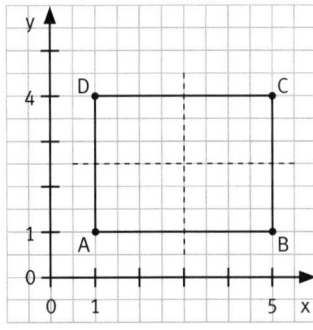

Es entsteht ein Rechteck mit den Seitenlängen 4 cm und 3 cm.

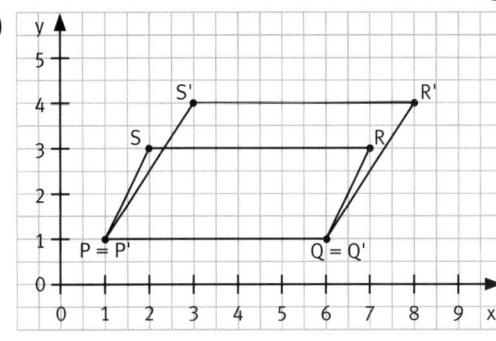

b) P(1|1); Q(6|1); R(7|3); S(2|3)
P'(1|1); Q'(6|1); R'(8|4); S'(3|4)
Die jeweils andere Seite ist im Parallelogramm PQRS etwa 23 mm und im Parallelogramm P'Q'R'S' etwa 37 mm lang.

K4 **15 a)** A = 10 m   B = 50 m   C = 70 m   D = 105 m   E = 115 m
b) Mitte zwischen ...
$\overline{AB}$: 30 m $\overline{AC}$: 40 m $\overline{AD}$: 57,5 m $\overline{AE}$: 62,5 m $\overline{BC}$: 60 m
$\overline{BD}$: 77,5 m $\overline{BE}$: 82,5 m $\overline{CD}$: 87,5 m $\overline{CE}$: 92,5 m $\overline{DE}$: 110 m

4.1 Länge

K4 **16** Auf Meter gerundete Weiten:

Dominik	Yusuf	Julia	Giuseppe	Marcel	Mia
33 m	41 m	25 m	38 m	28 m	31 m

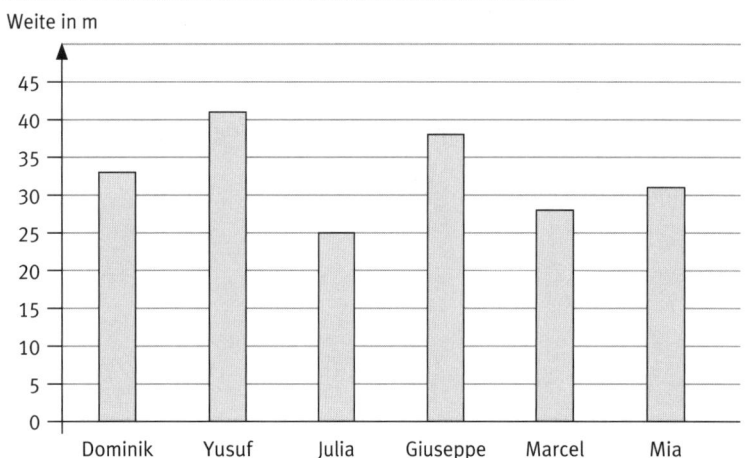

K4 **17** Längen der Schulwege:

Laura: 1 km 900 m   Göran: 4 km 500 m   Niko: 3 km   Samuel: 6 km

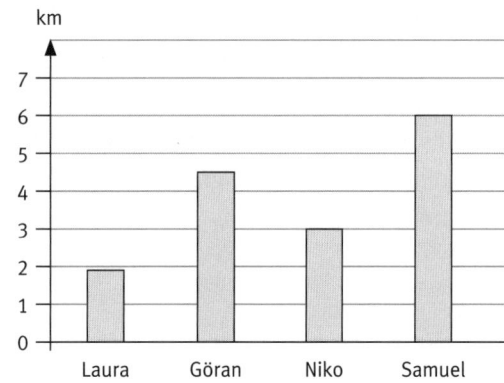

K2 Geschichte

- Die Länge von Waren (z. B. Tuchware) musste beim Handel mit anderen Orten in die jeweiligen Maße umgerechnet werden, um sie auch dort verkaufen zu können. Bei verschiedenen Maßen konnte es leicht zu Missverständnissen oder auch Betrügereien kommen.
- Um auf einem öffentlichen „Markt-Platz" beispielsweise auswärtige Händler über die dort bestehenden Maße zu informieren. Streitigkeiten konnten so leicht geschlichtet werden.
- 1 Fuß ≈ 30 cm   1 Elle ≈ 60 cm   1 Klafter ≈ 180 cm = 1 m 80 cm
  1 yard ≈ 90 cm   1 mile ≈ 1800 m = 1 km 800 m
- Monitor: 17 Zoll ≈ 42 cm 5 mm (19 Zoll ≈ 47 cm 5 mm)
  Fahrradreifen: 26 Zoll ≈ 65 cm (28 Zoll ≈ 70 cm)
  Flugzeug: 12 000 Fuß ≈ 3600 m (20 000 Fuß ≈ 6000 m)
  Fußballtor: 7 m 20 cm x 2 m 40 cm
- z. B. Finger, Spanne, Tagesreise

4.2 Masse

Alternativer Einstieg: Schulbuch Seite 118

Entdecken

K2/6 — Das Diagramm veranschaulicht die Entwicklung der Masse eines Hundes in seinen ersten etwa 200 Lebenstagen. Bei der Geburt hat der Hund etwa 500 g gewogen, nach 30 Tagen lag seine Masse bei etwa 4 kg, nach 60 Tagen bei 8 kg, nach 90 Tagen bei 14 kg und nach 190 Tagen bei 26 kg (eingezeichnete Punkte). Zur besseren Veranschaulichung wurden die Punkte miteinander verbunden, die dadurch entstehenden Zwischenwerte gelten jedoch nur näherungsweise.

K4

Tage	0 bis 15	16 bis 40	41 bis 90	91 bis 180
Tagesration	100 g	200 g	300 g	400 g

Nachgefragt

K1 — Die Aussage ist falsch. Man kann die Masse von Gegenständen in verschiedenen Maßeinheiten angeben. Die Kombination von Maßzahl und Maßeinheit lässt erst einen Vergleich zu.

K1 — Das ist richtig. Beispiel: Maßzahl 100   100 g < 100 kg < 100 t

Aufgaben

K3 1 Mann: 80 kg; Hase: 4500 g; Biene: 200 mg; Milch: 1 kg; Kleinbus: 3 t

K3 2 Lösungsmöglichkeiten:
   45 kg: Jugendlicher   80 g: Tomate   1 kg: Packung Mehl   1 t: Auto
   500 g: Schale Erdbeeren   12 g: Blatt Papier   5 mg: Tablette   250 g: Packung Butter
   40 t: Lkw   750 kg: Kleinwagen

K4 3 a) 100 g < 2250 g < 4 kg < 12 kg   b) 10 000 mg < 1000 g < 10 kg < 1 t
   c) 500 kg < 835 kg < 1800 kg < 2 t   d) 20 g < 22 g < 23 000 mg < 220 000 mg
   e) 1200 g < 2 kg < 12 kg < 120 000 g   f) 7 t < 8 000 000 g < 9000 kg < 9500 kg

K4 4 a) 3 kg = 3000 g; 1 g = 1000 mg; 4 t = 4000 kg
   b) 2000 mg = 2 g; 4000 kg = 4 t; 9000 g = 9 kg
   c) 955 g = 955 000 mg; 67 kg = 67 000 g; 17 t = 17 000 kg
   d) 30 000 kg = 30 t; 25 000 mg = 25 g; 12 000 g = 12 kg
   e) 2 t = 2 000 000 g; 38 000 000 mg = 38 kg
   f) 1 t 500 kg = 1500 kg; 35 kg 5 g = 35 005 g; 12 kg 11 g = 12 011 000 mg

K4 5 a) 5 g < 3 kg < 31 kg < 38 000 g < 500 000 000 mg < 3 t
   Lösungswort: LINEAL
   b) 120 mg < 10 000 mg < 33 g < 2 kg < 12 kg < 120 kg < 555 kg < 5 t
   Lösungswort: ERGEBNIS

K4 6 Korrektur der fehlerhaften Umrechnungen:
   21 t = 21 000 kg   12 t = 12 000 kg   40 000 mg = 40 g
   3 kg 50 g = 3050 g   1 kg 11 g 1 mg = 1 011 001 mg

4.3 Zeit

Alternativer Einstieg: Schulbuch Seite 119

Entdecken

K2
K3
- Julian kann noch 40 Minuten spielen.
- Individuelle Ergebnisse.

Nachgefragt

K4
K1
- Sanduhr (Zeitspanne), Stoppuhr (Zeitspanne), Armbanduhr (Zeitpunkt), Wecker (Zeitpunkt)
- Christian rechnet die Anzahl der Stunden eines Jahres näherungsweise richtig aus (24 · 30 · 12 = 8640).

Aufgaben

K4 1

	a)	b)	c)
①	6.55 Uhr (18.55 Uhr)	8.28 Uhr (20.28 Uhr)	4.28 Uhr (16.28 Uhr)
②	5.10 Uhr (17.10 Uhr)	6.43 Uhr (18.43 Uhr)	2.43 Uhr (14.43 Uhr)
③	1.30 Uhr (13.30 Uhr)	3.03 Uhr (15.03 Uhr)	23.03 Uhr (11.03 Uhr)
④	8.45 Uhr (20.45 Uhr)	10.18 Uhr (22.18 Uhr)	6.18 Uhr (18.18 Uhr)
⑤	2.15 Uhr (14.15 Uhr)	3.48 Uhr (15.48 Uhr)	23.48 Uhr (11.48 Uhr)

d) Mögliche Zeitspannen von (4) bis (5):
  8.45 Uhr bis 2.15 Uhr: 17 h 30 min
  8.45 Uhr bis 14.15 Uhr: 5 h 30 min
  20.45 Uhr bis 2.15 Uhr: 5 h 30 min
  20.45 Uhr bis 14.15 Uhr: 17 h 30 min

K4 2 a) 25 min   b) 5 h 20 min = 320 min   c) 2 h 49 min = 169 min
    d) 2 h 34 min = 154 min   e) 4 h 17 min = 257 min   f) 23 h 59 min

K4 3 a) 3 min = 180 s   b) 2 h = 120 min   c) 3 d = 72 h   d) 5 h = 18 000 s
    e) 27 min = 1620 s   f) 1 d = 86 400 s   g) 240 s = 4 min   h) 3600 s = 1 h
    i) 5 d = 7200 min   j) 3 d = 259 200 s

K4 4

Abfahrtszeit	6.30 Uhr	7.15 Uhr	14.22 Uhr	17.29 Uhr	8.30 Uhr	22.20 Uhr
Fahrtzeit	17 min	47 min	53 min	2,5 h	8 h 55 min	1 h 43 min
Ankunftszeit	6.47 Uhr	8.02 Uhr	15.15 Uhr	19.59 Uhr	17.25 Uhr	0.03 Uhr

K4 5 a) 34 s < 123 s < 86 min < 2 h < 5 h < 4 d
    b) 12 min < 1200 s < 5 h < 1 d < 27 h
    c) 360 s < 123 min < 2400 min < 2 d < 50 h
    d) 540 s < 10 min < 700 s < 1200 s < 30 min

K4 6 a) 1 h = 3600 s   b) 1 d = 86 400 s   c) 1 Woche = 604 800 s
    d) 1 Jahr = 31 536 000 s   e) individuelle Ergebnisse

4.3 Zeit

K2   **7**   **a)** Für eine Runde braucht der Läufer etwa die Hälfte der Zeit, also 52 – 53 s.

         b) Einfach gerechnet fünf Mal so lang, d. h. 525 s = 8 min 45 s. Aber es ist damit zu rechnen, dass er zum Schluss langsamer wird, also wird seine tatsächliche Zeit um einiges größer sein.

K2   **8**   Wenn es in New York 7 Uhr (10 Uhr) ist, dann ist es in Deutschland 13 Uhr (16 Uhr). Laura kann ihren Vater also zwischen 13 Uhr und 16 Uhr deutscher Zeit anrufen.

K2   **9**   Individuelle Antworten. Die gesamte Gesprächszeit beläuft sich auf 1 182 150 min = 19 702 h 30 min. Würde Thore jeden Tag 8 Stunden lang ununterbrochen mit Untertanen spricht, bräuchte er dafür insgesamt etwa 2463 Tage, also etwa 6 Jahre und 9 Monate.

4.4 Geld

Entdecken

K2 ■ Mögliche Anzahlen der Eintrittskarten in den einzelnen Preisgruppen und Restgeld:

Preisgruppe 1	Preisgruppe 2	Preisgruppe 3	Restgeld
1	0	2	4 €
0	2	1	4 €
0	1	2	9 €
0	0	3	14 €

K2 ■ Wenn alle fünf in demselben Block sitzen möchten, müssen sie 5 Karten der Preisgruppe 3 kaufen.

Nachgefragt

K2 ■ Der Euro wird in Cent unterteilt, um auch kleinere Preisabstufungen darstellen zu können.

K5 ■ Wandelt man Euro in Cent um, so verschiebt sich das Komma um zwei Stellen nach rechts. Bei der Umwandlung von Cent in Euro verschiebt man das Komma um zwei Stellen nach links.

Aufgaben

K4 **1 a)** ① ein 20-Euro-Schein, ein 10-Euro-Schein, ein 5-Euro-Schein
② ein 50-Euro-Schein, ein 20-Euro-Schein, ein 5-Euro-Schein, eine 2-Euro-Münze, zwei 20-Cent-Münzen, eine fünf-Cent-Münze
③ ein 5-Euro-Schein, zwei 2-Euro-Münzen, eine 50-Cent-Münze, eine 10-Cent-Münze, eine 5-Cent-Münze, zwei 2-Cent-Münzen
④ ein 100-Euro-Schein, ein 50-Euro-Schein, ein 20-Euro-Schein, ein 5-Euro-Schein, zwei 2-Euro-Münzen
⑤ ein 100-Euro-Schein, ein 10-Euro-Schein, eine 2-Euro-Münze, eine 50-Cent-Münze, eine 20-Cent-Münze, eine 5-Cent-Münze, eine 1-Cent-Münze
⑥ ein 50-Euro-Schein, zwei 20-Euro-Scheine, ein 5-Euro-Schein, eine 2-Euro-Münze, eine 1-Euro-Münze, eine 50-Cent-Münze, zwei 20-Cent-Münzen, eine 5-Cent-Münze
⑦ ein 200-Euro-Schein, ein 100-Euro-Schein, ein 20-Euro-Schein, ein 5-Euro-Schein, eine 2-Euro-Münze, eine 20-Cent-Münze, eine 10-Cent-Münze, eine 5-Cent-Münze, zwei 2-Cent-Münzen
⑧ ein 500-Euro-Schein, ein 200-Euro-Schein, ein 20-Euro-Schein, ein 5-Euro-Schein, zwei 2-Euro-Münzen, eine 50-Cent-Münze, eine 20-Cent-Münze, eine 5-Cent-Münze

b) Es gibt viele verschiedene Lösungsmöglichkeiten. Zum Beispiel:
① drei 10-Euro-Scheine, ein 5-Euro-Schein
② drei 20-Euro-Scheine, drei 5-Euro-Scheine, eine 2-Euro-Münze, vier 10-Cent-Münzen, eine fünf-Cent-Münze
③ ein 5-Euro-Schein, zwei 2-Euro-Münzen, sechs 10-Cent-Münzen, eine 5-Cent-Münze, zwei 2-Cent-Münzen
④ drei 50-Euro-Scheine, ein 20-Euro-Schein, ein 5-Euro-Schein, zwei 2-Euro-Münzen
⑤ zwei 50-Euro-Scheine, sechs 2-Euro-Münzen, eine 50-Cent-Münze, eine 20-Cent-Münze, eine 5-Cent-Münze, eine 1-Cent-Münze
⑥ vier 20-Euro-Scheine, drei 5-Euro-Scheine, eine 2-Euro-Münze, eine 1-Euro-Münze, eine 50-Cent-Münze, zwei 20-Cent-Münzen, eine 5-Cent-Münze
⑦ drei 100-Euro-Scheine, ein 20-Euro-Schein, ein 5-Euro-Schein, eine 2-Euro-Münze, eine 20-Cent-Münze, eine 10-Cent-Münze, eine 5-Cent-Münze, zwei 2-Cent-Münzen
⑧ drei 200-Euro-Scheine, ein 100-Euro-Schein, ein 20-Euro-Schein, ein 5-Euro-Schein, zwei 2-Euro-Münzen, eine 50-Cent-Münze, eine 20-Cent-Münze, eine 5-Cent-Münze

4.4 Geld

K2 **2** **a)** 0,59 € + 1,39 € + 1,19 € + 1,19 € + 0,99 € + 2,49 € + 3,50 € + 3,50 € = 14,84 €
Wechselgeld: 50,00 € – 14,84 € = 35,16 €
b) 4,99 € + 0,75 € + 1,49 € + 2,19 € + 1,17 € + 0,88 € + 2,19 € + 0,92 € + 0,69 € + 0,43 € = 15,70 €
Wechselgeld: 20,00 € – 15,70 € = 4,30 €
c) 1,26 € + 4,67 € + 2,13 € + 0,79 € + 1,56 € + 2,56 € + 1,09 € + 11,49 € + 1,14 € + 0,61 € + 0,83 € + 0,54 € + 5,42 € = 34,09 €
Wechselgeld: 50,10 € – 34,09 € = 16,01 €

K4 **3** **a)** 76 ct < 1,33 € < 243 ct < 4 € < 4,01 €   AALEN
b) 5 € < 622 ct < 6,25 € < 10 € < 1010 ct < 10,11 €   SINGEN
c) 1 ct < 10 ct < 1 € < 1000 ct < 1010 ct < 100 €   NAGOLD

K4 **4** Paula kann sieben Überraschungseier kaufen.

K2 **5** Individuelle Lösungen. Insgesamt gibt es 43 verschiedene Möglichkeiten.

4.5 Größenangaben und Umrechnungen

Alternativer Einstieg: Schulbuch Seite 119

Entdecken

K3
- 100-m-Lauf: 9,87 Sekunden
  Marathon: 2 Stunden 4 Minuten
  Kugelstoßen: 8 m (Weite); 4 kg (Masse der Kugel bei Frauen)
  Weitsprung: 6 m 90 cm
  Speerwurf: 21 m (Weite); 800 g (Masse des Speers)

Nachgefragt

K5
- Um unterschiedliche Größen (z. B. Längen) zu addieren, müssen die Größenangaben zunächst in eine gemeinsame Maßeinheit umgewandelt werden. Dann werden die Maßzahlen addiert, und das Ergebnis erhält die gemeinsame Maßeinheit.

K1
- Das stimmt nicht. Man kann eine Einheit nur dann in eine kleinere umwandeln, wenn eine kleinere Einheit existiert. Der zweite Halbsatz ist jedoch richtig: Man kann eine Einheit nur dann in eine größere Einheit umwandeln, wenn eine größere Einheit existiert.

Aufgaben

K4   1   a) 3270 cm   b) 24 km   c) 7 dm   d) 1100 ct   e) 32 kg   f) 1800 s

K4   2   4 kg 56 mg – 452 mg = 4 000 000 mg + 56 mg – 452 mg = 3 999 604 mg = 3 kg 999 g 604 mg

K3   3   a) Georg hat die größte Weite erzielt (4 m 55 cm).
b) Bei Georg ist der Unterschied zwischen dem besten und dem schlechtesten Sprung mit 1 m 37 cm am größten.
c) Bei Gregori ist der Unterschied zwischen dem besten und dem schlechtesten Sprung mit 7 cm am kleinsten.
d) Bei Gregori sind die Weitsprung-Leistungen am beständigsten (siehe c)).

K4   4   a) 3 589 000 mg = 3 kg 589 g   b) Zu 5 kg fehlen 1 kg 411 g.

K4   5   a) 42 cm 5 mm   b) Bundweite: 70 cm   Schrittlänge: 72 cm 5 mm

K2   6   Das Gewitter ist ungefähr 2 km 720 m entfernt. Die Lichtgeschwindigkeit wird dabei im Vergleich zur Schallgeschwindigkeit als unendlich groß angenommen, was für die Abschätzung der Entfernung in guter Näherung möglich ist.

K3   7   a) Annahmen: Länge eines Autos ≈ 4 m, Abstand zwischen zwei Autos im Stau ≈ 4 m
Anzahl der Autos in einer 12 km langen Reihe: 12 000 m : 8 m = 1500
In einer Reihe stehen 1500 Autos hintereinander. Auf einer zweispurigen Autobahn sind es somit etwa 3000 Autos, in einem dreispurigen Abschnitt 4500 Autos.
Die Anzahl variiert mit den Annahmen: Wenn der Abstand zwischen den Autos im Schnitt weniger als eine Autolänge beträgt oder die durchschnittliche Autolänge kürzer angesetzt wird, dann stehen auch mehr Autos in dem Stau.
b) Angenommen, am Sonntag sind viele Familien und Gruppen unterwegs, d. h. die Autos sind durchschnittlich mit drei Personen besetzt, dann stehen im zweispurigen Abschnitt etwa 9000 Menschen im Stau, im dreispurigen ungefähr 13 500 Personen.
c) Länge des Staus auf einer zweispurigen Autobahn mit den Annahmen aus a):
   800 Autos : 2 =   400 Autos pro Spur   400 · 8 m =   3200 m = 3,2 km
   (5000 Autos : 2 = 2500 Autos pro Spur   2500 · 8 m = 20 000 m = 20 km

4.6 Maßstab

Entdecken

K3 ■ Geschätzte Entfernungen (Luftlinie):
Planetarium: etwa 200 m
Staatsgalerie: etwa 400 m
Landtag: etwa 450 m

K3 ■ Mögliche Erklärung: 1 cm auf dem Stadtplan entsprechen 15 000 cm = 150 m in Wirklichkeit.

Nachgefragt

K1 ■ Nein, denn auf einer solchen Karte würden lediglich 10 000 m = 10 km der Wirklichkeit dargestellt werden. Wenn man abschätzt, dass Deutschland fast 1000 km lang ist von Nord nach Süd, dann müsste eine solche Karte allein 100 m lang sein.

K5 ■ Der Maßstab 1 : 1 bedeutet, das alle Strecken auf einer Karte in ihrer tatsächlichen Größe wiedergegeben werden.

K5 ■ Beim Maßstab 1 : 5 ist eine Strecke in Wirklichkeit 5-mal so lang wie auf der Karte, es handelt sich also um eine Verkleinerung der Wirklichkeit.
Beim Maßstab 5 : 1 ist die Strecke in Wirklichkeit $\frac{1}{5}$-mal so lang wie auf der Karte, es handelt sich also um eine Vergrößerung der Wirklichkeit.

Aufgaben

K4 1 a) ① 100 000 cm = 1 km   ② 500 000 cm = 5 km   ③ 800 000 cm = 8 km   ④ 12 000 000 mm = 12 km
   b) ① 20 000 cm = 200 m   ② 100 000 cm = 1 km   ③ 160 000 cm = 1600 m   ④ 2 400 000 mm = 2400 m
   Vergleicht man die Maßstäbe von a) und b) miteinander, dann ist 5 · 20 000 = 100 000, d. h. bei gleicher Strecke auf der Karte sind die Strecken in Wirklichkeit in a) 5-mal so lang wie in b).
   Die Berechnungen bestätigen diesen Zusammenhang.

K4 2 a) 10 mm (25 mm)   b) 50 mm = 5 cm (10 mm = 1 cm)   c) 80 cm (16 cm)   d) 125 cm (25 cm)

K4 3

Länge in Wirklichkeit	4 km	45 m	1600 m	1 mm	5 mm	1,2 mm
Länge auf der Karte	5 cm	15 cm	8 cm	50 mm	8 dm	30 cm
Maßstab	1 : 80 000	1 : 300	1 : 20 000	50 : 1	160 : 1	250 : 1

K2 4 a) Grundstück: Länge = 24 m, Breite = 16 m   Haus: Länge = Breite = 10 m
   b) Länge des Zauns: U = 2 · (24 m + 16 m) = 80 m

K4 5 a) [Zeichnung mit Maßen: 1 m, 1 m, 2 m, 1 m, 3 m, 4 m, Hydrant, Wasserrohr, Gasleitung]
   b) Individuelle Beispiele.

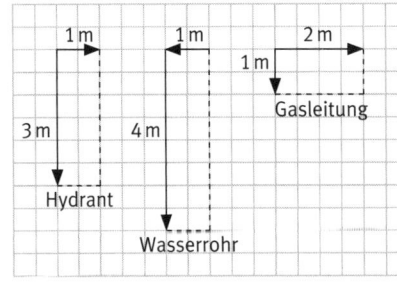

K1/5 6 Markus' Behauptung ist falsch. Bei einem Maßstab von 1 : 2500 entsprechen 1 cm auf der Karte 2500 cm in Wirklichkeit.

4.6 Maßstab

K2 **7** Die 13 km Gleise im Modell entsprechen 1131 km Gleisen in Wirklichkeit.

K4 **8 a)**

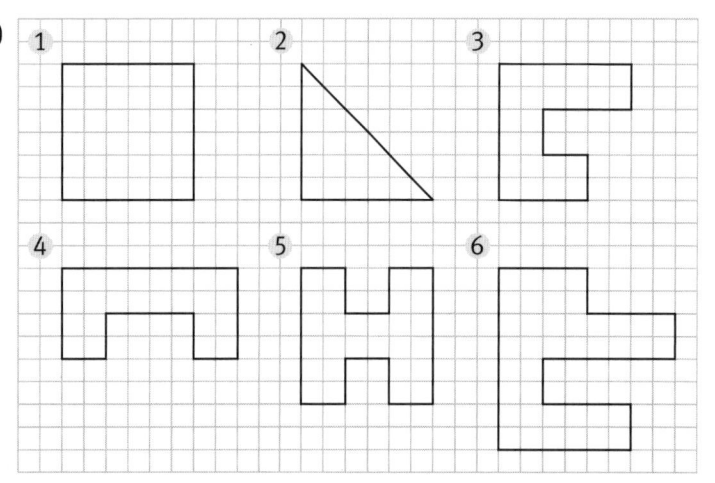

b) Maßstab 2 : 1: Die Anzahl der Kästchen hat sich **vervierfacht**.

c) Maßstab 3 : 1: Die Anzahl der Kästchen hat sich **verneunfacht**.
Maßstab 4 : 1: Die Anzahl der Kästchen hat sich **versechzehnfacht**.
Regel: Bei der Vergrößerung verändert sich die Anzahl der Kästchen mit dem Quadrat des Faktors.

K4 **9 a)** Länge in Wirklichkeit: 5 m   Länge im Plan: 5 mm   Maßstab 1 : 1000

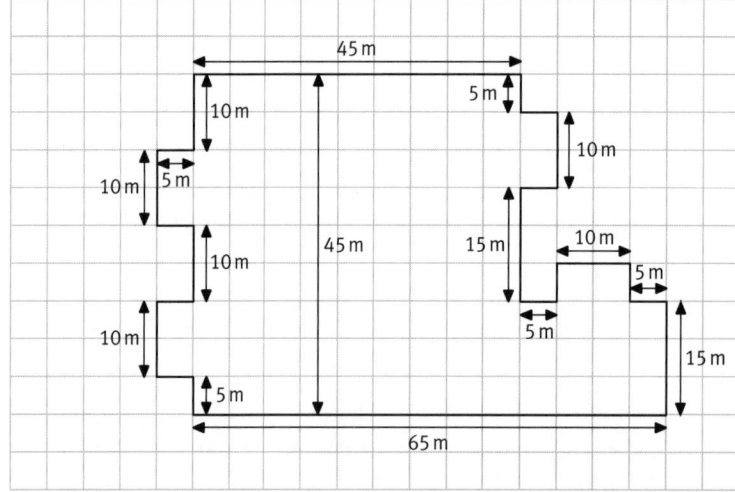

b)

c) U = 260 m   d) Je nach Schulgebäude sind individuelle Lösungen möglich.

K3 **10 a)** In der Abbildung ist der Floh etwa 3 cm lang. Der Maßstab der Abbildung ist somit 10 : 1.
b) Ein Menschen wäre dann 10-mal größer als in Wirklichkeit.

K3 **11 a) und b)**
Auf dem linken Foto ist der Sportwagen 4 cm lang. Der Sportwagen ist hier also im Maßstab
1 : 100 abgebildet. Abmessen der Breite auf diesem Foto ergibt etwa 16 mm. Die wahre Breite des
Sportwagens beträgt damit (Maßstab des Fotos 1 : 100) 1 m 60 cm.
Breite der Sportwagen-Modelle:
Maßstab 1 : 18:   etwa 8 cm 9 mm
Maßstab 1 : 43:   etwa 3 cm 7 mm
Maßstab 1 : 87:   etwa 1 cm 8 mm

K2/5 **12 a)** Der Maßstab ist ungefähr 1 : 800 000.   **b)** Individuelle Ergebnisse.

Auf unterschiedlichen Wegen 4

K3 **1 a)** Ein Floh kann ungefähr 300 mm = 30 cm hoch springen, ein Frosch etwa 49 cm hoch.
b) Ein Mensch mit der Körpergröße von z. B. 1 m 80 cm könnte mit der ihm entsprechenden Sprungkraft eines Flohs etwa 540 m hoch springen.t

a) Individuelle Schätzungen. Die Ameisenstraße wäre 11 km lang, wenn die Ameisen lückenlos hintereinander laufen.
b) Individuelle Ergebnisse, je nachdem, was als „schnellste Menschen" zugrunde gelegt wird. Nimmt man als Maß dafür den Weltrekord im 100-m-Lauf, der bei etwa 10 s liegt, ergibt sich für die schnellsten Menschen eine Geschwindigkeit von etwa 10 Meter pro Sekunde, also das Zehnfache der Geschwindigkeit der Wüstenameisen.

K2 **2 a)** In einer Woche benötigt ein Elefant etwa 1050 kg Grünfutter. Die Kosten dafür betragen 105 €.
b) In 40 Tagen.

a) Eine normale Tafel Schokolade wiegt 100 g. Das Gewicht des größten Elefanten entspricht 120 000 Tafeln Schokolade.
b) 8 850 kg, also etwa 39 t.

K4 **3 a)** Die fünf Würfel wiegen zusammen 16 g.
b) Eine Kugel wiegt 125 g.

Eine kleine Kugel wiegt 12 g, somit hat die große Kugel eine Masse von 44 g.

K4 **4 a)** 7 h 40 min **b)** 6 h 50 min
c) 23 h **d)** 4 h 39 min
e) 11 h 39 min **f)** 12 h 37 min

a) 72 min = 1 h 12 min
b) Die Läuferin würde die Marathonstrecke (etwa 42 km) in 1 h 33 min 20 s zurücklegen. Der Weltrekord liegt bei etwa 2 h 3 min.

K2 **5 a)** 44,01 €
b) 481,49 €

a) 261,37 €
b) 87,63 €

K2/4 **6 a)** Es gibt 24 Möglichkeiten.
b) 45 m 24 cm

a) Grundriss siehe unten.
b) Gregor hat insgesamt 1291 cm Schienen verlegt. Dies entspricht beim Maßstab 1 : 87 Wirklichkeit einer Länge von 1 km 123 m 17 cm.

6 a) rechts

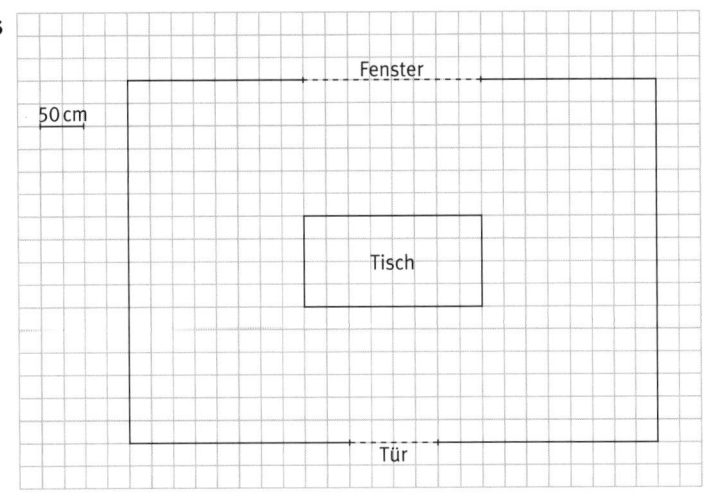

K4 **7 a)** 1 : 4 500 000 Europakarte
1 : 800 000 Deutschlandkarte
1 : 50 000 Stadtplan
1 : 10 000 Radwanderkarte
b) 1 : 41

a) Der Maßstab beträgt ungefähr 1 : 1 878 261 oder (gerundet) 1 : 1 900 000.
b) Beim Maßstab 1 : 1 900 000 beträgt die Entfernung auf der Karte 5 cm.

Schulbuchseite 136/137

4 Kreuz und quer

K4   **1**   **a)** 173 640 s   **b)** 34 kg   **c)** 4 500 000 g   **d)** 3 025 020 s
              13 400 ct   1 230 000 dm   25 d   12 345 cm
              5 h   180 €   etwa 75 000 m   32 000 kg

K2   **2**   **a)** 610 g

         b) Ja, auf jeder Waagschale müssen dafür 305 g liegen. Beispiel::
            linke Waagschale: 1 × 200 g; 1 × 100 g; 1 × 5 g
            rechte Waagschale: 1 × 200 g; 1 × 50 g; 2 × 20 g; 1 × 10 g; 2 × 2 g; 1 × 1 g

         c) 41 g; …; 49 g; 91 g; …; 99 g; 141 g; …; 149 g; 191 g; …; 199 g; 241 g; …; 249 g; 291 g; …; 299 g;
            341 g; …; 349 g; 391 g; …; 399 g; 441 g; …; 449 g; 491 g; …; 499 g; 541 g; …; 549 g; 591 g; …; 599 g;
            600 g; … ; 610 g

K4   **3**   **a)** 1 : 200 000   **b)** 1 : 25 000   **c)** 1 : 50 000   **d)** 1 : 400 000

K2   **4**   Sammelbestellung: 177,48 €   Preis pro Schüler: 177,48 € : 29 = 6,12 €   Ersparnis: 0,83 €

K4   **5**   Die Angaben in anderen Einheiten sind beispielhaft; die Einheiten können teilweise auch anders gewählt werden.
         a) 50 t = 50 000 kg   **b)** 21 m = 2100 cm   **c)** 5024 h = 301 440 min
         d) 1001 mg = 1 g 1 mg   **e)** 432 € = 43 200 ct   **f)** 153 s = 2 min 33 s
         g) 323 kg = 323 000 g   **h)** 400 ct = 4 €

K4   **6**   **a)** Gewicht in g

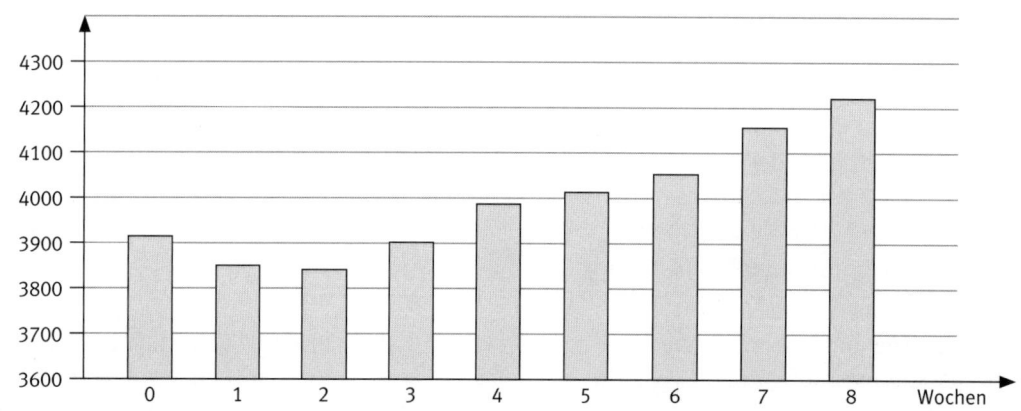

         b) 4221 g − 3915 g = 306 g

         c) stärkste Veränderung: von Woche 6 auf Woche 7 eine (absolute) Änderung von 103 g
            geringste Veränderung: von Woche 1 auf Woche 2 eine (absolute) Änderung von 9 g

         d) Es gibt individuelle Lösungen zu dieser Aufgabe.

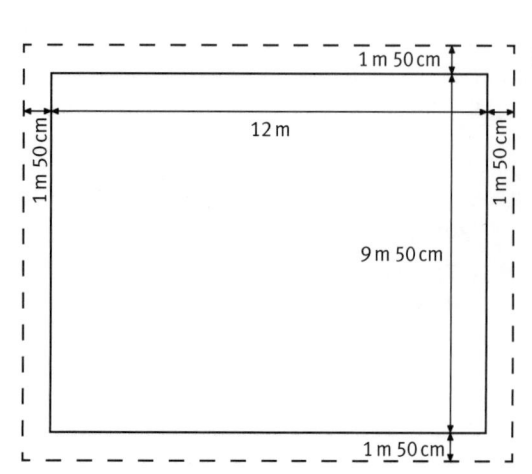

K2   **7**   U = 2 · (15 m + 12 m 50 cm) = 55 m

K4 8 Die Angaben in anderen Einheiten sind beispielhaft; die Einheiten können teilweise auch anders gewählt werden.
- a) 147 t = 14 700 kg
- b) 2400 m = 2 km 400 m
- c) 70 cm = 7 dm
- d) 9400 g = 9 kg 400 g
- e) 1057 h = 44 d 1 h
- f) 7 t = 7000 kg
- g) 500 € = 50 000 ct
- h) 2 min 30 s = 150 s
- i) 20 g = 20 000 mg
- j) 11 km = 11 000 m
- k) 2 l
- l) 3200 m = 3 km 200 m
- m) 306 ct = 3 € 6 ct
- n) 492 € = 49 200 ct
- o) 400 km = 40 0000 m

K4 9
- a) 2923 s
- b) 865 s
- c) 2332 s

K2 10 6 Träger Apfelsaft kosten 21,24 €; 36 Einzelflaschen kosten 23,40 €.
Durch den Kauf der 6 Träger sparen Laura und ihre Mutter 2,16 €.

K1 11 a), c), d) können stimmen.
- b) Ein Erwachsener wiegt etwa 80 kg = 80 000 000 mg.
- e) Der Ruhepuls beträgt etwa 80 Herzschläge pro Minute. In einem Jahr schlägt das Herz eines Menschen somit etwa 42 048 000-mal.

K4 12

K2 13
- a) Bis zum Jahr 2016 sind seit der ersten Erwähnung der Olympischen Spiele 776 + 2015 = 2791 Jahre vergangen. Bis zum Jahr 2016 sind seit den ersten Olympischen Spielen der Neuzeit 2016 − 1896 = 120 Jahre vergangen.
- b) Länge eines „Doppellaufs": 384 m 50 cm
  Länge eines „Langlaufs": 4614 m
- c) Dem „Doppellauf" entspricht etwa der heute übliche 400-m-Lauf, dem „Langlauf" etwa der heutige 5000-m-Lauf.

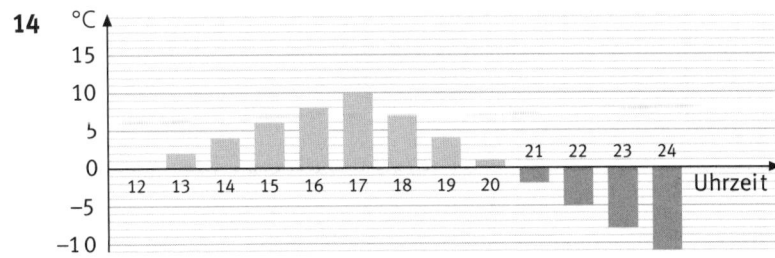

K4 14

4 Kreuz und quer

K4 **15**

Entfernung ...	auf der Karte abgemessen	in Wirklichkeit
Hamburg—Berlin	13 mm	260 km
Berlin—München	27 mm	540 km
München—Frankfurt a. M.	16 mm	320 km
Frankfurt a. M.—Hamburg	22 mm	440 km

K4 **16** a)

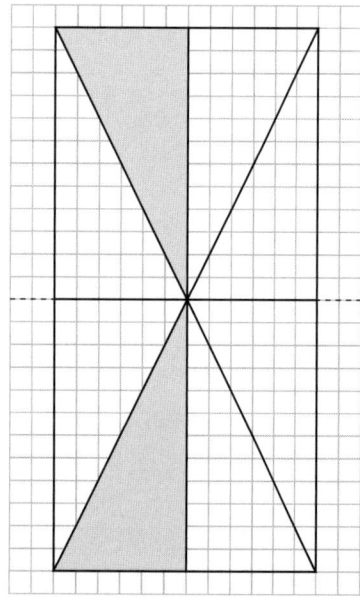

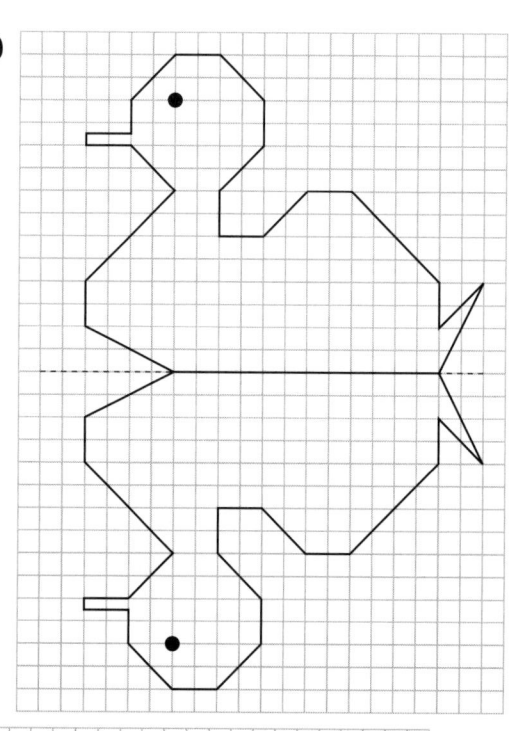

b)

c)

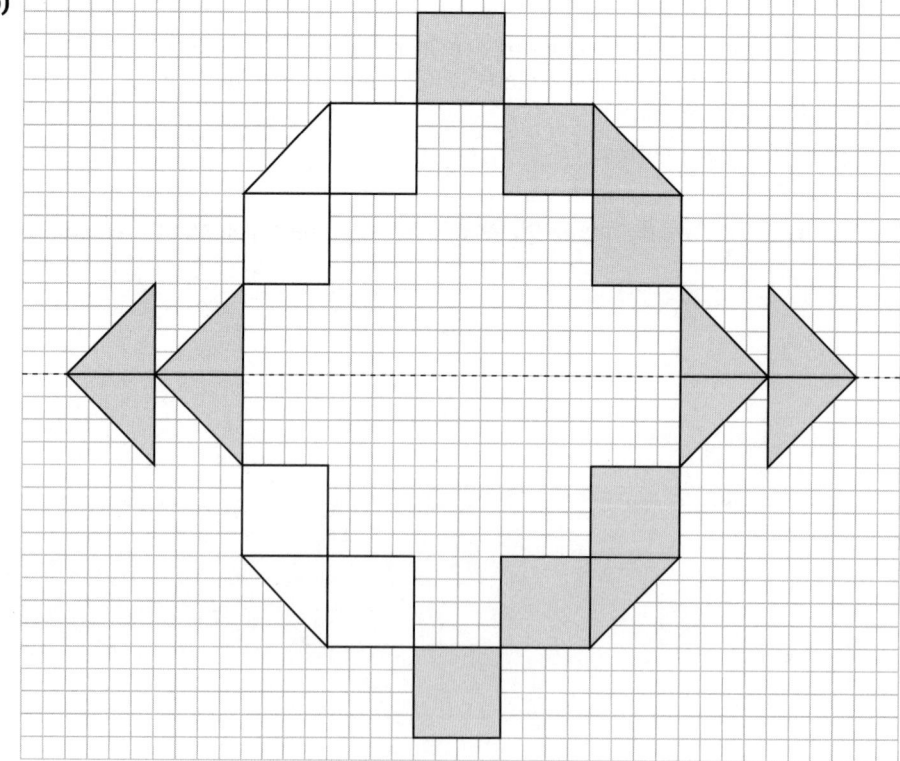

Kreuz und quer 4

K4 **17**

Tier	Känguru	Goliathfrosch	Asiatische Heuschrecke	Wüstenspringmaus	Floh
Körperlänge	2 m	30 cm	25 cm	10 cm	2 mm
max. Sprungweite	8 m	3 m	4 m 50 cm	4 m 5 cm	32 cm
Die max. Sprungweite des Tiers ist das ...-fache seiner Körperlänge.	4	10	18	45	160

K4 **18**

Münze	1 ct	2 ct	5 ct	10 ct	20 ct	50 ct	1 €	2 €
a) Masse (mg)	2400	3000	3800	4000	5400	7000	7400	8600
c) Durchmesser (mm)	16	19	21	20	22	24	23	26

b) 41 600 mg = 41 g 600 mg

d) 171 mm = 17 cm 1 mm

K2 **19** Verwendet man die Vorsilben Kilo, Mega, Giga, ... im Zusammenhang mit dem binären System, wie hier bei Speicherkapazitäten, dann entsprechen die 10er-Potenzen nicht genau dem mathematischen Wert, der sich dahinter verbirgt. Genauer gilt: 1 kB = 1024 B; 1 MB = 1 048 576 B, 1 GB = 1 073 741 824 B

a) 1 GB = 1000 MB, somit können 4700 MB : 5 MB = 940 Sendeminuten auf eine DVD.
Eine Sendung dauert 18 min, folglich passen (940 min : 18 min ≈ 52,2) 52 Folgen auf die DVD.

b) 52 : 7 = 7 Rest 4, d. h. nach sieben Wochen und vier Tagen muss Christoph die DVD wechseln.

c) 160 : 52 ≈ 3,1 bzw. 3 Rest 4. Er benötigt also vier DVDs, wobei auf die vierte DVD lediglich vier Folgen müssen.

K3 **20** a) 90 000 µm : 10 µm = 9000. 9000 Tierchen hintereinander ergeben eine Länge von 9 cm.

b) minimale Anzahl der Bakterien: 90 000 µm : 750 µm = 120
maximale Anzahl der Bakterien: 90 000 µm : 1 µm = 90 000

c) minimale Anzahl der Viren: 90 000 µm : 4 µm = 22 500
maximale Anzahl der Viren: 90 000 000 nm : 100 nm = 900 000

d) Ein Augentierchen ist 10-mal größer als die kleinsten Bakterien und 75-mal kleiner als die größten Bakterien.
Ein Augentierchen ist gerundet etwa 3-mal größer als die größten Viren und 100-mal größer als die kleinsten Viren.

K2 *Alltag*

- Gesamtmenge: 140 g + 75 g + 6 · 60 g + 175 g + 100 g + 50 g + 2 · 5 g + 800 g + 600 g + 10 g + 20 g + 800 g + 3 · 8 g + 100 g = 3264 g
- 1 Portion: 3264 g : 16 = 204 g
Anmerkung: Tatsächlich wiegt der Kuchen weniger, weil insbesondere ein Teil der Flüssigkeiten beim Backen verdampft.
- Die Nährwerte werden zu verschiedenen Angaben führen.
Nährwert für die ganze Torte: etwa 24 000 kJ (6000 kcal)
Nährwert für die eine Portion: etwa 1500 kJ (375 kcal)

4 Horizonte – Modellieren mit Fermi-Fragen

K3 1 Individuelle Schätzungen. Mögliche Herangehensweise:
- Schätzung, wie viele Ameisen z. B. in ein kleines Gefäß passen
- Schätzung, wie oft man dieses kleine Gefäß füllen muss, um den ganzen Ameisenhaufen abzutragen
- Weil die Ameisen den Ameisenhaufen nicht vollständig ausfüllen (es ist z. B. auch Erde darin), muss eine Annahme darüber getroffen werden, etwa welcher Teil des Haufens nur aus Ameisen besteht. Dabei wird der Ameisenbau unter der Erde nicht berücksichtigt.

K3 2 Individuelle Schätzungen. Mögliche Herangehensweise wie auf Seite 142 im Schulbuch dargestellt.

K3 3 Individuelle Schätzungen. Mögliche Herangehensweise:
- Anzahl der Grashalme auf einem kleinen Flächenstück schätzen
- Schätzung, wie viele solche kleine Flächenstücke man zum Auslegen des Fußballfeldes braucht.

K3 4 Individuelle Schätzungen. Mögliche Herangehensweisen:
- Schätzung der Länge aller Straßen in dem Ort
- Annahme über die gegenseitige Entfernung von Straßenlampen treffen
- Untersuche, ob Straßenlampen auf beiden Straßenseiten oder nur auf einer Seite stehen.

oder:
- Straßenlampen in einem bestimmten Bezirk exakt auszählen.
- diesen Wert auf die gesamte Ortschaft hochrechnen.

K3 5 Individuelle Schätzungen. Mögliche Herangehensweise:
- Einwohnerzahl des betrachteten Gebiets ermitteln (z. B. Internet)
- Schätzung der Anzahl der Fahrräder auf z. B. 100 Einwohner (z. B. anhand der eigene Familie, der Nachbarn usw.).

K3 6 Individuelle Schätzungen. Mögliche Herangehensweise:
- Schätzung der Anzahl der in einem Jahr für jeden Schüler erstellten Kopien (z. B. anhand eigener Erfahrungswerte)
- Ermittlung der Anzahl der Schülerinnen und Schüler an der Schule (erfragen) und daraus die Gesamtzahl der Kopien schätzen. Eventuell einen Zuschlag einbeziehen, da Kopien nicht nur für Schüler angefertigt werden.
- Höhe eines Papierstapels von z. B. 500 Blatt (eine Packung Kopierpapier) messen und daraus die Höhe des Turms aus allen Kopien ermitteln.

Am Ziel!

Aufgaben zur Einzelarbeit

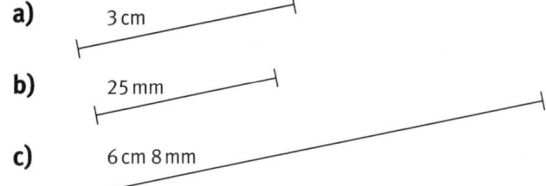

K4 1 a) 3 cm

   b) 25 mm

   c) 6 cm 8 mm

K4 2 a) 4 m = 40 dm = 400 cm = 4000 mm
   b) 8 km = 8000 m = 80 000 dm = 800 000 cm = 8 000 000 mm
   c) 7 m 3 cm = 7030 mm;
   aufgrund der gemischten Einheiten können aber auch andere Umwandlungen in nächstkleinere Einheiten in Betracht kommen, z. B.
   7 m 3 cm = 70 dm 3 cm = 700 cm 3 cm = 703 cm = 7030 mm

K4 3 a) 2000 m = 2 km
   b) 40 000 dm = 4000 m = 4 km
   c) 3 500 000 cm = 350 000 dm = 35 000 m = 35 km
   d) 25 000 mm = 2500 cm = 250 dm = 25 m
   e) 837 000 cm = 83 700 dm = 8370 m = 8 km 370 m
   f) 8200 m = 8 km 200 m

K4 4 a) 5 m 7 dm = 57 dm
   b) 3 dm 2 cm = 320 mm
   c) 4 km 250 m 5 dm = 425 050 cm
   d) 20 dm 4 cm 1 mm = 2041 mm

K4 5 a) 21 dm; 205 cm; 1 m; 350 mm
   b) 35 dm; 2900 mm; 240 cm; 195 cm

K4 6 3 km = 3000 m = 30 000 dm = 300 000 cm = 3 000 000 mm

K4 7 a) 8 kg = 8000 g = 8 000 000 mg
   b) 2 t = 2000 kg = 2 000 000 g = 2 000 000 000 mg
   c) 835 g = 835 000 mg

K4 8 a) 1000 g; 2 kg; 2250 g; 4 kg.
   b) 100 000 mg; 10 000 g; 100 kg; 10 t.
   c) 200 g; 220 g; 230 000 mg; 2 200 000 mg.

K4 9 a) 35 kg = 35 000 g
   b) 15 g = 15 000 mg
   c) 7 t = 7000 kg

K4 10 a) Zwischen 9.15 Uhr und 10.40 Uhr liegen 1 h 25 min oder 85 min.
   b) Zwischen 13.35 Uhr und 20.15 Uhr liegen 6 h 40 min oder 400 min.

4 Am Ziel!

K4 **11 a)** 2 min = 2 · 60 s = 120 s
  b) 3 h = 3 · 60 min = 180 min
  c) 5 d = 5 · 24 h = 120 h
  d) 1 d 3 h 27 min = 24 h + 3 h + 27 min = 24 · 60 min + 3 · 60 min + 27 min
      = 24 · 60 · 60 s + 3 · 60 · 60 s + 27 · 60 s = 98 820 s

K4 **12** 3000 s < 3600 s < 75 min < 100 min < 2 h

K4 **13 a)** 2 kg 100 g < 2200 g
  b) 2 t 5 kg < 25 000 kg
  c) 3 km 500 m > 3499 m
  d) 8 € 99 ct < 999 ct
  e) 2 d < 49 h
  f) 2 d 17 min = 2897 min

K4 **14 a)** Zu 1 min fehlen 12 s.
  b) Zu 1 m fehlen 2 dm.
  c) Zu 1 kg fehlen 150 g.
  d) Zu 1 km fehlen 121 m.

K4 **15**

	Länge in Wirklichkeit	Länge auf der Karte	Maßstab
a)	5 km	5 cm	1 : 100 000
b)	800 m	4 cm	1 : 20 000
c)	100 mm	2 m 50 cm	25 : 1

K2 **16** 6,50 € + 2,20 € + 1,70 € = 10,40 €.
  Von den 15,– € bleiben noch 4,60 € übrig.

K4 **17 a)**   150 000 cm = 1 km 500 m
  b)   50 000 cm = 500 m
  c)   1 200 000 cm = 12 km
  d)   1 800 000 cm = 18 km
  e)   1 095 000 cm = 10 km 950 m
  f)   1 650 000 cm = 16 km 500 m

Aufgaben für Lernpartner

K1/5 **A** Falsch. 20 · 5 dm = 100 dm = 10 m.

K1/5 **B** Falsch. 3 m 7 cm = 3070 mm

K1/5 **C** Falsch. Man kann nicht jede Einheit in eine größere umwandeln, weil nicht zu jeder Einheit eine größere definiert ist. So ist z. B. für Längenangaben km die größte Einheit. Der zweite Teilsatz jedoch ist richtig: Man kann auch nicht jede Einheit in eine kleinere umwandeln, weil nicht zu jeder Einheit eine kleinere definiert ist (bei der Zeit z. B. die Sekunde).

K1/5 **D** Richtig. Der Postbote legt in 225 Tagen eine Strecke von 5 · 225 km = 1125 km zurück.

Am Ziel! 4

| K1/5 | E | Falsch. Es fehlen 120 s − 88 s = 32 s. |

| K1/5 | F | Falsch. Die Maßeinheit gibt die Art der Einheit und die Maßzahl die Menge wieder. |

| K1/5 | G | Richtig. |

| K1/5 | H | Richtig. |

| K1/5 | I | Falsch. Eine halbe Tonne sind 500 kg. |

| K1/5 | J | Falsch. 20 kg : 125 g = 20 000 g : 125 g = 160.
Das Kraftfutter reicht nicht ganz für ein halbes Jahr, da die Hälfte von 365 Tagen mehr als 160 Tage sind. |

| K1/5 | K | Falsch. Der Maßstab gibt die Zusammenhänge in Wirklichkeit und auf einer Karte immer in derselben Einheit wieder (z. B. cm). |

| K1/5 | L | Falsch. Drei Tage vor übermorgen ist gestern. |

| K1/5 | M | Falsch. 1 h hat 3600 s. |

| K1/5 | N | Richtig. |

| K1/5 | O | Falsch. 1 kg ist 1000-mal so schwer wie 1 g. |

5 Startklar!

K5 **1**

	1	2
a)	Dreieck Figur	Kreis Figur
b)	drei (gleich lange) Seiten, drei (gleich große) Winkel hier: 3 Symmetrieachsen, Punktsymmetrie	alle Punkte der Kreislinie haben denselben Abstand zu M, unendlich viele Symmetrieachsen, Punktsymmetrie

	3	4
a)	Quader Körper	Parallelogramm Figur
b)	Seitenflächen aus Rechtecken, gegenüberliegende Seitenflächen liegen parallel und sind gleich groß	gegenüberliegende Seiten sind jeweils parallel zueinander und gleich lang, Punktsymmetrie

	5	6
a)	Rechteck Figur	Würfel Körper
b)	4 rechte Winkel, gegenüberliegende Seiten sind gleich lang und parallel zueinander, 2 Symmetrieachsen, Punktsymmetrie	besonderer Quader, alle Seitenflächen sind gleich große Quadrate

	7	8
a)	Trapez Figur	Quadrat Figur
b)	ein paar gegenüberliegender Seiten sind parallel zueinander, hier: Schenkel sind gleich lang, 1 Symmetrieachse	besonderes Rechteck, vier gleich lange Seiten, 4 Symmetrieachsen, Punktsymmetrie

K5 **2** ① 12 cm   ② 37 m   ③ 28 mm   ④ 1 dm   ⑤ 82 km

K4 **3** $\overline{AB}$ = 32 mm $\overline{CD}$ = 6 cm $\overline{EF}$ = 67 mm $\overline{GH}$ = 1 dm = 10 cm

K4 **4**
a) 8 cm = 80 mm
   20 000 km = 20 km
b) 4 km = 4000 m
   1 m 5 dm = 15 dm
c) 32 dm = 320 cm
   1 km 20 m = 1020 m
d) 7 m 2 cm = 7020 mm
   2 km 18 m = 20 180 dm
e) 14 m 8 dm 1 cm = 14 810 mm
   3 km 18 cm = 3 000 180 mm

5 Umfang und Flächeninhalt ebener Figuren

Einstieg
Die Auftaktseite eines Kapitels enthält zwei verschiedene Elemente:
Zunächst werden die Schüler mit einem offenen Einstiegsbeispiel an das neue Kapitel herangeführt. Zentral ist dabei immer der Anwendungsbezug: Kein Lehrplaninhalt ist rein innermathematisch, sodass den Schülern von Beginn an gezeigt werden sollte, dass Mathematik nichts Abstraktes ist, sondern oft im Leben der Schüler vorkommt. In einem Unterrichtsgespräch zur Auftaktseite können viele der kommenden Lerninhalte schon heuristisch erarbeitet, Vermutungen geäußert und Zusammenhänge erschlossen werden.

- Mögliche Vorgehensweise: Um die Anzahl der Fenster auf einer Seite des Hochhauses zu ermitteln, werden die Fenster in einem Stockwerk gezählt (36) und das Ergebnis mit der Anzahl der Stockwerke (19) multipliziert. Dies ergibt 684 Fenster auf einer Seite des Hochhauses. Unter der Voraussetzung, dass die beiden nicht sichtbaren Seiten des Hochhauses wie die auf dem Bild aufgebaut sind, erhält man insgesamt 4 · 684 = 2736 Fenster.

- Individuelle Vergleiche.

Ausblick
Die Aufzählung am Ende der Seite bietet einen Ausblick auf die wesentlichen Lernziele des Kapitels und schafft so eine hohe Transparenz für Schüler und Lehrer. Durch einen informierenden Unterrichtseinstieg können sich Schüler und Lehrer auf das Kommende einstellen.
Idealerweise wird im Unterricht der Bezug hergestellt zwischen der Einstiegssituation und den im Ausblick angegebenen Lernzielen.

5 Rundreise – Europa

Kap. 5.1, 5.2

Die zwölf Sterne der Europaflagge

K4 ■

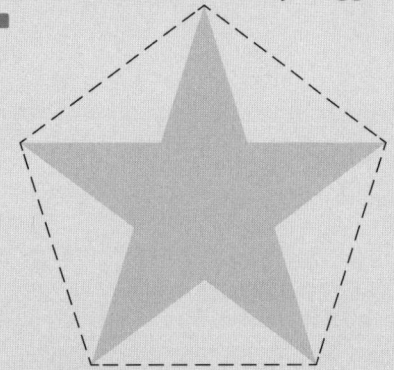

K4 ■ Die Länge einer der 10 Seiten des Sterns beträgt 1 cm. Der Umfang des Sterns ist somit 10 cm. Die Länge einer der 5 Seiten des Fünfecks beträgt 15 mm. Der Umfang des Fünfecks ist somit 75 mm = 7 cm 5 mm.

K4 ■ Individuelle Zerlegungen.

K3 ■ Individuelle Beispiele von Flächen aus der Umwelt.

Kap. 5.3

Viele Länder – eine Währung

K3 ■ Die Abmessungen eines 5-€-Scheins sind 120 mm × 62 mm. Für das vollständige Bedecken eines DIN-A4-Blatts sind zehn 5-€-Scheine nötig.

Kap. 5.5

Wer ist der Größte in Europa?

K3 ■ Der europäische Teil Russlands hat die größte Fläche. Von den Ländern außerhalb Russlands hat die Ukraine die größte Fläche.

K2 ■ Außerhalb von Russland, das zu einem großen Teil zu Asien gehört, hat die Ukraine die längste Grenze zu ihren Nachbarländern (4663 km).

Kap. 5.6

Alles wählen

K3 ■ Individuelle Baupläne je nach gewähltem Maßstab.

K3 ■ Der Oberflächeninhalt der Wahlurne beträgt mindestens 17 600 cm². Bei der Ermittlung des Materialbedarfs sollten auch die Klebelaschen berücksichtigt werden.

5.1 Umfang ebener Figuren

Alternativer Einstieg: Schulbuch Seite 148

Entdecken

K5 • Anne, Petra und Tom haben den Umfang der Sprunggrube auf verschiedene Arten berechnet, die jedoch alle gleichwertig sind. Sie kommen deshalb zu demselben Ergebnis.
K5 • Individuelle Antworten und Begründungen.
K5 • Der Umfang eines Rechtecks ist die Summe seiner vier Seitenlängen.

Nachgefragt

K1 • Das Quadrat ist ein Sonderfall vom Rechteck. Man muss lediglich für die Länge und Breite in der Rechteckformel jeweils die gleiche Länge der Quadratseite einsetzen.
K5 • Da eine Münze kreisförmig ist, kann der Umfang derzeit noch nicht berechnet werden. Man kann jedoch den Umfang einer Münze messen, indem man beispielsweise einen dünnen Faden um die Münze legt und dann die Länge des Fadens misst.

Aufgaben

K3 **1** Postkarte: 50 cm   Zimmertür: 60 dm   Schulheft: 1 m
Tafel: 10 m   Briefmarke: 4 cm

K4 **2**

Figur	Rechteck					Quadrat		
	a)	b)	c)	d)	e)	f)	g)	h)
Länge a	3 cm	12 cm	14 dm	20 dm	7 cm 8 mm	10 cm	7 dm	5 dm 5 cm
Breite b	6 cm	3 dm	10^3 mm	20 dm	145 mm	10 cm	7 dm	5 dm 5 cm
Umfang U	18 cm	84 cm	48 dm	8 m	44 cm 6 mm	40 cm	2 m 8 dm	22 dm

K2 **3 a)** Die Summe aus einfacher Länge und Breite muss jeweils 15 cm betragen. Auf die Zeichnungen wird hier verzichtet.
b) Es gibt sieben verschiedene Rechtecke, bei denen die Seitenlängen jeweils in ganzen cm angegeben werden können:
① 1 cm · 14 cm   ② 2 cm · 13 cm   ③ 3 cm · 12 cm   ④ 4 cm · 11 cm
⑤ 5 cm · 10 cm   ⑥ 6 cm · 9 cm   ⑦ 7 cm · 8 cm
Bei kleineren Einheiten sind entsprechend (theoretisch) unendlich viele Rechtecke möglich, je nach Messgenauigkeit.

K3 **4 a)** Volleyballfeld: U = 2 · (9 m + 24 m) = 66 m
oder mit Symmetrie: U = 2 · (3 m + 9 m + 9 m + 9 m + 3 m) = 66 m
b) Hockeyfeld: U = 2 · (55 m + 4 · (22 m 9 dm)) = 293 m 2 dm
c) Abhängig von den Maßen des Sportplatzes an der jeweiligen Schule ergeben sich individuelle Lösungen.

5.1 Umfang ebener Figuren

K3 **5 a)** Formel ① beschreibt den Umfang, indem dort jede einzelne Streckenlänge der Figur nacheinander summiert wird.
Formel ③ beschreibt den Umfang ebenso, nur dass dort gegenüber Formel ① gleiche Streckenlängen zusammengefasst wurden.
Die Formeln ② und ④ geben den Umfang für die angegebene Figur nicht korrekt wieder.
Die Berechnung für a = 6 cm und b = 1 cm ergibt U = 16 cm.

	①	②	③	④
b)	U = 3 · a	U = 2 · a + b	U = 8 · b	U = 2 · a + 2 · b + 8 · x
c) ①	U = 12 cm	U = 10 cm	U = 16 cm	U = 16 cm
c) ②	10 cm 5 mm	9 cm	16 cm	19 cm

5.2 Flächenmessung

Alternativer Einstieg: Schulbuch Seite 148

Entdecken

- K5 — Individuelle Beschreibungen. Die abgebildeten Tetris-Figuren haben alle denselben Flächeninhalt (vier Kästchen), aber nicht denselben Umfang.
- K5 — Individuelle Beschreibungen. Mit dem obigen Ergebnis kann thematisiert werden, dass der Flächeninhalt sich zur Bestimmung der „Größe" einer Figur besser eignet als der Umfang.

Nachgefragt

- K5 — Nein, das stimmt nicht. Wenn die Rechteckseitenlängen (Quadratseitenlängen) beide ungerade sind, dann beträgt auch der Flächeninhalt eine ungerade Anzahl an Karokästchen.
- K1 — Das stimmt nicht, wie man sich leicht anhand eines Gegenbeispiels klarmachen kann: Man betrachte zwei Rechtecke (4 × 4 bzw. 2 × 8 Kästchen). Sie besitzen einen Flächeninhalt von je 16 FE, aber unterschiedliche Umfänge (16 LE bzw. 20 LE).

Aufgaben

K3   **1**   a) 10 ganze und ein halbes Kästchen   b) 8 Kästchen   c) 14 Kästchen
            d) 6 Kästchen   e) 26 ganze und ein halbes Kästchen

K4   **2**   Es sind jeweils unterschiedliche Lösungen möglich.
17 Kästchen

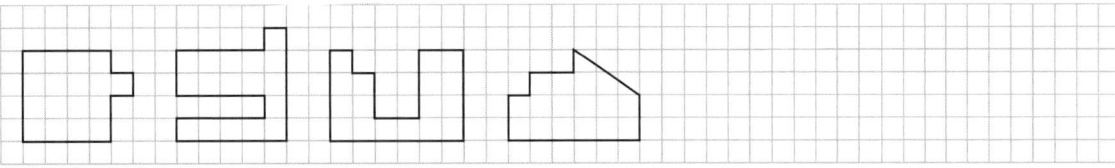

24 Kästchen

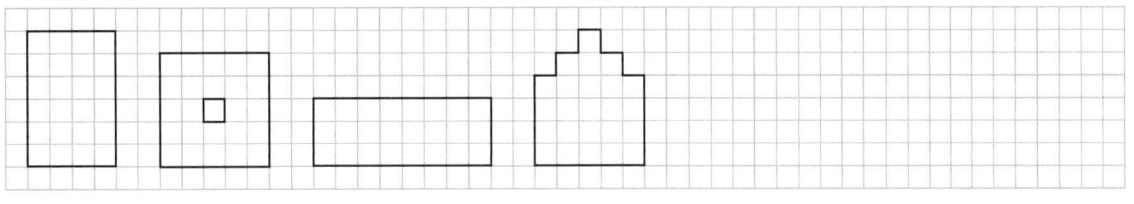

34 Kästchen

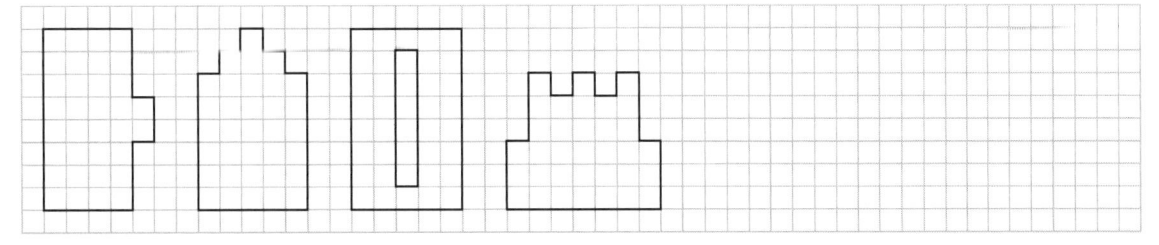

Schulbuchseite 152/153

5.2 Flächenmessung

K4 **3 a)** ① 8 Kästchen ② 13 Kästchen ③ 4 Kästchen
④ 12 Kästchen ⑤ 11 Kästchen ⑥ 10 Kästchen
③ < ① < ⑥ < ⑤ < ④ < ②

b) Lösungsmöglichkeiten:

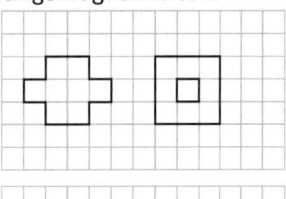

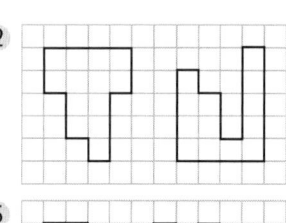

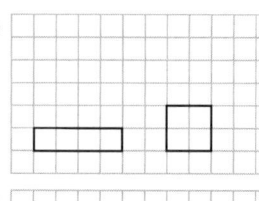

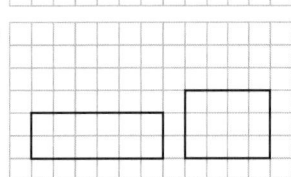

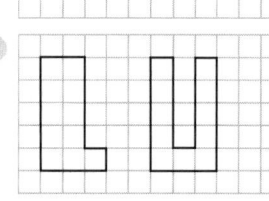

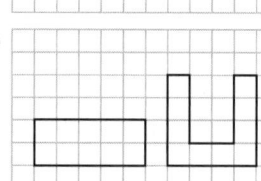

K4 **4 a)** Lösungsmöglichkeiten:
Zerlegung in zwei Teilfiguren:

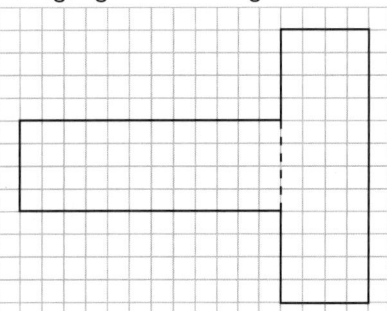

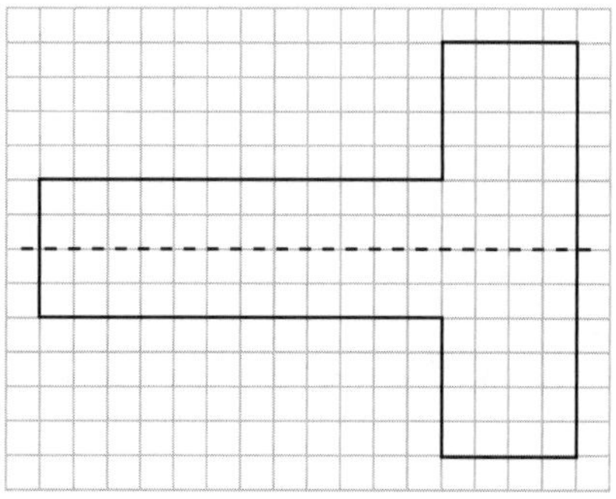

Zerlegung in drei Teilfiguren: nicht möglich
Zerlegung in vier Teilfiguren:

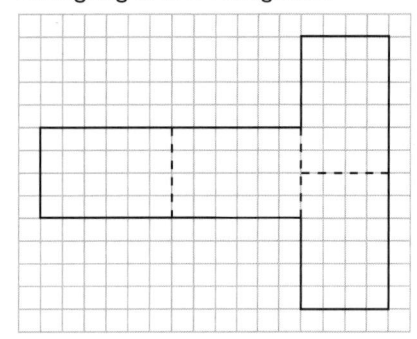

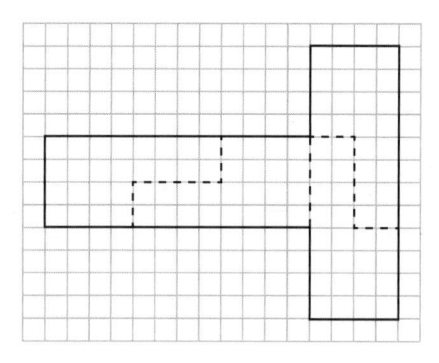

Zerlegung in sechs Teilfiguren:

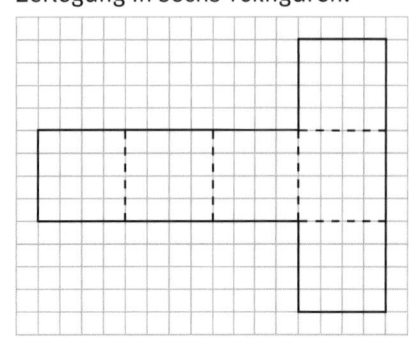

5.2 Flächenmessung

b) Lösungsmöglichkeiten:

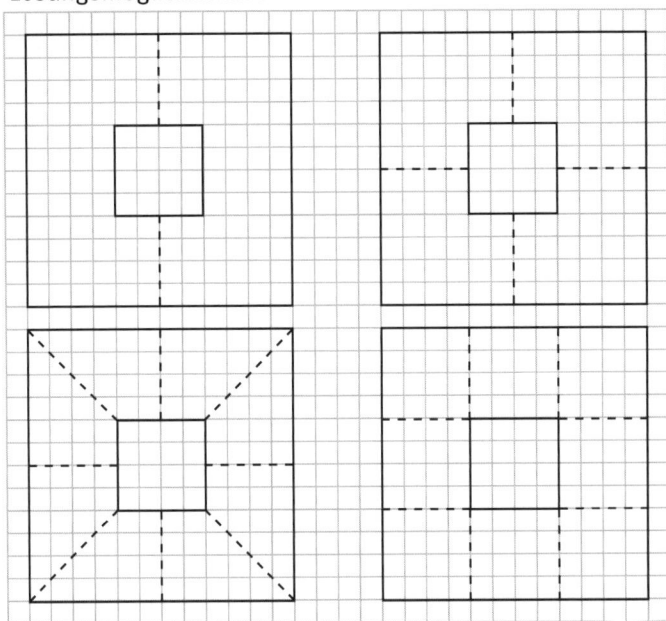

K3   **5**   **a)** 9-mal   **b)** 16-mal   **c)** 16-mal   **d)** 20-mal

K1   **6**   Das rote Rechteck ist flächengleich zum blauen Quadrat, wie man an den beiden Zerlegungen der in grau hinterlegten Dreiecke sehen kann.

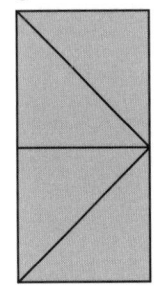

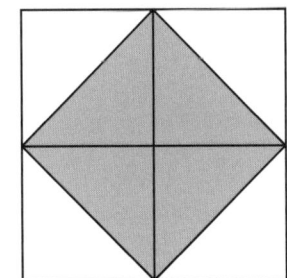

5.3 Flächeneinheiten

Alternativer Einstieg: Schulbuch Seite 148

Entdecken

K3 ▪ Individuelle Ergebnisse.
K3 ▪ Individuelle Ergebnisse.
K1 ▪ Individuelle Antworten. Die Arbeitsaufträge führen zum Prinzip der Flächenmessung durch Auslegen mit festen Flächeneinheiten.

Nachgefragt

K1 ▪ Das ist falsch. 3 · 100 entspricht der Rechnung 100 + 100 + 100. Bei der Umrechnung von km² in m² wird jedoch wiederholt mit 100 multipliziert, es wird also mit 100 · 100 · 100 = 1 000 000 multipliziert.

K5 ▪ Nein, das ist falsch. Hier genügt ein Gegenbeispiel. Ein Rechteck, das 4 cm lang und 1 cm hoch ist, besitzt einen Flächeninhalt von 4 cm². Die so entstandene Fläche ist nicht quadratisch.

Aufgaben

K3 1 a) a oder m²   b) dm²   c) ha

K3 2 Baugrundstück – 650 m²   CD-Hülle – 170 cm²
         Bank-Karte – 12 cm²   Baden-Württemberg – 35 751 km²
         Kinderzimmer – 15 m²   Tischtennisplatte – 4 m²
         Laptop-Display – 6 dm²   Matheheft – 640 cm²

K4 3 a) 63 km²   b) 20 a   c) 99 km²   d) 31 dm²   e) 2500 a
            175 km²   75 m²   14 cm²   77 ha   550 ha
            5 ha   83 dm²   820 ha   94 km²   533 500 m²

K4 4 a) 500 mm²   b) 9200 cm²   c) 7000 m²   d) 152 dm²   e) 1005 dm²   f) 7 000 023 dm²
            1900 mm²   45 500 dm²   20 600 a   317 m²   350 019 dm²   52 000 007 m²
            8000 cm²   3900 m²   27 500 ha   750 ha   802 a   170 009 m²

K4 5 a) 500 dm²   b) 50 000 m²   c) 50 000 m²   d) 10 500 cm²
            2500 a   2500 mm²   750 000 mm²   4 250 000 cm²
            7500 cm²   75 000 000 m²   250 000 a   157 500 000 000 cm²

K4 6 a) 9954 cm² = 995 400 mm²   b) 809 dm² = 80 900 cm²
            2208 cm² = 220 800 mm²   3345 a = 334 500 m²
            112 cm² = 11 200 mm²   712 m² = 71 200 dm²
         c) 45 530 ha = 4 553 000 a   d) 80 005 cm² = 8 000 500 mm²
            70 007 a = 7 000 700 m²   160 007 dm² = 16 000 700 cm²
            40 002 m² = 4 000 200 dm²   700 005 a = 70 000 500 m²
         e) 450 008 a = 45 000 800 m²
            703 m² = 70 300 dm²
            260 070 m² = 26 007 000 dm²

5.3 Flächeneinheiten

K4 **7** a) 3 a 56 m²   b) 18 dm² 50 cm²   c) 3 dm² 5 cm²   d) 123 ha 45 a
7 m² 88 dm²   70 km² 15 ha   5 km² 50 ha   256 m² 25 dm²
3 km² 99 ha   9 cm² 75 mm²   3 ha 33 a   33 mm²
2 m² 19 dm²   33 m² 54 dm²   11 a 19 m²   4 ha 60 a

K4 **8** a) 450 mm² < 45 cm²   b) 53 m² > 53 000 cm²
3300 cm² = 33 dm²   357 km² < 357 000 ha
10 000 ha > 10 km²   7 ha 35 a = 73 500 m²
1700 a = 17 ha   1507 ha = 15 km² 7 ha
c) 3 m² 57 dm² = 35 700 cm²
17 ha 39 a < 1739 km²
4 cm² < 4 dm²
13 500 ha > 13 km² 500 ha

K4 **9** Korrektur der fehlerhaften Umwandlungen:
a) 780 m² = 7 a 80 m²   b) 15 cm² 5 mm² = 1505 mm²
635 dm² = 6 m² 35 dm²   16 m² 5 dm² = 1605 dm²
1205 ha = 12 km² 5 ha
c) 16 m² 15 cm² = 1600 dm² 15 cm² = 160 015 cm²
3 ha 5 a = 305 a
75 635 m² = 756 a 35 m²

K4 **10** a) 27 921 dm²   b) 6934 a = 69 ha 34 a   c) 1180 mm²
d) 40 dm²   e) 7985 cm² = 79 dm² 85 cm²   f) 123 875 cm² = 12 m² 38 dm² 75 cm²

K4 **11**

a) zu 1 ha	10 a	90 a 10 m²	10 a	65 a
b) zu 1 km²	90 ha	1 a	9990 a	94 ha 50 a
c) zu 25 a	110 m²	1 m²	22 a 60 m²	2489 m² 50 dm²

K3 **12** a) 64 m² · 16 = 1024 m²
b) 3 · 28 m² = 84 m²
84 m² · 3 = 252 m²
252 m² + 1024 m² = 1276 m²
c) 1276 m² · 65 € = 82 940 €

K4 **13** a)

                 2674 cm²
          1911 cm²   763 cm²
    12 dm²   711 cm²   52 cm²
500 cm²   700 cm²   11 cm²   41 cm²

b)

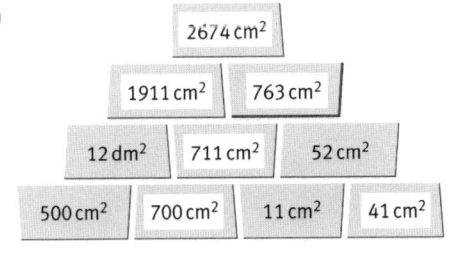

                      1 a
               1 m²   99 m²
       1 dm²   99 dm²   9801 dm²
1 cm²   99 cm²   9801 cm²   970 299 cm²

5.3 Flächeneinheiten

K3 **14** 36 a entsprechen 9000 kg.
30 a entsprechen 8100 kg.
9000 kg : 36 a = 250 kg/a
8200 kg : 30 a = 270 kg/a
Der zweite Acker ist ertragreicher.

K2 **15** Annahme:
1 Blatt ist ca. 48 cm² groß (Länge zwischen 6–12 cm, Breite 5–8 cm), hier soll von einer Länge von 8 cm und einer Breite von 6 cm ausgegangen werden.
200 000 · 48 cm² = 9 600 000 cm²
9 600 000 cm² = 96 000 dm² = 960 m²
Die Blätter reichen nicht, um den Fußballplatz (80 a = 8000 m²) zu bedecken.

K3 **16** **a)** Für Baugrundstücke stehen 3 ha – 84 a = 216 a = 21 600 m² zur Verfügung. Dieser Platz reicht für 36 Grundstücke mit einer Fläche von 600 m².
b) Die Stadt nimmt 21 600 · 260 € = 5 616 000 € ein.
c) Die Zusatzkosten betragen für jedes Grundstück 450 000 € : 36 = 12 500 €.

K2 **17** **a)** Bei den Figuren A und C lässt sich der Flächeninhalt bereits mithilfe der Heftkästchen gut ermitteln, weil die Eckpunkte Gitterpunkte sind und die Umfangslinien entweder auf den Rändern der Kästchen liegen oder der Flächeninhalt (bei C) sich aus leicht erkennbaren Anteilen von Kästchen bestimmen lässt.
Flächeninhalte der Figuren A und C: A: 50 mm²   C: 1 cm²
b) Bei den Figuren B und D ist die Bestimmung des Flächeninhalts mit Heftkästchen schwieriger, weil die Seiten bzw. die Eckpunkte nicht genau auf den Kästchen liegen. Bei diesen Figuren ist die Schätzung bzw. Bestimmung des Flächeninhalts mithilfe des Millimeterpapiers genauer als mithilfe der Heftkästchen.
Der Flächeninhalt der Figur B liegt zwischen 118 mm² und 119 mm²; der Flächeninhalt der Figur D beträgt 177 mm².
Bei der Figur E lässt sich der Flächeninhalt mithilfe des Millimeterpapiers besser abschätzen als mit den Heftkästchen. Er beträgt ungefähr 255 mm².

5.3 Flächeneinheiten

K4

Alltag

- Lösungsmöglichkeit: Runden auf Tausender
  Hessen: 21 000 km² Bayern: 71 000 km² Berlin: 1 000 km²
  Saarland: 3 000 km² Baden-Württemberg: 36 000 km²

- Säulen-/Balkendiagramm aller Bundesländer

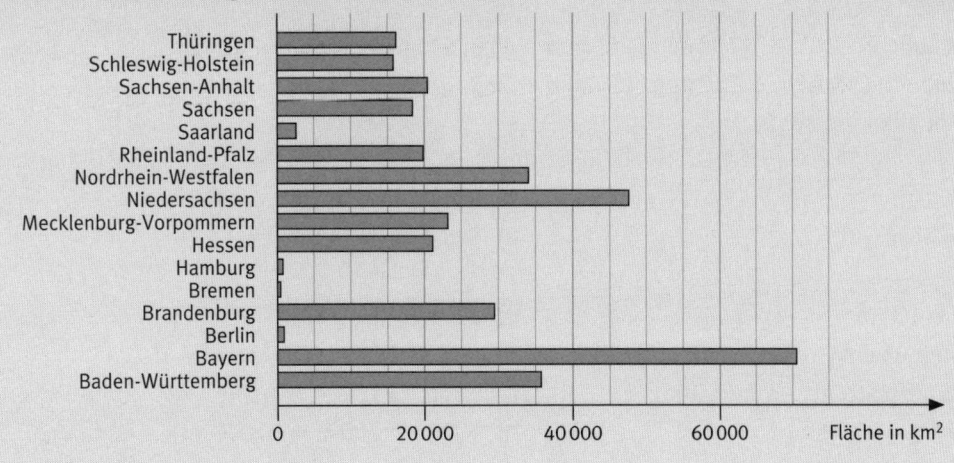

- Säulendiagramm Kontinente

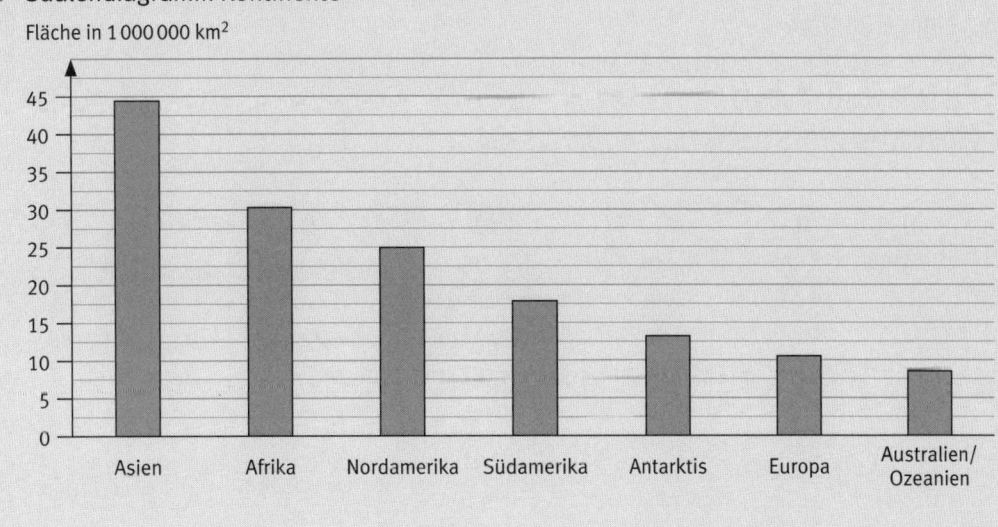

5.4 Flächeninhalt von Rechteck und Quadrat

Entdecken

K5 ■ Der Boden eines Zimmers (Klassenzimmers) hat i. Allg. die Form eines Rechtecks.
K5 ■ Individuelle Erklärungen.
K3 ■ Individuelle Ergebnisse, je nach Größe des Klassenzimmers.

Nachgefragt

K1 ■ Das Quadrat ist der Sonderfall des Rechtecks mit vier gleich langen Seiten. Wenn man in der Formel $A_R = a \cdot b$ für die Seitenlänge $b = a$ wählt, wie es beim Quadrat der Fall ist, erhält man
$A_R = a \cdot b = a \cdot a = a^2 = A_Q$.

K1 ■ Ja, das geht. Ein Beispiel wäre ein Rechteck mit den Seitenlängen $a = 6\,cm$ und $b = 3\,cm$. Der Flächeninhalt beträgt $18\,cm^2$ und der Umfang $18\,cm$. Beide besitzen demnach die gleiche Maßzahl.

K1 ■ Ja, das stimmt ebenfalls. Dies kann man auch mit einem Beispiel begründen. Das ursprüngliche Rechteck sei 8 cm lang und 6 cm breit. Der Flächeninhalt beträgt für dieses Rechteck $48\,cm^2$. Halbiert man nun beide Seiten, so erhält man eine Länge von 4 cm und eine Breite von 3 cm. Der Flächeninhalt des entstandenen Rechtecks beträgt nun $12\,cm^2$, also ein Viertel des Flächeninhalts des ursprünglichen Rechtecks.

Aufgaben

K3 **1** a) Mathematikbuch: $195\,mm \cdot 265\,mm = 51\,675\,mm^2 = 516\,cm^2\ 75\,mm^2$
b) Mathematikheft (DIN A4): $210\,mm \cdot 297\,mm = 62\,370\,mm^2 = 623\,cm^2\ 70\,mm^2$
c) bis f) Individuelle Ergebnisse.

K4 **2** a) $2\,m \cdot 5\,m = 10\,m^2$ b) $3\,m \cdot 6\,m = 18\,m^2$
c) $4\,m \cdot 4\,m = 16\,m^2$ d) $5\,m \cdot 7\,m = 35\,m^2$

K4 **3** a) $13\,m \cdot 8\,m = 104\,m^2$ b) $22\,m \cdot 6\,m = 132\,m^2$
c) $8\,dm \cdot 8\,dm = 64\,dm^2$ d) $40\,cm \cdot 25\,cm = 1000\,cm^2 = 10\,dm^2$
e) $50\,dm \cdot 5\,dm = 250\,dm^2 = 2\,m^2\ 50\,dm^2$ f) $12\,cm \cdot 13\,cm = 156\,cm^2$
g) $15\,dm \cdot 15\,dm = 225\,dm^2$ h) $3000\,m \cdot 200\,m = 60\,000\,m^2$

K4 **4** a) $17\,mm \cdot 17\,mm = 289\,mm^2$
b) $55\,mm \cdot 55\,mm = 3025\,mm^2 = 30\,cm^2\ 25\,mm^2$
c) $2350\,m \cdot 2350\,m = 5\,522\,500\,m^2 = 5\,km^2\ 52\,ha\ 25\,a$
d) $505\,cm \cdot 505\,cm = 255\,025\,cm^2 = 25\,m^2\ 50\,dm^2\ 25\,cm^2$

K4 **5**

	a)	b)	c)	d)	e)	f)	g)
a	4 m	24 cm	13 cm	7 dm	9 cm	40 mm	3 cm 5 mm
b	15 m	15 cm	14 cm	4 cm	1 dm 3 cm 1 mm	12 mm	5 cm
A_R	60 m²	360 cm²	182 cm²	2 dm² 80 cm²	11 790 mm²	480 mm²	17 cm² 50 mm²
U_R	38 m	78 cm	54 cm	14 dm 8 cm	4 dm 42 cm	9 cm 14 mm	1 dm 7 cm

5.4 Flächeninhalt von Rechteck und Quadrat

K4 **6** a) $A_Q = 49\,m^2$ $a = 7\,m$ b) $A_Q = 121\,cm^2$ $a = 11\,cm$
         $U_Q = 4 \cdot 7\,m = 28\,m$ $U_Q = 4 \cdot 11\,cm = 44\,cm$
      c) $A_Q = 144\,a$ $a = 120\,m$ d) $A_Q = 196\,ha = 1\,960\,000\,m^2$ $a = 1400\,m$
         $U_Q = 4 \cdot 120\,m = 480\,m$ $U_Q = 4 \cdot 1400\,m = 5600\,m$
      e) $A_Q = 1024\,km^2$ $a = 32\,km$ f) $A_Q = 841\,mm^2$ $a = 29\,mm$
         $U_Q = 4 \cdot 32\,km = 128\,km$ $U_Q = 4 \cdot 29\,mm = 116\,mm$
      g) $A_Q = 625\,a = 62\,500\,m^2$ $a = 250\,m$ h) $A_Q = 1225\,dm^2$ $a = 35\,dm$
         $U_Q = 1000\,m$ $U_Q = 140\,dm = 14\,m$

K1 **7** Der Flächeninhalt
      a) verdoppelt, verdreifacht, ... sich.
      b) halbiert, drittelt, ... sich.
      c) vervierfacht, verneunfacht, ... sich.
      d) viertelt, neuntelt, ... sich.
      e) bleibt unverändert.

K2 **8** a) Lösungsmöglichkeiten:

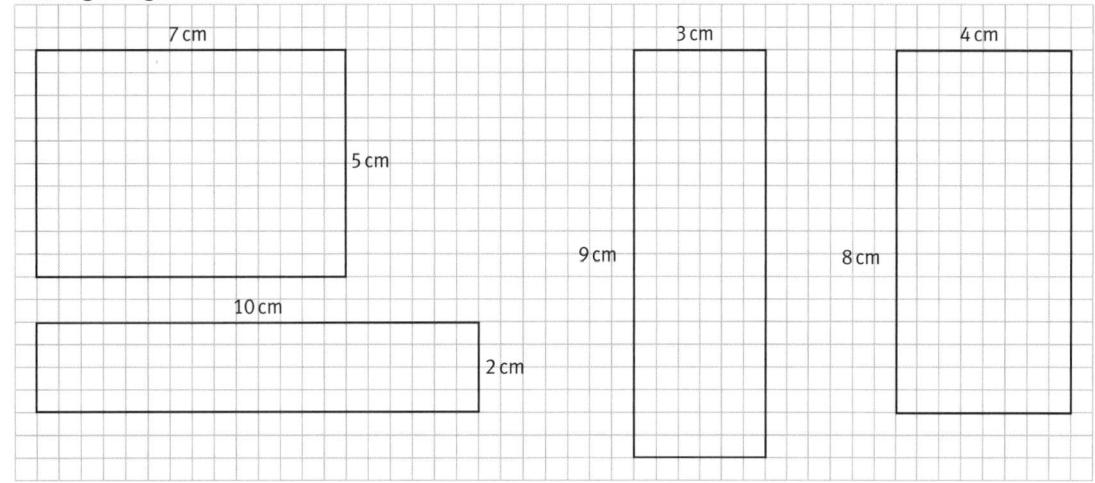

[Zeichnung: Rechtecke mit Maßen 7 cm × 5 cm, 10 cm × 2 cm, 3 cm × 9 cm, 4 cm × 8 cm]

      b) ① $A = 7\,cm \cdot 5\,cm = 35\,cm^2$ ② $A = 10\,cm \cdot 2\,cm = 20\,cm^2$
         ③ $A = 3\,cm \cdot 9\,cm = 27\,cm^2$ ④ $A = 8\,cm \cdot 4\,cm = 32\,cm^2$
         Je größer der Längenunterschied der beiden Seiten ist (bei gleichem Umfang), desto kleiner ist der Flächeninhalt des Rechtecks.
      c) Der Grenzfall ist ein „Rechteck" mit a = 24 cm und b = 0 cm und Flächeninhalt 0. Da diese Figur aber nicht zweidimensional ist, wird man sagen müssen: Es gibt kein kleinstes solches Rechteck.

K2 **9** a) U = 55 mm + 25 mm + 35 mm + 25 mm + 20 mm + 50 mm = 210 mm = 21 cm
         Der Umfang beträgt 21 cm.
         $A1 = 25\,mm \cdot 55\,mm = 1375\,mm^2$
         $A2 = 25\,mm \cdot 20\,mm = 500\,mm^2$
         Der Flächeninhalt beträgt 1875 mm² = 18 cm² 75 mm².
      b) U = 70 mm + 50 mm + 30 mm + 40 mm + 30 mm + 5 mm + 20 mm + 10 mm + 30 mm + 25 mm
           = 310 mm = 31 cm
         Der Umfang beträgt 31 cm.
         $A1 = 50\,mm \cdot 30\,mm = 1500\,mm^2$
         $A2 = 30\,mm \cdot 10\,mm = 300\,mm^2$
         $A3 = 10\,mm \cdot 25\,mm = 250\,mm^2$
         $A4 = 20\,mm \cdot 10\,mm = 200\,mm^2$
         Der Flächeninhalt beträgt 2250 mm² = 22 cm² 50 mm².

5.4 Flächeninhalt von Rechteck und Quadrat

K4 **10 a)** U = 2 · 6 cm + 2 · 4 cm = 20 cm   A = 6 cm · 4 cm = 24 cm²
  b) U = 4 · 4 cm = 16 cm   A = 4 cm · 4 cm = 16 cm²

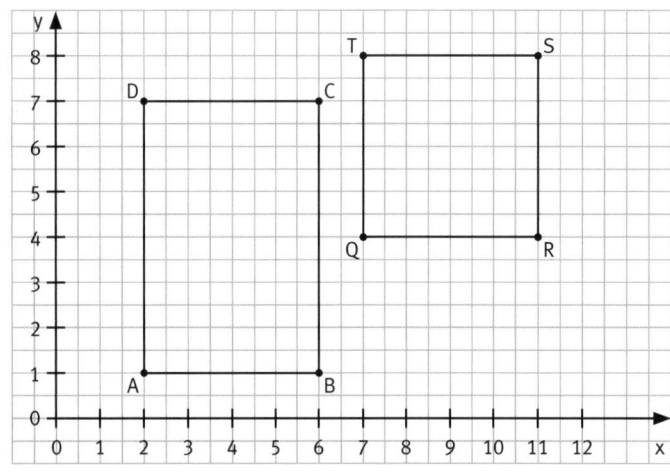

  c) U = 4 · 57 mm = 228 mm   A = 57 mm · 57 mm = 3249 mm²
  d) U = 2 · 54 mm + 2 · 50 mm = 208 mm   A = 5 cm · 5 cm = 25 cm²

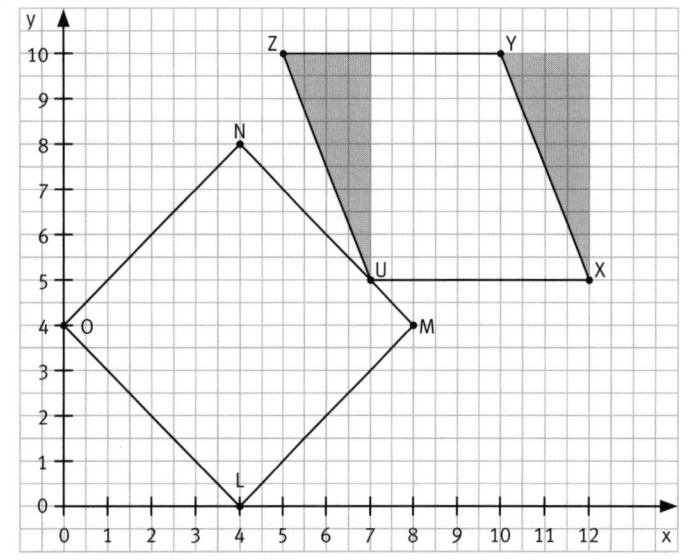

K3 **11 a)** Gesamtflächeninhalt: 576 m²
  Flächeninhalt jedes einzelnen Rechtecks:
  576 m² : 4 = 144 m²
  Das Rechteck 1 ist 24 m lang und 6 m breit,
  da 24 m · 6 m = 144 m².
  Das Rechteck 2 ist 24 m – 6 m = 18 m hoch und 8 m breit.
  Jedes der beiden Rechtecke 3 und 4 ist 24 m – 8 m = 16 m lang und 9 m breit.
  [Oder: Die Breite beträgt (24 m – 6 m) : 2 = 9 m.]
  $U_{Rechteck\,1}$ = 2 · (24 m + 6 m) = 60 m
  $U_{Rechteck\,2}$ = 2 · (18 m + 8 m) = 52 m
  $U_{Rechteck\,3}$ = $U_{Rechteck\,4}$ = 2 · (16 m + 9 m) = 50 m
  b) Für die Zeichnung: 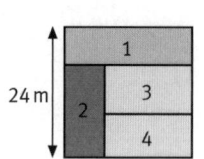
  Seitenlänge des Quadrats: 2400 cm : 200 = 12 cm
  Rechteck 1: 2400 cm : 200 = 12 cm; 600 cm : 200 = 3 cm
  Rechteck 2: 1800 cm : 200 = 9 cm; 800 cm : 200 = 4 cm
  Rechteck 3 und Rechteck 4: 1600 cm : 200 = 8 cm; 900 cm : 200 = 9000 mm : 200 = 45 mm

5.4 Flächeninhalt von Rechteck und Quadrat

K3 **12** Postkartengröße: 105 mm · 148 mm
Rand oben/unten: (210 mm – 148 mm) : 2 = 31 mm
Abstand d der Bilder: 297 mm – 2 · 31 mm – 2 · 105 mm = 25 mm

K3 **13** Gemeinsame Umfangslänge: 300 m
Seitenlänge des quadratischen Spielplatzes: 75 m
Flächeninhalte: $A_{Rechteck}$ = 5225 m² $A_{Quadrat}$ = 5625 m²
Der quadratische Spielplatz besitzt den größeren Flächeninhalt.

K3 **14 a)** ① ist 20 mm lang und 15 mm breit.
In Wirklichkeit: 1000 m · 750 m = 750 000 m² = 7500 a = 75 ha
② ist 24 mm lang und 12 mm breit.
In Wirklichkeit: 1200 m · 600 m = 720 000 m² = 7200 a = 72 ha
③ ist 9 mm lang und 26 mm breit.
In Wirklichkeit: 450 m · 1300 m = 585 000 m² = 5850 a = 58,5 ha
④ Teilfigur 1 ist 1 cm lang und 2 cm breit und Teilfigur 2 ist 2 cm lang und 4 mm breit.
In Wirklichkeit: Teilfigur 1: 500 m · 1000 m = 500 000 m²
Teilfigur 2: 1000 m · 200 m = 200 000 m²
Die Gesamtfläche beträgt 700 000 m² = 7000 a = 70 ha
⑤ Teilfigur 1 ist 20 mm lang und 18 mm breit und Teilfigur 2 und 3 sind je 8 mm lang und 4 mm breit
In Wirklichkeit: Teilfigur 1: 1000 m · 900 m = 900 000 m²
Teilfiguren 2 und 3: 400 m · 200 m = 80 000 m²
Die Gesamtfläche beträgt 1 060 000 m² = 10 600 a = 106 ha
b) Es sind individuelle Lösungen möglich.

K3 **15 a)** 28 m + 28 m + 14 m = 70 m   7000 cm : 175 cm = 40
Es müssen 40 Zaunelemente bestellt werden.
b) 38 · 42 € + 129 € = 1725 €
Die Gesamtkosten betragen 1725 €.
c) Lösungsmöglichkeiten:
• Wie groß ist die Rasenfläche?
Die Hälfte der Gesamtfläche sollen mit Rasen begrünt werden.
Gesamtfläche: 28 m · 14 m = 392 m²
392 m² : 2 = 196 m² ≈ 200 m² Rasenfläche
• Wie teuer ist der Rasensamen?
Es müssen bei der Fläche 4 kg gekauft werden, die zusammen 4 · 12,50 € = 50,00 € kosten.
• Wie groß ist die Fläche für Gemüse und den Sitzplatz?
Größe der Restfläche: 392 m² – 196 m² = 196 m² ≈ 200 m²
Jede dieser Flächen ist 196 m² : 2 = 98 m² ≈ 100 m² groß.

K2 **16 a)**

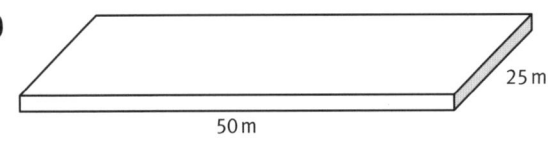

25 m
50 m

A = 50 m · 25 m = 1250 m²

b) 1250 m² · 16,50 € = 20 625 €
Die Materialkosten belaufen sich auf 20 625 €.
c) 250 · 35 € = 8750 €
8750 € + 20 625 € = 29 375 €
Die Gesamtkosten (Materialkosten zuzüglich Lohnkosten) belaufen sich auf 29 375 €.
d) 1 Fliesenleger braucht 250 Arbeitsstunden, 2 Fliesenleger brauchen 125 Arbeitsstunden,
3 Fliesenleger brauchen etwa 83 Arbeitsstunden, ...
Anmerkung: Die Angaben sind natürlich nur theoretisch, weil Verschnitt beim Material oder
gegenseitige Hilfe der Fliesenleger nicht berücksichtigt werden.

5.4 Flächeninhalt von Rechteck und Quadrat

17 a) A2: Diese Zelle gibt die Länge a des Rechtecks an. In diesem Fall beträgt sie 1 cm.
B2: Diese Zelle gibt die Breite b des Rechtecks an bei festem Flächeninhalt von 144 cm².
C2: Diese Zelle gibt den Flächeninhalt des Rechtecks an. In diesem Fall sind das konstante 144 cm², denn in Zelle B2 wurde die Breite gerade so bestimmt, dass der Flächeninhalt immer bei diesem Wert liegt.
D2: Diese Zelle gibt den Umfang des Rechtecks an, der sich aus der Seitenlänge a = 1 cm und der Breite b = 144 cm ergibt: u = 2 · (a + b) = 2 · (1 cm + 144 cm) = 2 · 145 cm = 290 cm

b)

	A	B	C	D
1	**Länge (cm)**	**Breite (cm)**	**Flächeninhalt (cm²)**	**Umfang (cm)**
2	1	144	144	290
3	2	72	144	148
4	3	48	144	102
5	4	36	144	80
6	6	24	144	60
7	8	18	144	52
8	9	16	144	50
9	12	12	144	48

c) Je kleiner der Längenunterschied der beiden Seitenlängen zueinander, desto kleiner ist der Umfang des Rechtecks. Am kleinsten ist der Umfang (bei gleichem Flächeninhalt) beim Quadrat.

d) Das Rechteck mit den Seitenlängen a = b = 12 cm besitzt den kleinsten Umfang: 48 cm.

e)

	A	B	C	D
1	**Länge (cm)**	**Breite (cm)**	**Flächeninhalt (cm²)**	**Umfang (cm)**
2	1	576	576	1154
3	2	288	576	580
4	3	192	576	390
5	4	144	576	296
6	6	96	576	204
7	8	72	576	160
8	9	64	576	146
9	12	48	576	120
10	16	36	576	104
11	18	32	576	100
12	24	24	576	96

	A	B	C	D
1	**Länge (cm)**	**Breite (cm)**	**Flächeninhalt (cm²)**	**Umfang (cm)**
2	1	432	432	866
3	2	216	432	436
4	3	144	432	294
5	4	108	432	224
6	6	72	432	156
7	8	54	432	124
8	9	48	432	114
9	12	36	432	96
10	16	27	432	86
11	18	24	432	84

5.5 Flächeninhalt weiterer Figuren

Alternativer Einstieg: Schulbuch Seite 149

Entdecken

K5 ■ Individuelle Antworten. Für die Entscheidung könnten Überlegungen z. B. zur Größe der Grundstücke, zu ihrer Lage und Erschließung (z. B. Entfernung vom Bauernhof) und zu ihrer Form (günstiger oder weniger günstig für die Bewirtschaftung) eine Rolle spielen.

K5 ■ Der Flächeninhalt des rechteckigen Grundstücks A lässt sich mithilfe des angegebenen Maßstabs leicht bestimmen (7500 m²). Das trapezförmige Grundstück N kann in ein Rechteck mit den Seitenlängen 100 m und 75 m verwandelt werden. Es hat denselben Flächeninhalt wie das Grundstück A.

K5 ■ Das Viereck A ist ein Rechteck. Gegenüberliegende Seiten sind gleich lang und parallel. Benachbarte Seiten stehen senkrecht aufeinander. Das Viereck A ist achsensymmetrisch mit zwei Symmetrieachsen.
Das Viereck B ist ein Trapez mit einer Symmetrieachse.

Nachgefragt

K5 ■ Hakans Aussage ist falsch. Flächengleiche Figuren lassen sich in zerlegungsgleiche Teilfiguren zerlegen. Die Teilfiguren können so unterschiedlich zusammengesetzt werden, dass der Flächeninhalt derselbe bleibt, aber die Umfänge verschieden sind.

K5 ■ Moritz' Aussage ist richtig, da zerlegungsgleiche Figuren kongruente Teilfiguren haben. Diese kongruenten Teilfiguren haben denselben Flächeninhalt, deshalb haben zerlegungsgleiche Figuren auch denselben Flächeninhalt.

Aufgaben

K5 1

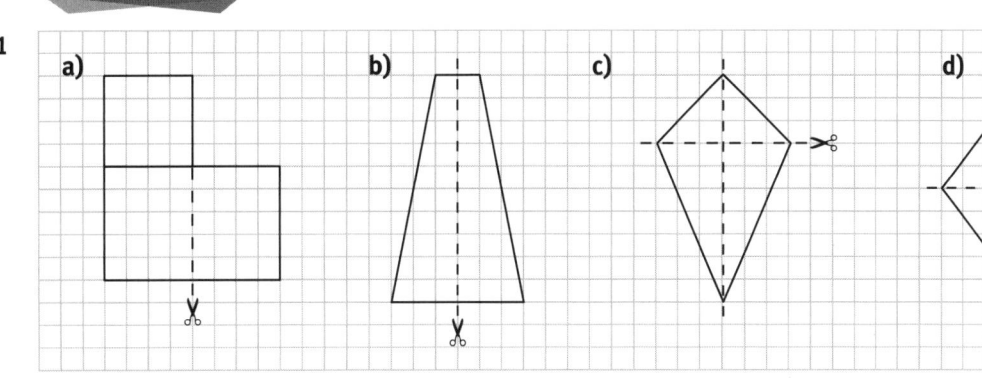

K4 2 Individuelle Zerlegungen.
a) A = 1125 mm² = 11 cm² 25 mm²
b) A = 1350 mm² = 13 cm² 50 mm²
c) A = 2025 mm² = 20 cm² 25 mm²
d) A ≈ 1013 mm² = 10 cm² 13 mm²

5.5 Flächeninhalt weiterer Figuren

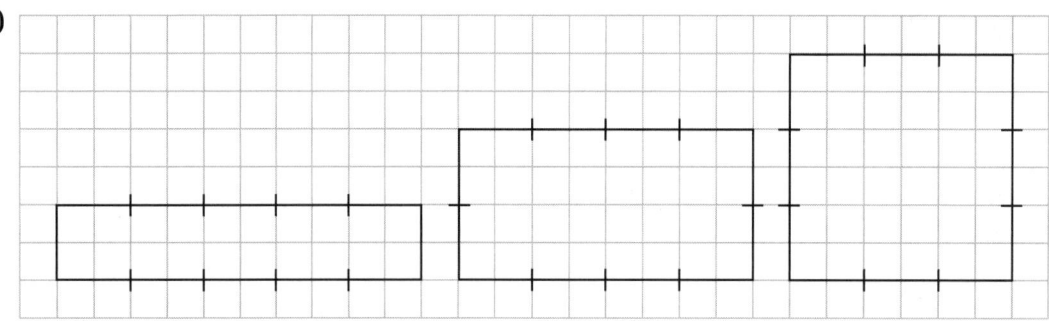

K3 3 a)

b) Wenn der Käfig rechteckig aufgestellt wird, dann hat das Quadrat den größten Flächeninhalt. Ansonsten ist es ein regelmäßiges Zwölfeck, falls Schüler dieses auch ausprobieren.

c)

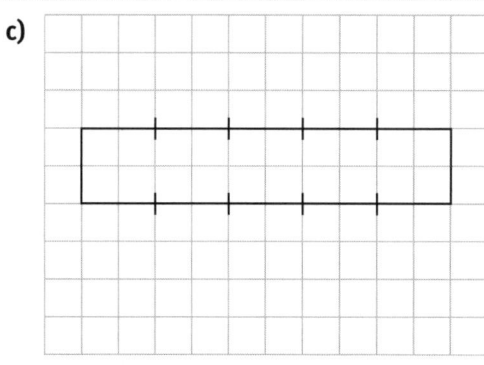

Der Flächeninhalt verkleinert sich auf 5 m².

K2 4 Es können nur Schätzwerte angegeben werden.
    a) 47 Kästchen   **b)** 45 Kästchen   **c)** 30 Kästchen   **d)** 80 Kästchen
Ordnen der Größe nach: Figur c) < Figur b) < Figur a) < Figur d)

5.6 Netze von Quader und Würfel

Alternativer Einstieg: Schulbuch Seite 149

Entdecken

K5
- Die Herstellung des Netzes einer Schachtel aus der Schachtel eröffnet einen handlungsorientierten Zugang zum Begriff des Netzes.
Bei der Übertragung des Netzes auf Karopapier wird i. Allg. ein geeigneter Maßstab gewählt werden müssen.

K5
- Individuelle Tipps und Bastelvorgänge.

Nachgefragt

K1
- Der Würfel ist der Sonderfall eines Quaders mit lauter quadratischen Seitenflächen. Deshalb ist ein Würfelnetz der Sonderfall eines aus sechs gleichen Quadraten bestehenden Quadernetzes.

K1
- Ja, das stimmt. Es beträgt immer 14 Kanteneinheiten, denn jedes Quadrat hat vier Kanten, das ergibt bei sechs Quadraten insgesamt 6 · 4 = 24 Kanten. An den fünf gemeinsamen Kanten im Innern des Würfelnetzes treffen jeweils zwei Kanten aufeinander, also hat das Netz noch einen Umfang von 24 − 2 · 5 = 14 Kantenlängen.

K5
- Wenn man das Netz einer Schachtel auslegen möchte, darf man fünf Kanten nicht durchschneiden. Grund: Die ersten beiden Flächen müssen eine gemeinsame Kante haben, jede weitere Fläche hängt mit einer Kante an den bisherigen Flächen. Also braucht man eine Kante weniger als man Flächen hat.

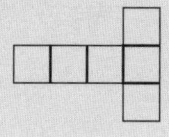

Aufgaben

K4 **1** Würfelnetze: b, c, d, e, g, h

K4 **2** Quadernetz: a, c, f   Würfelnetz: b, g, h, j

K4 **3** Neben den abgebildeten Lösungen sind auch noch andere möglich.

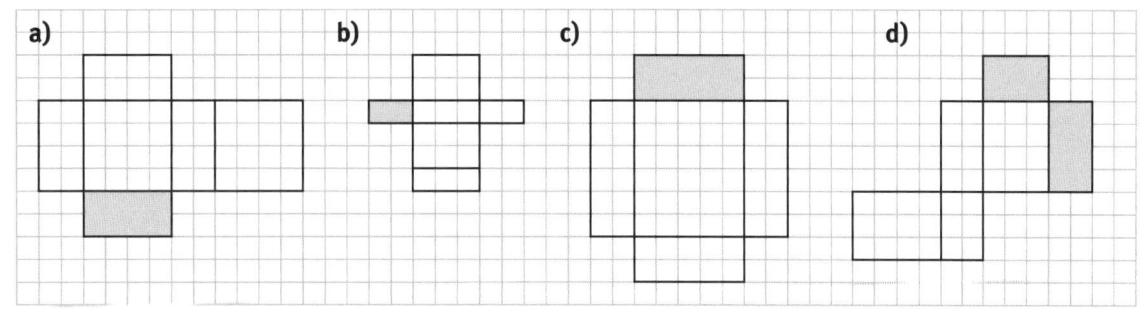

K4 **4** **a)** Aus Platzgründen werden die Netze im Maßstab 1 : 1 abgebildet.

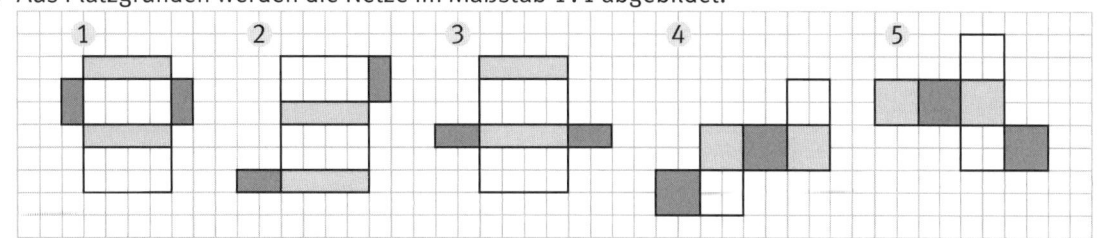

b) Es sind verschiedene Lösungen möglich.

Schulbuchseite 164/165

5.6 Netze von Quader und Würfel

K5 **5** Es gibt insgesamt elf verschiedene Netzformen für den Würfel.

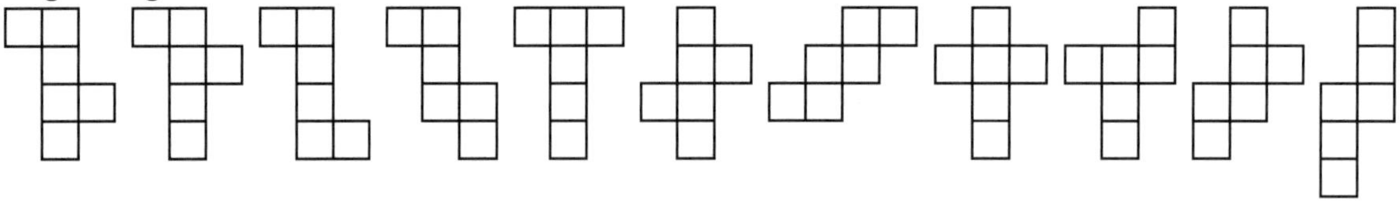

Je nach Aussehen des Quaders gibt es bis zu 54 verschiedene Quadernetze.
Mindmap: Individuelle Lösungen.

K1 **6**

1.
	h		
l	u	r	o
		v	

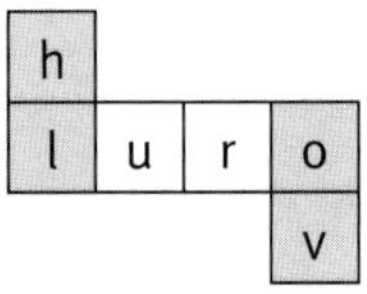

2.
	h	o
u	r	
l	v	

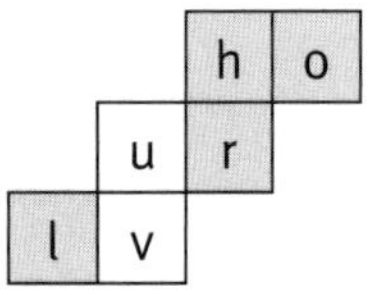

3.
	h		
r	o	l	u
	v		

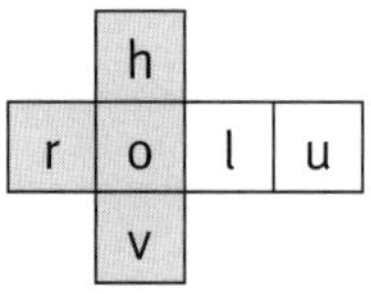

4.
| | h | r | v |
| o | l | u | |

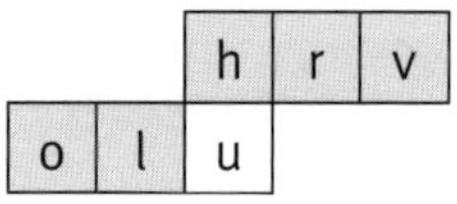

K3 **7** (Quadernetze mit Eckpunktbezeichnungen)

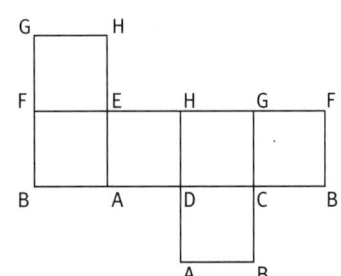

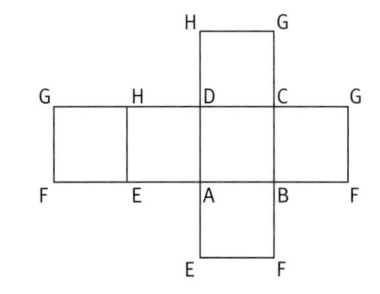

K1 **8**
a) ①, ②, ⑤ und ⑥
b) ③ und ⑤
c) Die Summe der Augenzahlen gegenüberliegender Seiten ergibt immer 7.

K4 **9** a)

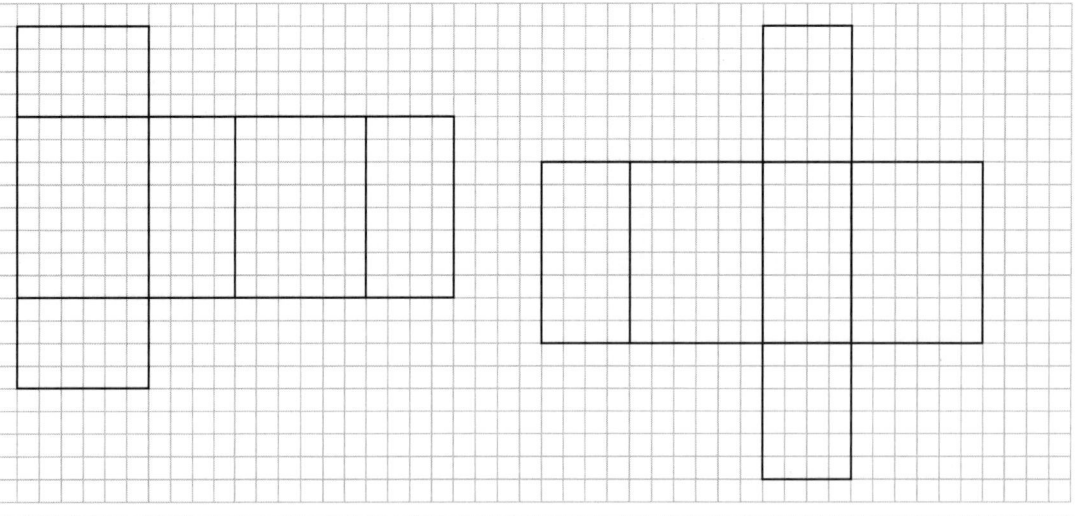

b)

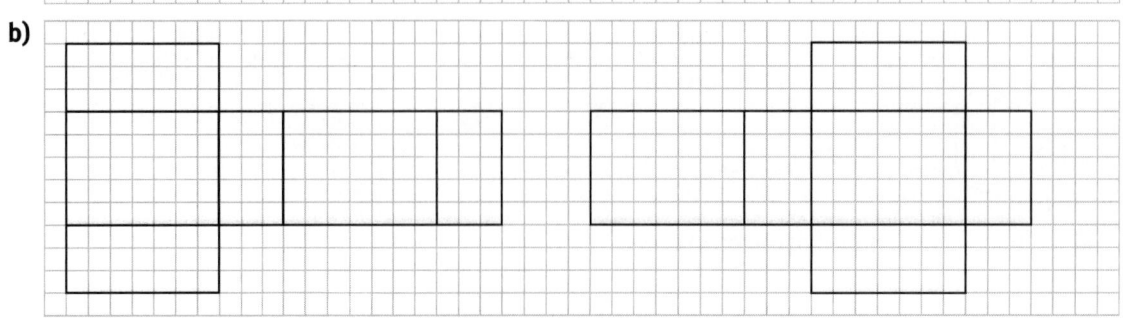

5.6 Netze von Quader und Würfel

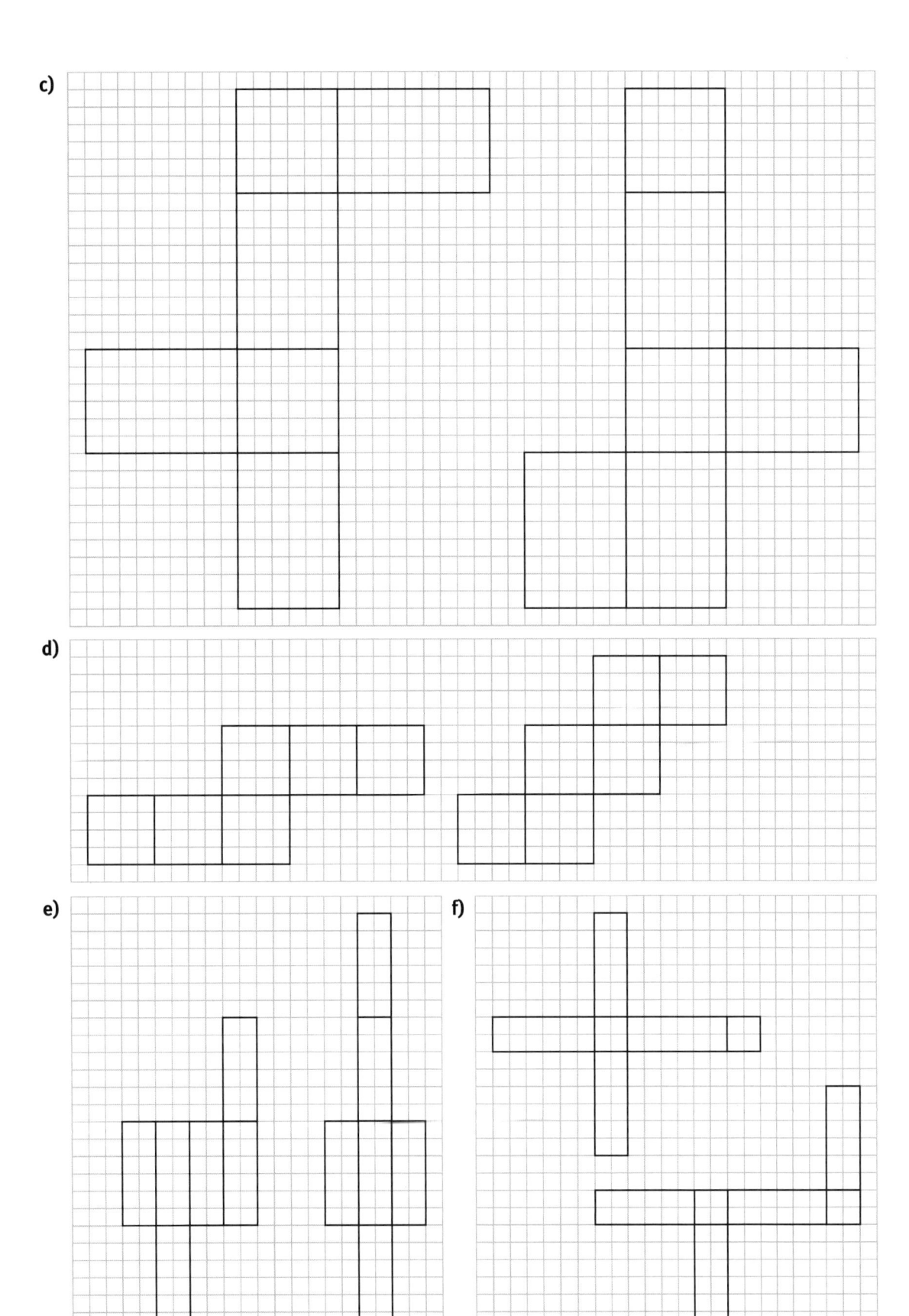

c)

d)

e) f)

5.6 Netze von Quader und Würfel

K1 10 a) Nein, es lässt sich kein Würfelnetz ausschneiden.
b) Ja, hier lassen sich 10 von 11 Würfelnetzen ausschneiden.
c) Nein, es lässt sich kein Würfelnetz ausschneiden.
d) Ja, es gibt folgende Möglichkeiten:

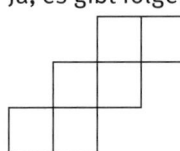

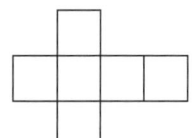

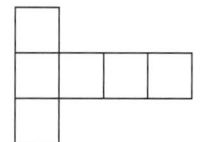

e) Ja, es gibt genau eine Möglichkeit:

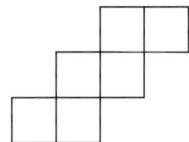

K3 11 a) 1 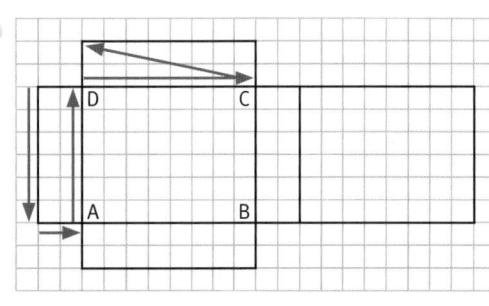   2 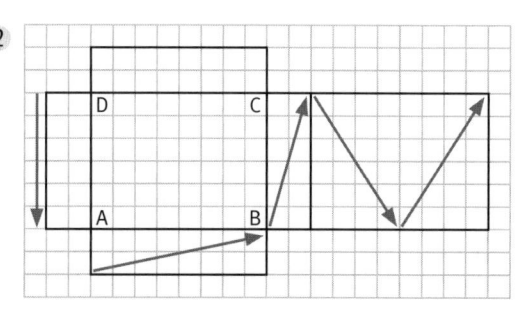   3

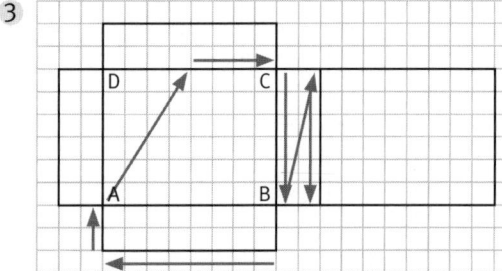

b)

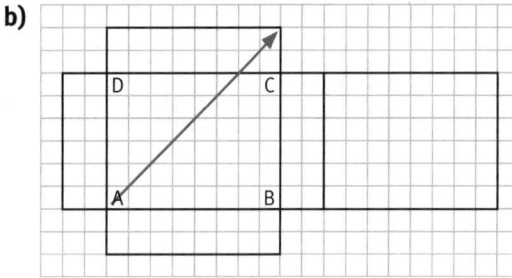

K3 12 Es gibt verschiedene Möglichkeiten:
- Quader mit dem Maßen 2 cm · 3 cm · 4 cm
- Quader mit dem Maßen 1,5 cm · 2,5 cm · 5 cm
- Quader mit dem Maßen 1 cm · 1 cm · 7 cm
- …
- Würfel mit Kantenlänge 3 cm

Die Summe aller drei von einer Ecke ausgehenden Kanten muss 36 cm : 4 cm = 9 cm ergeben.

K1 13 a) ja   b) ja   c) ja   d) nein

5.6 Netze von Quader und Würfel

K2 14 Neben den abgebildeten sind noch andere Lösungen möglich.

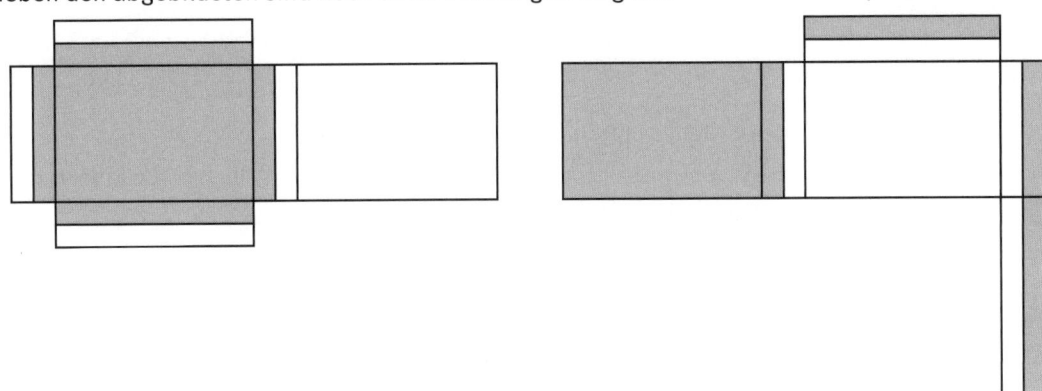

K2 15 a) Pyramide   b) dreiseitiges Prisma   c) dreiseitiges Prisma   d) Zylinder

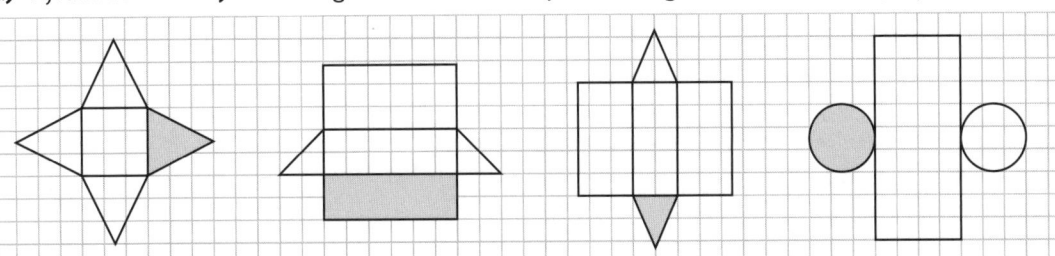

K2

Basteln

Geschenkverpackungen
- Durch das selbstständige Entwerfen und Basteln von Geschenkverpackungen können die Schülerinnen und Schüler die erworbenen Kenntnisse und Kompetenzen in handlungsorientierter und motivierender Weise anwenden und vertiefen.

5.7 Oberflächeninhalt vom Quader und Würfel

Entdecken

K5 ■ Individuelle Antworten.
K5 ■ Individuelle Antworten.
K5 ■ Es entstehen Rechtecke (das Netz der quaderförmigen Milchtüte).
K1 ■ Werden die Kanten verdoppelt (verdreifacht), passt 8-mal (27-mal) so viel Milch in die Milchtüte
($2 \cdot l \cdot 2 \cdot b \cdot 2 \cdot h = 8 \cdot l \cdot b \cdot h$ und $3 \cdot l \cdot 3 \cdot b \cdot 3 \cdot h = 27 \cdot l \cdot b \cdot h$).

Nachgefragt

K5 ■ Mit den Bezeichnungen wie auf Seite 168 im Schulbuch lautet die Formel für den Oberflächeninhalt eines „Quaders ohne Deckel":
$O = l \cdot b + 2 \cdot b \cdot h + 2 \cdot l \cdot h$.

K1 ■ Der Würfel ist der Sonderfall eines Quaders mit lauter quadratischen Seitenflächen. Mit den Bezeichnungen wie auf Seite 168 im Schulbuch lautet die Formel für den Oberflächeninhalt eines Quaders mit lauter gleich langen Seiten (l = b = h = a):
$O = 2 \cdot l \cdot b + 2 \cdot b \cdot h + 2 \cdot l \cdot h = 2 \cdot a \cdot a + 2 \cdot a \cdot a + 2 \cdot a \cdot a = 2 \cdot a^2 + 2 \cdot a^2 + 2 \cdot a^2 = 6 \cdot a^2$.
Dies ist die Formel für den Oberflächeninhalt eines Würfels: $O = 6 \cdot a^2$.

K1 ■ Mit l = b gilt für den Oberflächeninhalt des Quaders:
$O = 2 \cdot b \cdot b + 2 \cdot b \cdot h + 2 \cdot b \cdot h = 2 \cdot b^2 + 4 \cdot b \cdot h$.

Aufgaben

K4 1

Würfel	a)	b)	c)	d)	e)	f)
Kantenlänge	3 cm	6 cm	9 cm	5 m	4 cm 5 mm	1 m 5 dm 3 cm
Oberflächeninhalt	54 cm²	216 cm²	486 cm²	150 m²	1 dm² 21 cm² 50 mm²	14 m² 4 dm² 54 cm²

K4 2

Quader	a)	b)	c)	d)	e)	f)	g)	h)
Oberflächeninhalt	94 cm²	13 dm² 44 cm²	1 dm² 99 cm²	11 dm² 60 cm²	523 dm² 80 cm²	49 dm² 9 cm² 30 mm²	24 dm² 33 cm² 10 mm²	2 dm² 36 cm² 22 mm²

K4 3

Würfel	a)	b)	c)	d)	e)	f)
Kantenlänge	2 m	1 dm	6 m	7 mm	15 cm	5 cm

K4 4
① $O = 2 \cdot 4\,cm \cdot 5\,cm + 2 \cdot 4\,cm \cdot 2\,cm + 2 \cdot 5\,cm \cdot 2\,cm = 40\,cm^2 + 16\,cm^2 + 20\,cm^2 = 76\,cm^2$
② 30 cm − 34 mm − 34 mm = 232 mm
232 mm : 2 = 116 mm
$O = 2 \cdot 116\,mm \cdot 34\,mm + 2 \cdot 34\,mm \cdot 58\,mm + 2 \cdot 116\,mm \cdot 58\,mm$
$= 7888\,mm^2 + 3944\,mm^2 + 13\,456\,mm^2 = 25\,288\,mm^2 = 252\,cm^2\,88\,mm^2$

K3 5 Es sind verschiedene individuelle Lösungen möglich.

5.7 Oberflächeninhalt vom Quader und Würfel

K4 **6** Lösungsmöglichkeiten:
$O = 200 \text{ cm}^2$ $a = b = 5 \text{ cm}; c = 75 \text{ mm}$ $a = b = 4 \text{ cm}; c = 105 \text{ mm}$
$O = 256 \text{ dm}^2$ $a = b = 8 \text{ dm}; c = 4 \text{ dm}$ $a = b = 2 \text{ dm}; c = 31 \text{ dm}$
$O = 700 \text{ mm}^2$ $a = b = 10 \text{ mm}; c = 12,5 \text{ mm}$ $a = 20 \text{ mm}; b = 10 \text{ mm}; c = 5 \text{ mm}$

Anmerkung: Bei dieser Aufgabe bietet sich der Einsatz eines Tabellenprogramms an, um Lösungen durch Probieren zu finden.

K4 **7**

	a)	b)	c)	d)	e)
Länge l	4 cm	5 m	10 dm	70 dm	50 mm
Breite b	5 cm	6 m	8 dm	650 cm	2 dm
Höhe h	3 cm	4 m	15 dm	300 cm	75 mm
Oberfläche O	94 cm²	148 m²	700 dm²	172 m²	575 cm²

K3 **8** a) ① $4 \cdot 24 \text{ cm} + 4 \cdot 6 \text{ cm} + 4 \cdot 12 \text{ cm} = 96 \text{ cm} + 24 \text{ cm} + 48 \text{ cm} = 168 \text{ cm}$

② $12 \cdot 11 \text{ cm} = 132 \text{ cm}$

③ $4 \cdot 55 \text{ mm} + 4 \cdot 45 \text{ mm} + 4 \cdot 205 \text{ mm} = 220 \text{ mm} + 180 \text{ mm} + 82 \text{ mm} = 1220 \text{ mm}$

b) ① $O = 2 \cdot 24 \text{ cm} \cdot 12 \text{ cm} + 2 \cdot 24 \text{ cm} \cdot 6 \text{ cm} + 2 \cdot 12 \text{ cm} \cdot 6 \text{ cm}$
    $= 576 \text{ cm}^2 + 288 \text{ cm}^2 + 144 \text{ cm}^2 = 1008 \text{ cm}^2$

② $O = 6 \cdot 11 \text{ cm} \cdot 11 \text{ cm} = 726 \text{ cm}^2$

③ $O = 2 \cdot 55 \text{ mm} \cdot 45 \text{ mm} + 2 \cdot 45 \text{ mm} \cdot 205 \text{ mm} + 2 \cdot 55 \text{ mm} \cdot 205 \text{ mm}$
    $= 4950 \text{ mm}^2 + 18450 \text{ mm}^2 + 22550 \text{ mm}^2 = 45950 \text{ mm}^2 = 459 \text{ cm}^2 \, 50 \text{ mm}^2$

Ordnung nach der Größe des Oberflächeninhalts:
Körper 3 < Körper 2 < Körper 1

K4 **9** a) 9 cm   b) 5 dm   c) 15 mm   d) 25 mm = 2 cm 5 mm

K1 **10** a) $O = 2 \cdot 15 \text{ cm} \cdot 5 \text{ cm} + 2 \cdot 15 \text{ cm} \cdot 8 \text{ cm} + 2 \cdot 5 \text{ cm} \cdot 8 \text{ cm}$
$O = 150 \text{ cm}^2 + 240 \text{ cm}^2 + 80 \text{ cm}^2$
$O = 470 \text{ cm}^2$

b) Verdopplung:
$O = 2 \cdot 30 \text{ cm} \cdot 10 \text{ cm} + 2 \cdot 30 \text{ cm} \cdot 16 \text{ cm} + 2 \cdot 10 \text{ cm} \cdot 16 \text{ cm}$
$O = 600 \text{ cm}^2 + 960 \text{ cm}^2 + 320 \text{ cm}^2$
$O = 1880 \text{ cm}^2$

Halbierung:
$O = 2 \cdot 75 \text{ mm} \cdot 25 \text{ mm} + 2 \cdot 75 \text{ mm} \cdot 40 \text{ mm} + 2 \cdot 25 \text{ mm} \cdot 40 \text{ mm}$
$O = 3750 \text{ mm}^2 + 6000 \text{ mm}^2 + 2000 \text{ mm}^2$
$O = 11750 \text{ mm}^2$

c) Die Formel zur Berechnung der Oberfläche besteht aus drei Summanden: $l \cdot b$, $l \cdot h$ und $b \cdot h$. Wenn sich die Länge verdoppelt und die Breite halbiert, dann ändert sich am Summanden $l \cdot b$ gar nichts. Da die ursprüngliche Länge größer ist als die Breite, wird $l \cdot h$ auch stärker anwachsen als sich $b \cdot h$ verringert. Folglich nimmt die Oberfläche insgesamt zu.

5.7 Oberflächeninhalt vom Quader und Würfel

K4 **11 a)** O = 2 · 50 cm · 1000 cm + 2 · 50 cm · 20 cm + 2 · 1000 cm · 20 cm
= 100 000 cm² + 2000 cm² + 40 000 cm² = 142 000 cm² = 14 m² 20 dm²

b) O = 2 · 20 cm · 5 cm + 2 · 20 cm · 4 cm + 2 · 5 cm · 4 cm
= 200 cm² + 160 cm² + 40 cm² = 400 cm²

c) O = 2 · 30 cm · 3 cm + 2 · 30 cm · 300 cm + 2 · 3 cm · 300 cm
= 180 cm² + 18 000 cm² + 1800 cm² = 19 980 cm²

d) l = 4 m; b = 8 m; h = 24 m
O = 2 · 4 m · 8 m + 2 · 4 m · 24 m + 2 · 8 m · 24 m
= 64 m² + 192 m² + 384 m² = 640 m²

K4 **12 a)** O = 6 cm · 5 cm + 6 cm · 4 cm + 6 cm · 8 cm + 2 · (2 cm · 6 cm) + 3 cm · 6 cm + 2 · (5 cm · 4 cm + 3 cm · 2 cm)
O = 196 cm²

b) O = 2 cm · 3 cm + 4 cm · 2 cm + 2 cm · 3 cm + 2 · (2 cm · 6 cm) + 10 cm · 2 cm + 2 · (10 cm · 10 cm − 4 cm · 3 cm)
O = 240 cm²

K2 **13 a)** Die Zellen A1 bis A4 dienen der inhaltlichen Bezeichnung der nebenstehenden Zellen B1 bis B4.
Mit den Bezeichnungen der Zellen B1 bis B3 beschreibt die Formel in der Zelle B4 die Größe der Quaderoberfläche, die sich aus den Seitenflächen l · b (B1 · B2), l · h (B1 · B3) und b · h (B2 · B3) ergibt, wobei anschließend die Summe der Einzelflächen verdoppelt wird, da jede Fläche an einem Quader zwei Mal vorkommt.

b) Bei Übernahme lässt sich der Inhalt der Oberfläche von Quadern unmittelbar berechnen.

c) Lösungsbeispiel: l = 4 cm, b = 12 cm, h = 10 cm

d) Es sind unterschiedliche Lösungen möglich.

Auf unterschiedlichen Wegen 5

K3 1 a) 1600 mm² b) 1125 mm²   a) 1450 mm² b) 900 mm²
        c) 1300 mm² d) 250 mm²   c) 350 mm² d) ≈ 1050 mm²

K3 2 Das blaue Dreieck passt 6-mal in das grüne Rechteck.

Das blaue Dreieck passt 24-mal in das grüne Parallelogramm.

K4 3   1: K   2: A   3: P   1: B   2: E   3: U
       4: P   5: E   6: L   4: R   5: E   6: N
       KAPPEL   BEUREN

K1 4 Der Würfel 2 wurde aus dem Netz gefaltet.

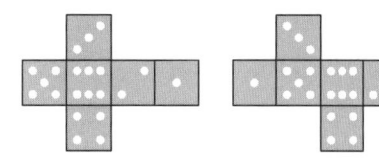

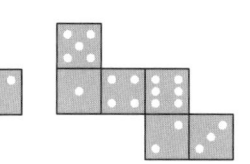

K1 5 Das Netz 3 passt als einziges.
      Bodenfläche: grün
      linke Seitenfläche: blau
      Fläche hinten: violett

Es entsteht das Netz 2.

K3 6 Individuelle Lösungen.
Beispiele für mögliche Netze:

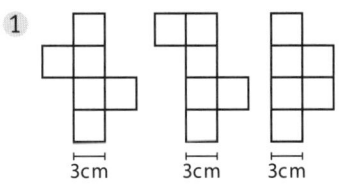

① 3 cm, 3 cm, 3 cm

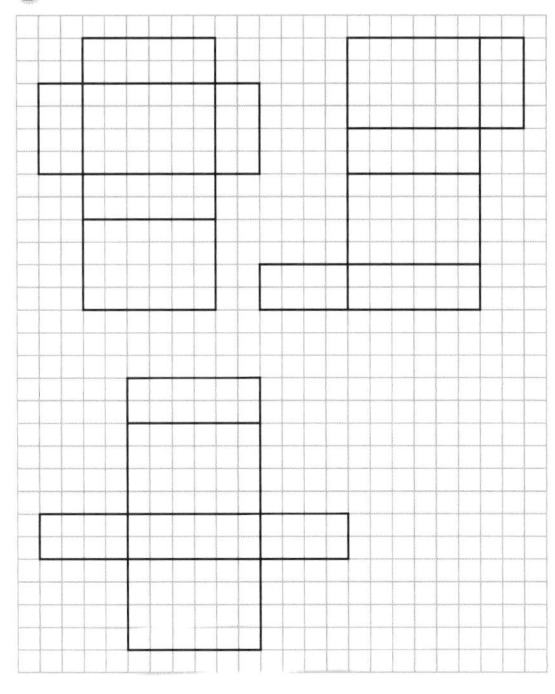

②

Individuelle Lösungen.
Beispiele für mögliche Netze:

① 35 mm, 35 mm, 35 mm

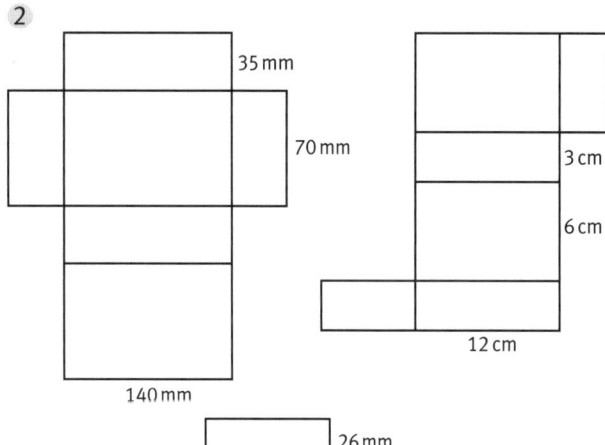

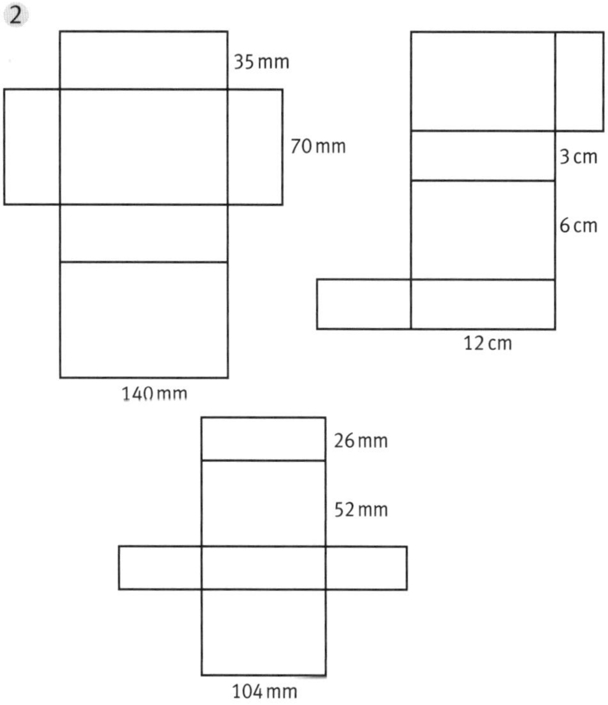

② 35 mm, 70 mm, 140 mm; 3 cm, 6 cm, 12 cm; 26 mm, 52 mm, 104 mm

Schulbuchseite 172/173

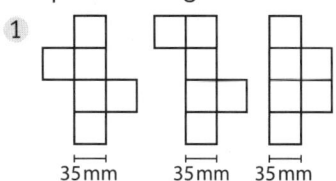

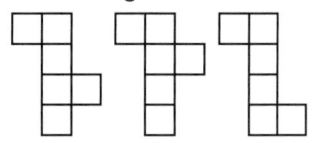

5 Auf unterschiedlichen Wegen

3 Kantenlänge: ca. 74 mm

K4 **7** a) O = 1344 cm²
b) O = 280 cm²
c) O = 6210 cm²

a) 490 930 mm² = 49 dm² 9 cm² 30 mm²
b) 243 310 mm² = 24 dm² 3 cm² 10 mm²
c) 1 541 490 mm² = 1 m² 54 dm² 14 cm² 90 mm²

Kreuz und quer 5

1 größter Umfang: rotes Rechteck mit U = 146 mm
kleinster Umfang: blaues Rechteck mit U = 76 mm

Rechtecksfarbe	Gelb	Grün	Rot	Hellblau	Braun	Blau
Umfangslänge in mm	96	82	146	90	78	76

2 Es entsteht das Netz ②.

3 ① 76 Kästchen   ② 62 Kästchen   ③ 96 Kästchen   ④ 76 Kästchen   ⑤ 96 Kästchen   ⑥ 62 Kästchen
Gleichen Flächeninhalt besitzen ② und ⑥, ① und ④, ③ und ⑤.

4 Lösungsmöglichkeiten:

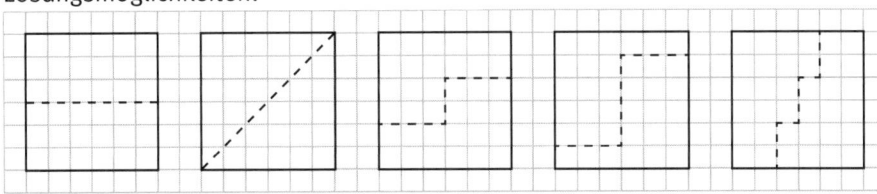

5 a) 234 mm²
243 460 000 cm²
234 460 000 mm²

b) 450 000 m²
250 700 mm²
460 000 a

c) 8 340 000 m²
50 007 a
2193 cm²

6 a) 192 mm²   **b)** 160 mm²   **c)** 128 mm²

7 a) 14 m² 50 dm² = 1450 dm² = 145 000 cm² = 14 500 000 mm²
b) 2500 a = 25 000 000 dm² = 25 ha = 250 000 000 000 mm²

8 a) (Rechteck: 5 m 25 cm × 3 m)

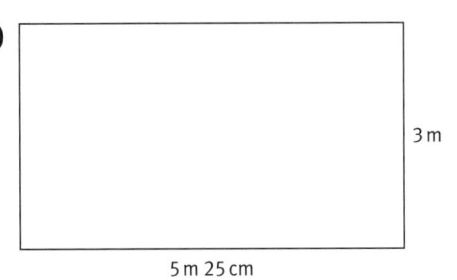

b) 5 m 25 cm · 3 m = 15 m² 75 dm²
15 m² 75 dm² · 19,20 € = 302,40 €

c) 487,40 € − 302,40 € = 185,00 €
185 € : 37 € = 5
Der Handwerker hat fünf Stunden gearbeitet.

5 Kreuz und quer

K3 **9 a)** 105 m · 68 m = 7140 m²

b) U = 2 · l + 2 · b
U = 2 · 105 m + 2 · 68 m = 210 m + 136 m = 346 m
Laufstrecke: 3 · 346 m = 1038 m
Die Mannschaft muss 1038 m laufen.

c)

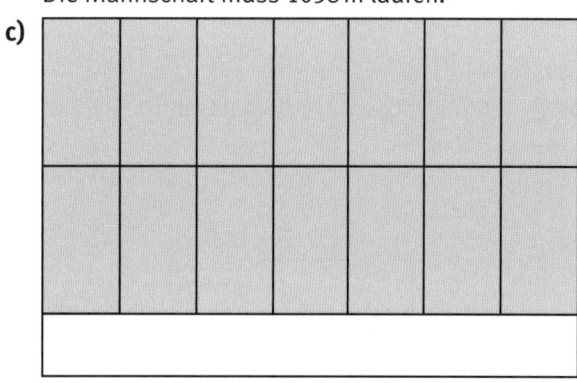

Gezeichnet ergeben sich 14 Basketballfelder.
Theoretisch ergibt sich für das Basketballfeld: A = 15 m · 28 m = 420 m²
Verteilt auf die Fläche des Fußballfeldes folgt: 7140 m² : 420 m² = 17
Es würden 17 Basketballfelder auf ein Fußballfeld passen.
Dieser theoretische Wert berücksichtigt dabei nicht die tatsächlichen Abmessungen beider Felder, sondern es würden einfach die überstehenden Teilfelder aus der Überdeckung wieder zu neuen Basketballfeldern „zusammengesetzt" werden können.

d) Die Länge des Tennisplatzes beträgt 2 · 1169 cm = 2338 cm.
A = 1097 cm · 2338 cm = 2 564 786 cm² = 256 m² 47 dm² 86 cm²

K4 **10 a)** ①

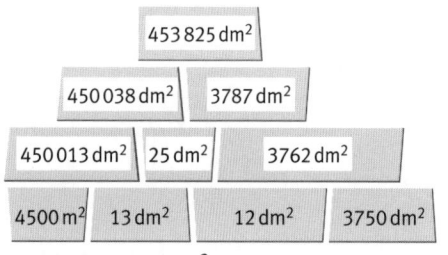

- 453 825 dm²
- 450 038 dm² | 3787 dm²
- 450 013 dm² | 25 dm² | 3762 dm²
- 4500 m² | 13 dm² | 12 dm² | 3750 dm²

b) ②

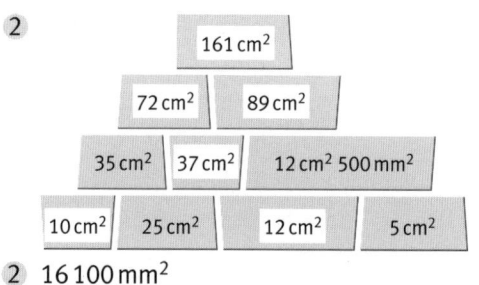

- 161 cm²
- 72 cm² | 89 cm²
- 35 cm² | 37 cm² | 12 cm² 500 mm²
- 10 cm² | 25 cm² | 12 cm² | 5 cm²

b) ① 4 538 250 000 mm²   ② 16 100 mm²

c) Werden die Größen auf allen untersten Steinen verdoppelt (halbiert), dann verdoppelt (halbiert) sich die Größe auf dem obersten Stein. Dies ergibt:
① verdoppelt: 907 650 dm²   halbiert: 22 691 250 cm²
② verdoppelt: 322 cm²   halbiert: 8050 mm²

K2 **11** Individuell gestaltete Mindmaps.

K3 **12 a)** Die Kantenlänge des Würfels beträgt 6 cm. Der Oberflächeninhalt des Würfels ist somit 6 · (6 cm)² = 216 cm².

b) Der Verschnitt ist 6 · (6 cm)² = 216 cm².

13 Gesamtdarstellung:

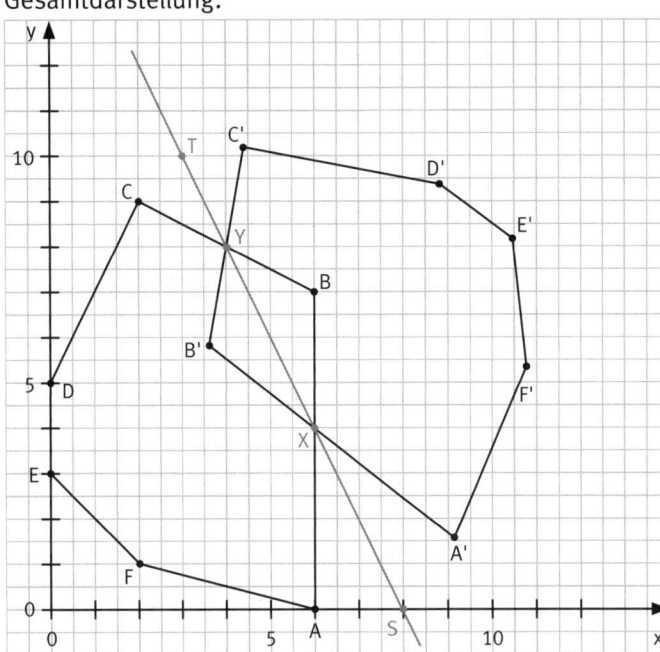

a) Lösung im Rahmen der Messgenauigkeit. Bei einer Einheit von 1 cm ergeben sich die folgenden Maße:

Umfangslänge:
$U = \overline{AB} + \overline{BC} + \overline{CD} + \overline{DE} + \overline{EF} + \overline{FA}$
$U = 70\,mm + 45\,mm + 45\,mm + 20\,mm + 28\,mm + 41\,mm = 249\,mm$

Flächeninhalt:
Verschiedene Unterteilungen in Rechtecke und halbe Rechtecke möglich.
$A = 40\,cm^2$

b) Lösung siehe Gesamtdarstellung

c) X(6|4), Y(4|8)

d) Auch wenn das Drachenviereck als Figur noch nicht formal eingeführt wurde, kann es jedoch anhand der Achsensymmetrie zu einer der beiden Diagonalen beschrieben werden. Damit ergibt sich, dass sich in den Punkten X und Y jeweils zwei gleich lange Seiten treffen.
Lösungsmöglichkeiten zur Bestimmung des Flächeninhalts über näherungsweises Auszählen oder Verdopplung der Fläche des Dreiecks XBY:
$A = 2 \cdot 3\,cm^2 = 6\,cm^2$

14 a) $O = 2 \cdot 9\,cm \cdot 6\,cm + 2 \cdot 9\,cm \cdot 19\,cm + 2 \cdot 6\,cm \cdot 19\,cm = 678\,cm^2$

b) Der Folienverbrauch entspricht jeweils dem Oberflächeninhalt des aus den sechs Saftpäckchen zusammengesetzten Sechserpacks.

① $l = 9\,cm;\ b = 36\,cm;\ h = 19\,cm$
$O_1 = 2 \cdot 9\,cm \cdot 36\,cm + 2 \cdot 9\,cm \cdot 19\,cm + 2 \cdot 36\,cm \cdot 19\,cm = 2358\,cm^2$

② $l = 18\,cm;\ b = 18\,cm;\ h = 19\,cm$
$O_2 = 2 \cdot 18\,cm \cdot 18\,cm + 2 \cdot 18\,cm \cdot 19\,cm + 2 \cdot 18\,cm \cdot 19\,cm = 2016\,cm^2$

③ $l = 27\,cm;\ b = 12\,cm;\ h = 19\,cm$
$O_3 = 2 \cdot 27\,cm \cdot 12\,cm + 2 \cdot 27\,cm \cdot 19\,cm + 2 \cdot 12\,cm \cdot 19\,cm = 2130\,cm^2$

④ $l = 6\,cm;\ b = 54\,cm;\ h = 19\,cm$
$O_4 = 2 \cdot 6\,cm \cdot 54\,cm + 2 \cdot 6\,cm \cdot 19\,cm + 2 \cdot 54\,cm \cdot 19\,cm = 2928\,cm^2$

Vergleich des Folienverbrauchs: $O_2 < O_3 < O_1 < O_4$
Bei der Anordnung ② ist der Folienverbrauch am kleinsten, bei der Anordnung ④ am größten.

15 a) $192\,cm^2$ **b)** $26\,200\,mm^2 = 262\,cm^2$

Kreuz und quer

K3 **16** U = 28 cm + 14 cm + 12 cm + 20 cm − 8 cm = 66 cm

Die Kinder übertragen die Zeichnung in ihr Heft. Wenn man dann alle gleich langen Strecken mit gleicher Farbe kennzeichnet, lässt sich gut erkennen, dass zur Berechnung der Umfangslänge des Rechtecks die Umfangslänge des inneren, kleinsten Rechtecks von der Summe der vier übrigen angegebenen Umfangslängen subtrahiert werden muss.

K2 **17 a)** Die Terme können mit Variablen oder durch Worte beschrieben werden. Auf die Kurzformen kommt man auch durch das „Abzählen" an der Figur.
Festlegung der Variablen: Länge: a = 3 · b, Breite: b, Höhe: h = b, Länge des Paketbandes: l

① l = 2 · a + 2 · b   l = 8 · b   ② l = 2 · a + 4 · b + 2 · h   l = 12 · b
③ l = 4 · a + 6 · b + 2 · h   l = 20 · b   ④ l = 2 · a + 6 · b + 4 · h   l = 16 · b

b) Das dritte Paket benötigt die längste Schnur, die 20-mal so lang ist wie das Paket breit.

c) ① 240 cm = 8 · b,   somit b = 30 cm, h = 30 cm, a = 90 cm
② 240 cm = 12 · b,   somit b = 20 cm, h = 20 cm, a = 60 cm
③ 240 cm = 20 · b,   somit b = 12 cm, h = 12 cm, a = 36 cm
④ 240 cm = 16 · b,   somit b = 15 cm, h = 15 cm, a = 45 cm

K2 **18 a)** Für einen Container benötigt man etwa 135 m² Farbe.

b) Mit den Rundungen aus a) ergibt sich: O = 25 · 135 m² = 3375 m²
Insgesamt würde man gut 3375 m² Farbe für 25 Container benötigen.

c) Annahme: Länge und Breite werden voll ausgenutzt.
1. Schritt: Welche Anordnung der Container ist günstiger?

Anordnung der Container längs	Anordnung der Container quer
Container pro Reihe 399 m : 1219 cm ≈ 32 Reihen pro Schicht: 59 m : 244 cm ≈ 24 Container pro Schicht: 32 · 24 = 768 Es passen somit in dieser Anordnung mehr Container in eine Schicht.	Container pro Reihe 399 m : 244 cm ≈ 163 Reihen pro Schicht: 59 m : 1219 cm ≈ 4 Container pro Schicht: 163 · 4 = 652

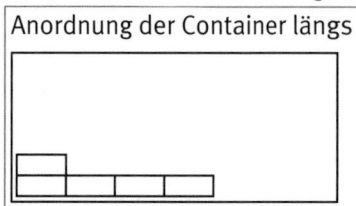

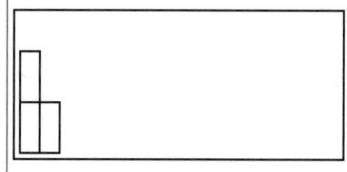

Anmerkung: Bei den Rechnungen wird aufgrund der Sachsituation immer abgerundet, weil Container ansonsten über das Schiff hinaus ragen.
2. Schritt: Anzahl der Container insgesamt: 8 · 768 = 6144.
Das Schiff kann nach dieser Berechnung 6144 Container laden.
Nicht berücksichtigt wurden der Kommandoturm und Sicherheitsabstände sowie Platz zwischen den Containern.
Laut Reederei kann dieses Schiff 18 270 Standardcontainer befördern. Der Unterschied kommt sicherlich dadurch zustande, dass die Container über mehr als 8 Schichten vom Schiffsinneren und auf dem Deck gestapelt werden.
Mit unserer obigen Rechnung ergeben sich etwa 23 Schichten.

K2

Alltag

Die neue Wohnung
- Schlafzimmer: 14 m² 52 dm²
  Bad/WC: 10 m² 56 dm²
  Wohnzimmer: 36 m² 52 dm²
  Kammer: 2 m² 52 dm²
  Flur: 17 m² 22 dm²
  Küche: 9 m² 66 dm²
- Die gesamte Wohnfläche beträgt 91 m².
- 12 mm in der Zeichnung entsprechen 2400 mm in der Wirklichkeit. Daraus ergibt sich:
  12 mm : 2400 mm = 1 : 200.
  Der Maßstab beträgt 1 : 200.
- 760 € : 91 m² = 8,35 €/m²
  Die Miete ist angemessen.
- Fußboden Wohnzimmer: 726,748 € ≈ 726,75 €
  Fußboden Schlafzimmer: 288,948 € ≈ 288,95 €
  Die Kosten für den neuen Fußboden betragen 1015,70 €.
- Fußleiste Wohnzimmer: 25 m 40 cm
  Fußleiste Schlafzimmer: 15 m 40 cm
  Aussparung der Türen: Die Zeichnung ergibt als Breite einer Tür 4 mm ≙ 80 cm. Für die beiden Türen müssen also 1 m 60 cm ausgespart werden.
  Es müssen 25 m 40 cm + 15 m 40 cm − 1 m 60 cm = 39 m 20 cm Fußleiste gekauft werden.
- Die Materialkosten für die Fußleisten betragen 176,008 € ≈ 176 €.
- Wände und Decke der Küche: ≈ 43 m² 16 dm²
  Wände und Decke des Wohnzimmers: ≈ 100 m² 2 dm²
  Theoretisch ergibt sich also eine zu streichende Fläche von 143 m² 18 dm².
  Da jedoch beide Räume Türen und Fenster (Außenwände!) haben, reduziert sich diese Fläche auf geschätzte 130 m². Bei dünnem Farbauftrag dürften zwei große Farbeimer reichen.
  Auf der sicheren Seite ist man mit zwei großen und einem kleinen Eimer, was Kosten in Höhe von 165 € verursacht.
  Wenn die oben geschätzten Abzüge für Türen und Fenster realistisch sind, reichen auch zwei kleine und ein großer Farbeimer. Die Kosten dafür liegen bei 150 €.

5 Tiefgang – Bauernhof

K5 **Morgen ist schon vorbei**
a) 1 Frankfurter Morgen < 1 Württemberger Morgen < 1 Bayerischer Morgen < 1 Badischer Morgen
b) 1 Württemberger Morgen: 3200 m²   1 Bayerischer Morgen: 3400 m²
    1 Frankfurter Morgen: 2000 m²   1 Badischer Morgen: 3600 m²

K3 **Ernteeinsatz**
a) Bestimmung der maximalen Fläche:

Fläche	pro Sekunde	pro Minute	pro Stunde	pro 10 Stunden
Lexion	9 m · 6 m = 54 m²	54 m² · 60 = 3240 m²	3240 m² · 60 = 194 400 m² ≈ 1900 a	194 400 m² · 10 = 1 944 000 m² ≈ 194 ha
Tucano	75 dm · 4 m = 30 m²	30 m² · 60 = 1800 m²	1800 m² · 60 = 108 000 m² ≈ 1100 a	108 000 · 10 = 1 080 000 m² ≈ 110 ha

b) Lexion: 15 000 : 3200 ≈ 4,7   Die Ernte dauert bei 150 a etwa 5 min.
                100 000 : 3200 ≈ 31,25   Die Ernte für 10 ha dauert gut eine halbe Stunde.
    Tucano: 15 000 : 1800 ≈ 8,3   Die Ernte für 150 a dauert ca. 8 min.
                100 000 : 1800 ≈ 55,6   Die Ernte für 10 ha dauert in diesem Fall etwa 55 min, also nicht
                                                ganz 1 h.
Die wirklichen Zeiten hängen natürlich auch davon ab, wie oft der Mähdrescher wenden muss.

c) Individuelle Rechercheergebnisse. Die Anzahl der pro Jahr in Deutschland durch Mähdrescher getöteten Rehkitze geht in die Tausende.
Den Rehkitzen wird dabei auch ein Instinkt, der sie eigentlich schützen soll, zum Verhängnis: Bei Gefahr bleiben sie ganz still im Getreide oder im Gras liegen und sind so für den Fahrer des Mähdreschers nicht zu erkennen.
In jüngster Zeit werden Versuche unternommen, die Rehkitze mithilfe von Drohnen mit Infrarotkameras aufzuspüren.

K2 **Auf das Ei gekommen**
a) Lösungsmöglichkeit: Vergleich der Grundfläche pro Huhn
Freiland: 4 m²
Boden: Ein Neuntel m² ≈ 10 dm²
Käfig: 50 cm · 50 cm = 2500 cm²   2500 cm² : 5 = 500 cm² = 5 dm²
Bei Bodenhaltung hat ein Huhn eine gut doppelt so große Grundfläche wie bei Käfighaltung. Bei Freilandhaltung steht dem Huhn der 80-fache Platz der Käfighaltung bzw. der 40-fache Platz der Bodenhaltung zu.

b) Gesamtfläche: A = 75 m · 25 m = 1875 m²   Anzahl der Hühner: 1875 · 9 = 16 875
Es können bis zu 16 875 Hühner in diesem Stall leben.

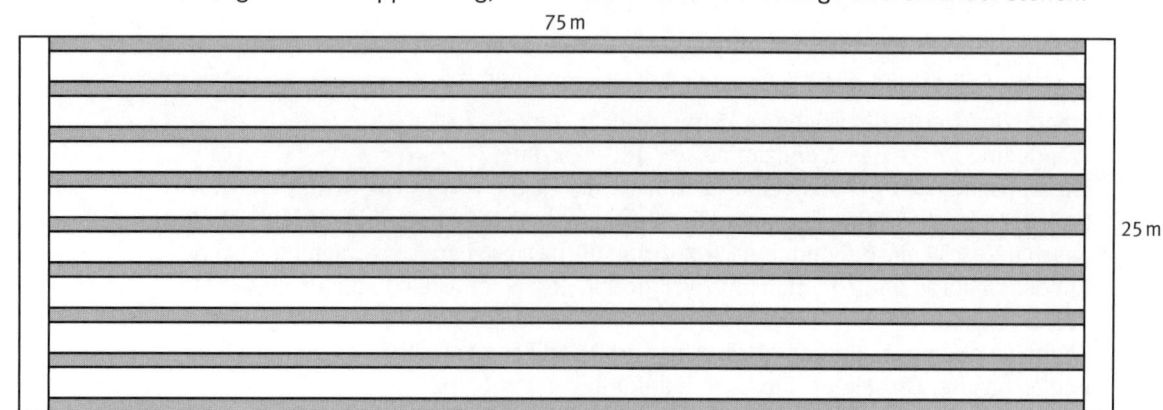

c) Lösungsmöglichkeit (1 m ≙ 2 mm):
Annahmen: Die Käfige stehen doppelreihig, in der Halle können acht Käfige übereinander stehen.

75 m

25 m

Für diese Anordnung gilt:
Länge einer Käfigreihe: 71 m. Somit sind 142 Käfige in einer Reihe mit maximal 142 · 5 = 710 Hennen. Pro Doppelreihe leben somit 1420 Hennen. Bei neun Doppelreihen ergeben sich 12 780 Hühner in einer Etage. Ausgehend von acht Etagen leben 102 240 Hennen in diesem Stall.

d) Ein DIN-A4-Blatt hat etwa eine Fläche von 600 cm². Der Platz eines Huhns liegt mit 500 cm² darunter, d. h. man kann sich leicht vorstellen, dass ein Huhn kaum noch eine Bewegungsfreiheit in einem Käfig hat. Ebenfalls ist der Platz nach oben beschränkt, sodass das Huhn nicht mal flattern kann, was zumindest bei der Bodenhaltung noch möglich ist. Gründe des Tierschutzes sprechen also gegen die Käfighaltung.

K3 — Ferien auf dem Bauernhof

a) Flur: A = 340 cm · 160 cm = 54 400 cm² = 5 m² 44 dm²
   Bad: A = 200 cm · (410 cm − 160 cm) = 50 000 cm² = 5 m²
   Wohnen: A = 580 cm · 410 cm − (410 cm − 160 cm) · 100 cm = 212 800 cm² = 21 m² 28 dm²

b) Kosten Bad: 97,20 €
   Kosten Flur: 51,68 €
   Kosten Wohnen: 202,16 €
   Gesamtkosten: 351,04 €
   Die berechneten Gesamtkosten sind allerdings nur eine Untergrenze der Materialkosten, weil man in der Realität immer mit Verschnitt arbeiten wird.

c) 41 mm in der Zeichnung entsprechen 4 m 10 cm = 4100 mm in Wirklichkeit. Der Maßstab ist somit 1 : 100.

d) Leistenlänge Flur: l = 2 · 340 cm + 2 · 160 cm − 110 cm = 890 cm
   Leistenlänge Wohnen: l = 580 cm + 160 cm + 100 cm + 250 cm + 480 cm + 410 cm − 110 cm
                           = 1870 cm
   Länge der Leisten insgesamt: 2760 cm = 27 m 60 cm ≈ 28 m
   Länge des Verschnitts: 2 m 80 cm
   Insgesamt müssen somit 28 m + 2 m 80 cm = 30 m 80 cm ≈ 31 m Leisten gekauft werden.

K2 — Alles Käse

a) Anzahl der Wochen zwischen Anfang März bis Ende Oktober aus dem Kalender: 35 Wochen
   (andere Ergebnisse bei Näherung eines Monats durch 4 Wochen,
   d. h. insgesamt 8 · 4 Wochen = 32 Wochen)
   Anzahl der Käselaibe: 35 · 7 · 2 = 490
   In einer Saison werden 490 Käselaibe hergestellt.

b) Pro Käselaib benötigt man 50 cm, d. h. für alle Laibe zusammen 245 Regalmeter
   (dabei bleibt unberücksichtigt, dass am Ende eines Regals der Zwischenraum entfallen kann).

c) ① 490 · 50 kg = 24 500 kg = 24 t 500 kg
   ② 490 · 30 s = 245 min = 4 h 5 min

d) Individuelle Antworten, z. B. kann die Thematik der Herstellung, der Entsorgung bzw. des Recyclings der Verpackungen besprochen werden. Auch die hygienische Funktion der für den Verkauf im Supermarkt verwendeten Verpackungen kann berücksichtigt werden, ebenso die Frage, welche Auswirkungen der direkte Einkauf beim Erzeuger (also ohne Kunststoffverpackung) hätte.

5 Am Ziel!

Aufgaben zur Einzelarbeit

K4 1

	Länge	Breite	Umfang
Rechteck	7 cm	3 cm	20 cm
	17 m	11 m	56 m
Quadrat	7 cm	7 cm	28 cm
	6 dm	6 dm	24 dm

K3 2 a) $6 \cdot 3\,cm = 18\,cm$
  b) $4\,cm + 5\,cm + 3\,cm = 12\,cm$
  c) $17\,cm + 10\,cm + 2 \cdot 13\,cm = 53\,cm$

K4 3 Fußballfeld: a   Stadtgebiet: km^2 Münze: mm^2
  Wohnzimmer: m^2 DIN-A4-Blatt: cm^2

K4 4 a) 24 Kästchen   b) 25 Kästchen   c) 18 Kästchen
     ($6\,cm^2$)   ($6\,cm^2\ 25\,mm^2$)   ($4\,cm^2\ 50\,mm^2$)

K4 5 a) $9200\,cm^2$ b) $27\,500\,ha$ c) $1005\,dm^2$

K4 6 a) $74\,dm^2$ b) $57\,ha$ c) $910\,km^2$

K4 7 a) $5\,ha\ 46\,a = 54\,600\,m^2$ b) $14\,dm^2 = 1400\,cm^2$
  c) $1570\,ha > 15\,km^2\ 7\,ha$ d) $23\,m^2 > 23\,000\,cm^2$

K4 8 a) $25\,cm^2 = 2500\,mm^2$ b) $250\,dm^2 = 25\,000\,cm^2$
  c) $75\,km^2 = 750\,000\,a$ d) $725\,ha = 7\,ha\ 25\,a$

K4 9 a) $A_R = 84\,cm^2$ $U_R = 38\,cm$
  b) $A_Q = 225\,mm^2$ $U_Q = 60\,mm$
  c) $A_R = 2585\,mm^2$ $U_R = 204\,mm$
  d) $A_Q = 4096\,cm^2$ $U_Q = 256\,cm$

K4 10 a) $b = 12\,cm$ b) $b = 75\,mm$
   c) $a = 15\,m$ d) $a = 27\,cm$

K4 11 a) $a = 13\,cm$ b) $a = 15\,cm$
   c) $a = 8\,m$ d) $a = 1200\,m$

K4 12 Es ergibt sich ein Rechteck ABCD mit Flächeninhalt $A_R = 24\,cm^2$ und Umfang $U_R = 20\,cm$.

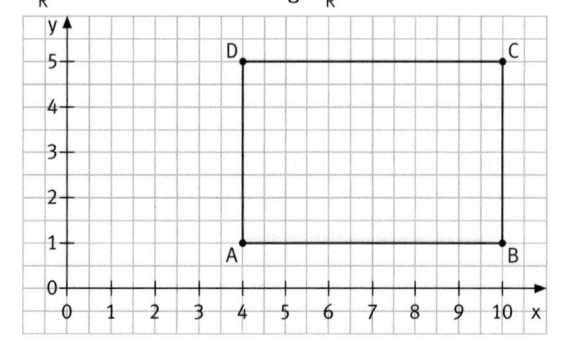

K4   **13 a)** Würfel: O = 6 · (7 cm)² = 6 · 49 cm² = 294 cm²
    b) Quader: O = 2 · (6 m · 5 m + 6 m · 4 m + 4 m · 5 m)
                 = 2 · (30 m² + 24 m² + 20 m²) = 148 m²

K4   **14** Flächeninhalt einer Seite: 486 cm² : 6 = 81 cm²
     Eine Seite ist damit 9 cm lang.

K4   **15** Es sind auch andere Lösungen möglich.

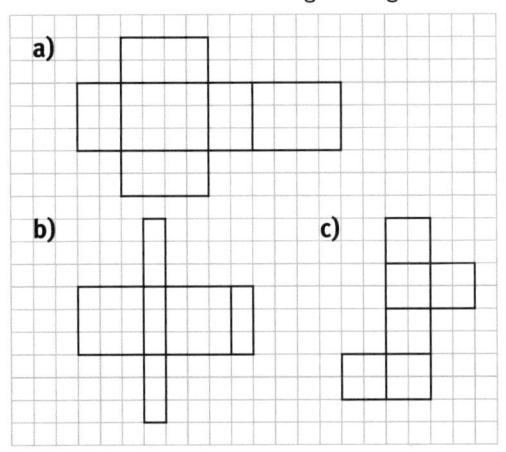

Aufgaben für Lernpartner

1/5   **A**   Nein. Richtig ist: Der Umfang eines Quadrats lässt sich mithilfe der Umfangsformel für das Rechteck berechnen, denn das Quadrat ist ein spezielles Rechteck (mit gleich langen Seiten). Die Umkehrung gilt aber nicht.

1/5   **B**   Ja, man kann beispielsweise ein Quadrat der Seitenlänge 2 cm mit einem Rechteck der Seitenlängen 3 cm und 1 cm vergleichen. Die Figuren haben unterschiedlichen Flächeninhalt (4 cm² bzw. 3 cm²), aber gleichen Umfang: 8 cm.

1/5   **C**   Nein, vor allem bei Figuren, die nicht von Strecken begrenzt werden, ist dies schwierig.

1/5   **D**   Richtig.

1/5   **E**   Richtig, denn ein Quadrat ist ein spezielles Rechteck, bei dem Länge und Breite identisch sind.

1/5   **F**   Falsch.

1/5   **G**   Falsch. Die Umkehrung wäre richtig: Der Würfel ist ein Sonderfall des Quaders.
     Es gilt: O = 2 · l · b + 2 · b · h + 2 · l · h

1/5   **H**   Richtig.

1/5   **I**   Richtig.

1/5   **J**   Falsch. Es gibt 11 Würfelnetze und je nach Aussehen des Quaders bis zu 54 Quadernetze.

1/5   **K**   Falsch, der Oberflächeninhalt vervierfacht sich. Man kann das leicht ausrechnen, indem man zwei Würfel miteinander vergleicht: 1 cm Kantenlänge bzw. 2 cm. Die Oberflächen sind dann 6 cm² bzw. 24 cm² groß.

1/5   **L**   Falsch. Es gilt nur: Jeder Würfel ist ein Quader, die Umkehrung gilt nicht.

1/5   **M**   Falsch. Die Schnittflächen bei der Zerlegung kommen bei den Teilquadern hinzu.

Schulbuchseite 180/181

6 Startklar!

K4 **1 a)** (Zahlenstrahl von 0 bis 15 in Einerschritten)

b) ① A: 6; B: 21; C: 33; D: 55; E: 69; F: 82; G: 96; H: 103
② A: 60; B: 230; C: 370; D: 440; E: 580; F: 830; G: 870; H: 1140

Die beiden Zahlenreihen unterscheiden sich durch ihre Skalierung: Die erste zählt in Einerschritten, die zweite in Zehnerschritten. Gemeinsam ist beiden, dass nur natürliche Zahlen dargestellt sind.

K4 **2 a)** 114 < 116 **b)** 525 < 575 **c)** 1200 < 1260 **d)** 1010 > 1001 **e)** $2^5 > 5^2$

K4 **3 a)** 13 + 17 + 2645 = 30 + 2645 = 2675
b) 1265 − (456 + 89) = 1265 − 545 = 720
c) (25 · 4) · 6 = 100 · 6 = 600
d) 120 : 15 = 8
e) 17 · 3 − 21 = 51 − 21 = 30

K1 **4 a)** 125 · 7 = 125 · (10 − 3) = 125 · 10 − 125 · 3 = 1250 − 375 = 875
Klammer vergessen; der Faktor vor der Klammer muss mit beiden Klammerinhalten multipliziert werden.
b) (399 − 72) : 3 = 399 : 3 − 72 : 3 = 133 − 24 = 109
Durch den Divisor, der nach der Klammer steht, müssen beide Klammerinhalte dividiert werden.
c) $(2^4 + 25) \cdot 5 = 2^4 \cdot 5 + 25 \cdot 5 = 16 \cdot 5 + 125 = 80 + 125 = 205$
Klammern müssen zuerst ausgerechnet werden.
d) (69 − 56) · 7 + 6 = 13 · 7 + 6 = 91 + 6 = 97
Punkt vor Strich beachten.

K4 **5 a)** 16 · 61 = 976
b) 203 : 7 = 29
c) (16 + 5) + 16 · 5 = 21 + 80 = 101
d) 428 − (268 + 32) = 428 − 300 = 128

K2 **6 a)** 2000 m
b) 2000 m + 1200 m + 1600 m + 2000 m + 2400 m + 3600 m = 12 800 m (32 Runden)
c) 12 800 · 10 ct = 1280 €
d) 3520 € gibt es für 35 200 m. 35 200 m entsprechen 88 Runden.

6 Ganze Zahlen

Einstieg

Die Auftaktseite eines Kapitels enthält zwei verschiedene Elemente:
Zunächst werden die Schüler mit einem offenen Einstiegsbeispiel an das neue Kapitel herangeführt. Zentral ist dabei immer der Anwendungsbezug: Kein Lehrplaninhalt ist rein innermathematisch, sodass den Schülern von Beginn an gezeigt werden sollte, dass Mathematik nichts Abstraktes ist, sondern oft im Leben der Schüler vorkommt. In einem Unterrichtsgespräch zur Auftaktseite können viele der kommenden Lerninhalte schon heuristisch erarbeitet, Vermutungen geäußert und Zusammenhänge erschlossen werden.

- Individuelle Schätzungen. Im nördlichen Polargebiet liegen die Temperaturen im Winter oft unter −50 °C, im Sommer können in einigen Regionen bis + 20 °C erreicht werden.

- Individuelle Begründungen. Die Temperaturen in der Arktis schwanken im Jahresverlauf erheblich (s. o.).

- Individuelle Antworten.

- Individuelle Fragen.

Ausblick

Die Aufzählung am Ende der Seite bietet einen Ausblick auf die wesentlichen Lernziele des Kapitels und schafft so eine hohe Transparenz für Schüler und Lehrer. Durch einen informierenden Unterrichtseinstieg können sich Schüler und Lehrer auf das Kommende einstellen.
Idealerweise wird im Unterricht der Bezug hergestellt zwischen der Einstiegssituation und den im Ausblick angegebenen Lernzielen.

6 Rundreise – Einmal um die ganze Welt …

Kap. 6.1

Andere Zeiten, andere Höhen!

- 0 m: −200; +100; +950
  −50 cm: −350; −100; +20
- Bei der Angabe der Meereshöhe geben negative Zahlen eine Abweichung nach unten von Normalnull (NN) an. Der Meeresspiegel liegt dann also tiefer als Normalnull.
- Der Meeresspiegel schwankte zwischen etwa −1 m 60 cm und +1 m 60 cm, also um 3 m 20 cm.
- Individuelle Fragen.

Kap. 6.2

Andere Länder, andere Zeiten!

- Die Skala gibt die Abweichung der örtlichen Uhrzeit von der Uhrzeit in Greenwich (Zeitzone 0), einem Stadtteil von London, an. Ein Minuszeichen bedeutet, dass es in der entsprechenden Zeitzone um die angegebene Stundenzahl früher als in der Zeitzone 0 ist, ein Pluszeichen gibt an, dass es in der entsprechenden Zeitzone um die angegebene Stundenzahl später als in der Zeitzone 0 ist.
- Berlin liegt in der Zeitzone „+1", New York in der Zeitzone „−5". Somit ist es in New York 6 Stunden früher als in Berlin.
- Wenn es in Berlin 6.20 Uhr (23.15 Uhr) ist, ist es in New York 0.20 Uhr (17.15 Uhr).
- Das Flugzeug landet in New York um 19.20 Uhr deutscher Zeit (13.20 Uhr Ortszeit).
- Luise ist um 22.10 Uhr (am Vortag) deutscher Zeit in New York gestartet. Der Start war um 16.10 Uhr Ortszeit in New York.
- Individuelle Überlegungen. In Sydney (Zeitzone +11) ist es 10 Stunden später als in Berlin. Die Flugzeit von Berlin nach Sydney hängt stark von der gewählten Verbindung ab und beträgt i. Allg. mindestens 22 Stunden.

Kap. 6.3

Andere Berge, andere Höhen!

- Höhenunterschiede bei Anstiegen (Abfahrten) der einzelnen Etappen werden im Folgenden mit „+" („−") gekennzeichnet.
  1 Sölden – Oetz: −557 m
  2 Oetz – Kühtai: +1230 m
  3 Kühtai – Kematen: −1420 m
  4 Kematen – Brenner: +744 m
  5 Brenner – Timmelsjoch: +1132 m
  6 Timmelsjoch – Sölden: −1129 m
- Beispiel (Darstellung in einem Säulendiagramm):

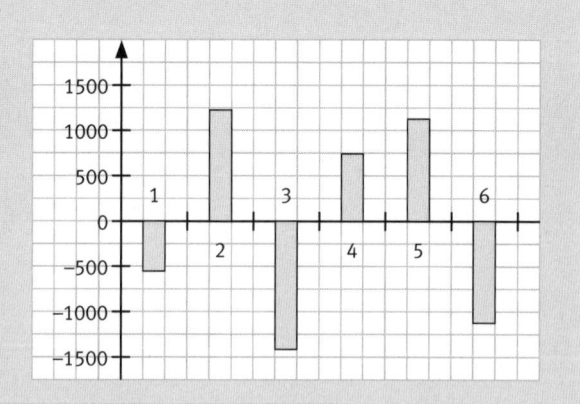

Kap. 6.4

Andere Höhen, andere Temperaturen!

- Der Höhenunterschied zwischen Hotel und Gipfel beträgt 1700 m. Die Temperatur auf dem Gipfel ist somit um etwa 8,5 °C ≈ 9 °C niedriger als im Hotel; sie beträgt etwa −11 °C.
- $T_{Gipfel} = T_{Bad\ Gastein} - 8{,}5\,°C$ bzw. gerundet $T_{Gipfel} = T_{Bad\ Gastein} - 9\,°C$

6.1 Ganze Zahlen und ihre Anordnung

Alternativer Einstieg: Schulbuch Seite 184

Entdecken

- Die Zahlen (teilweise mit Minuszeichen) geben die Temperatur in Grad Celsius an.
- Individuelle Beiträge.

Nachgefragt

- Alle natürlichen Zahlen sind auch ganze Zahlen, es gibt aber ganze Zahlen, die keine natürlichen Zahlen sind (die negativen ganzen Zahlen).
- Es gibt unendlich viele natürliche Zahlen. Zu jeder natürlichen Zahl (außer 0) gibt es eine negative Gegenzahl. Somit gibt es unendlich viele negative ganze Zahlen.
- Es gibt keine kleinste negative Zahl. Die größte negative ganze Zahl ist −1.
  Es gibt weder eine kleinste noch eine größte ganze Zahl.

Aufgaben

1 a) −274   b) 7   c) 609   d) −412   e) 5   f) −2   g) 0
   h) −11 (bezogen auf den eigenen Kontostand)   i) 67

2 Wertheim: 5 °C   Lahr: −13 °C   Feldberg: −19 °C
   Aalen: 0 °C   Sinsheim: −3 °C

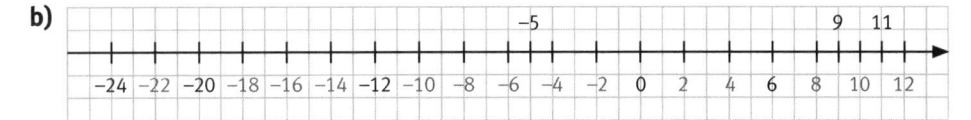

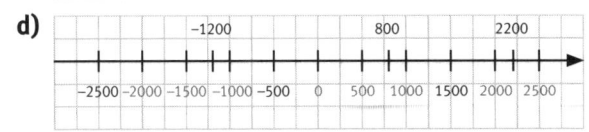

3 a) [Zahlenstrahl von −9 bis 8]
   b) [Zahlenstrahl von −24 bis 12, mit −5, 9, 11 eingetragen]
   c) [Zahlenstrahl von −400 bis 800, mit −350, −150, −50, −650 eingetragen]
   d) [Zahlenstrahl von −2500 bis 2500, mit −1200, 800, 2200 eingetragen]
   e) [Zahlenstrahl von −20000 bis 70000, mit −5000, 15000, 45000 eingetragen]

4 a) A: −100   B: −90   C: −75   D: −60   E: −45   F: −35   G: −15   H: 0
   b) A: −400   B: −355   C: −295   D: −250   E: −195   F: −185   G: −55   H: −5   I: 50

6.1 Ganze Zahlen und ihre Anordnung

K4 5 a) 13

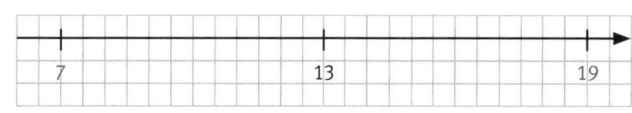

number line with marks at 7, 13, 19

b) 0

number line with marks at 0 and 9

c) 1

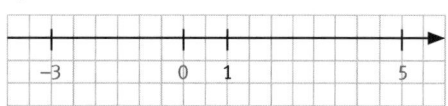

number line with marks at −3, 0, 1, 5

d) −16

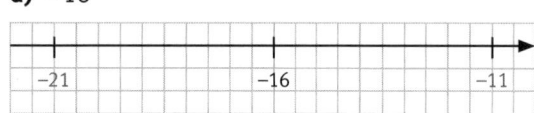

number line with marks at −21, −16, −11

e) −74

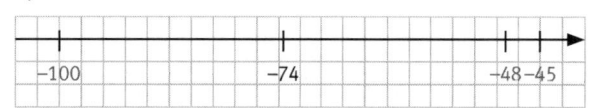

number line with marks at −100, −74, −48, −45

K4 6 a)

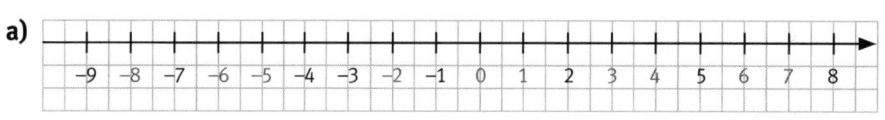

number line from −9 to 8

$-9 < -7 < -4 < -3 < -1 < 2 < 5 < 8$

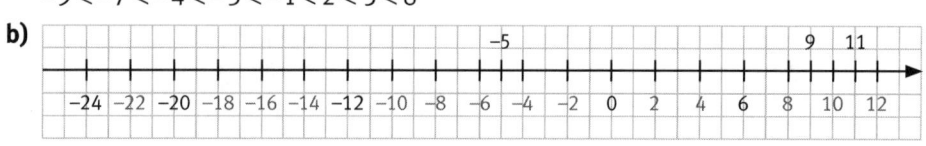

b)

number line from −24 to 12, with −5, 9, 11 marked above

$-24 < -20 < -12 < -5 < 0 < 6 < 9 < 11$

K4 7 a) 7 °C **b)** 19 °C **c)** 2 °C **d)** 10 °C **e)** 15 °C **f)** 102 °C

K2 8 Beispiele für passende Situationen:
  a) −2000 € Schulden sind mehr Schulden als −1500 €.
  b) 3461 m unter NN ist tiefer als 142 m über NN.
  c) Eine Strecke von 19 m ist länger als eine Strecke von 12 m.
  d) Das Jahr 14 n Chr. ist später als das Jahr 43 v. Chr.

6.1 Ganze Zahlen und ihre Anordnung

K4 **9 a)**

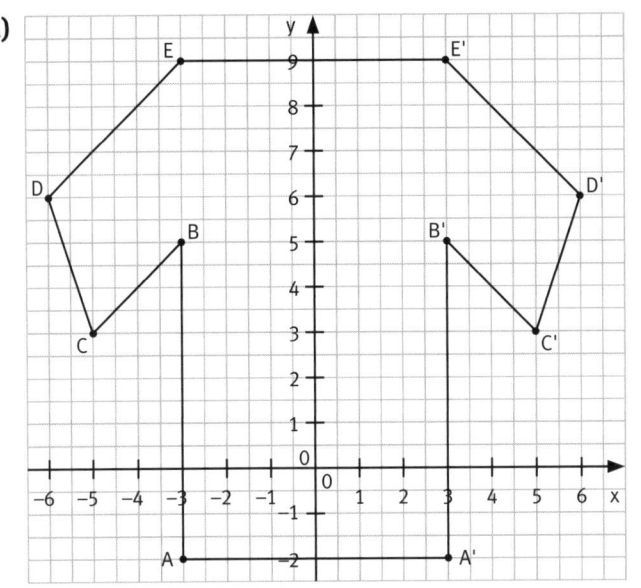

Koordinaten der Bildpunkte: A' (3|−2); B' (3|5); C' (5|3); D' (6|6); E' (3|9)

b) A: II. Quadrant B: IV. Quadrant C: II. Quadrant D: I. Quadrant
E: III. Quadrant F: I. Quadrant G: I. Quadrant H: III. Quadrant
I: IV. Quadrant J: I. Quadrant

c)

	I. Quadrant	II. Quadrant	III. Quadrant	IV. Quadrant
x-Koordinate	+	−	−	+
y-Koordinate	+	+	−	−

K4 **10 a)** ① Es entsteht ein Parallelogramm. ② Es entsteht ein Viereck ohne besondere Eigenschaften.

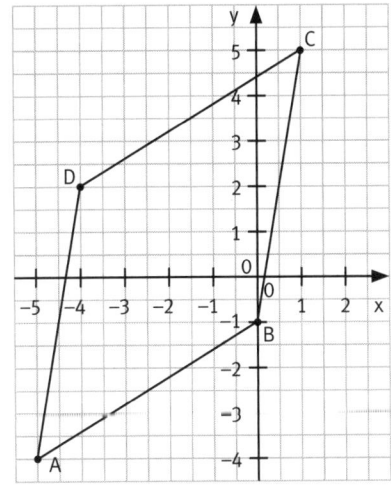

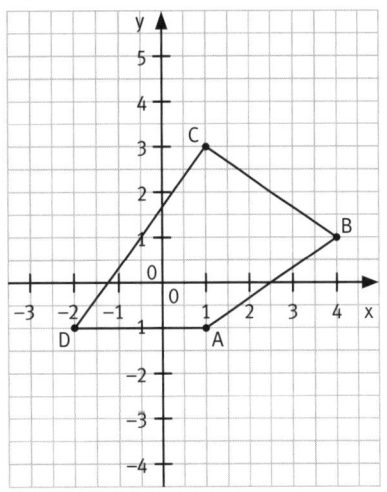

b) Individuelle Figuren.

K4 **11 a)** Folgende ganzzahlige Koordinaten von Eckpunkten lassen sich ablesen:
x-Koordinaten: 0; −4; 4
y-Koordinaten: −4

b) Individuelle Rechercheergebnisse.

6.1 Ganze Zahlen und ihre Anordnung

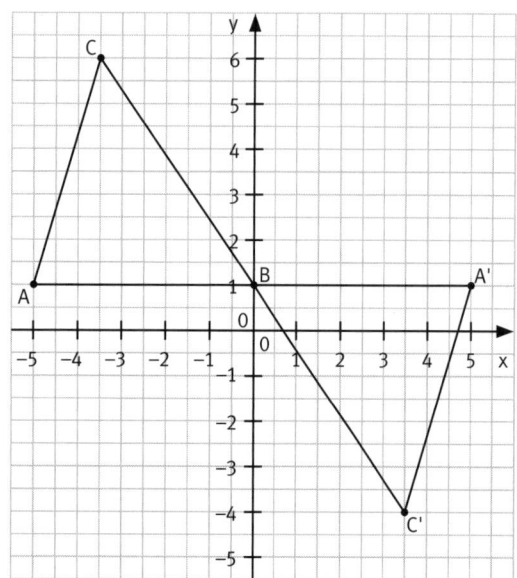

12 a) Koordinaten der Bildpunkte:
A' (5|1); C' (3|−4)

b) Koordinaten der Bildpunkte:
A' (0|−5); C' (2|−8)

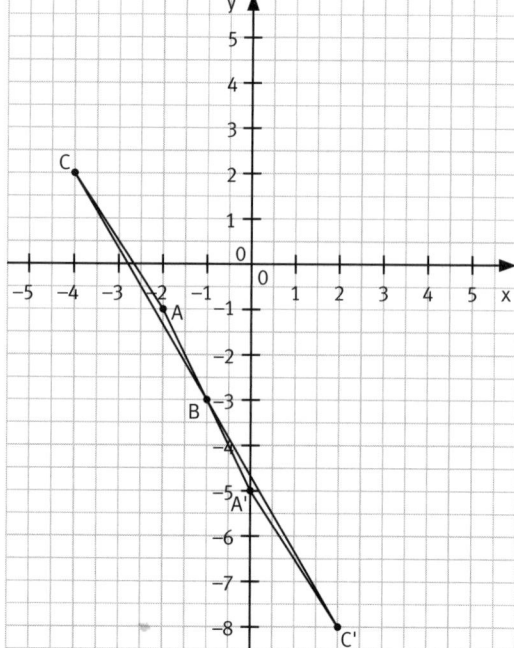

13 a) Die kälteste Nacht wird für Dienstag erwartet.

b) Am Freitag ist es mit 1,5 °C durchschnittlich am wärmsten.

c) In den Nächten von Dienstag auf Mittwoch und von Mittwoch auf Donnerstag ist es voraussichtlich kälter als in der Nacht von Donnerstag auf Freitag.

d) Temperatur in °C

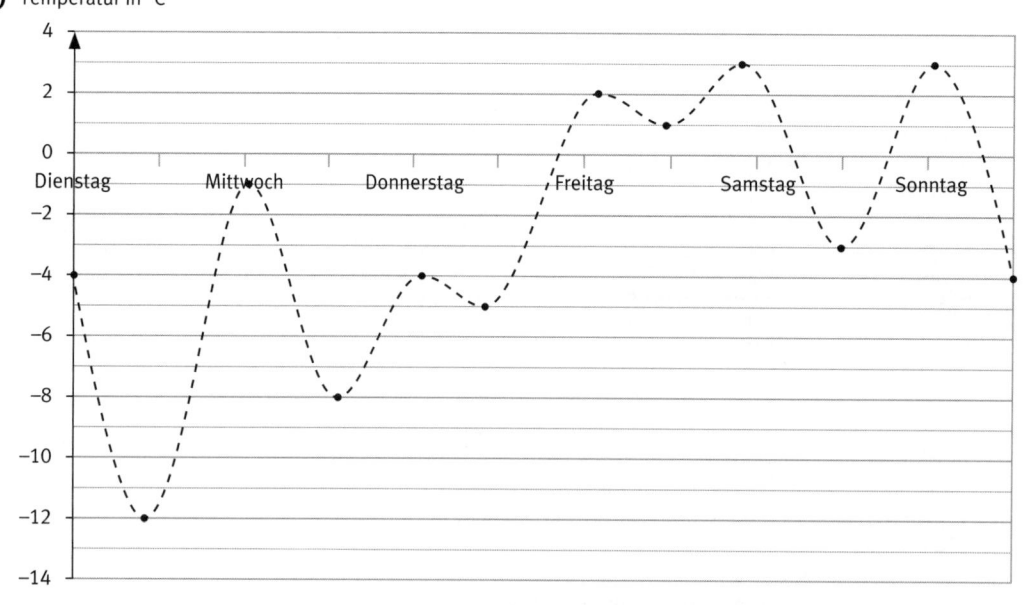

14 a) ♦ ∈ {−2; −1; 0; 1; ...} **b)** ♦ ∈ {−46; −47; −48; −49; ...}
c) ♦ ∈ {−29; −28; −27; −26; ...} **d)** ♦ ∈ {0; 1; 2; 3; ...}
e) ♦ ∈ {−3; −2; −1; 0; 1} **f)** ♦ ∈ {−4; −3; −2; −1; 0; 1}
g) ♦ ∈ {−5; −4; −3} **h)** ♦ ∈ {...; −2; −1; 0; 1; 2; 3; 4; 5; 6}

6.1 Ganze Zahlen und ihre Anordnung

15 a) – g) [Zahlenstrahlen]

16 Beispiele:
- −5 < 3
- −12 < −8
- |−5| = 5 > 3
- |−12| = 12 > 8 = |−8|

17 a) Das Jahr eins unserer Zeit entspricht im römischen Kalender dem Jahr 753. In unserer Zeitrechnung gibt es kein Jahr null.

b)
Jahreszahl unserer Zeitrechnung	2011	2012	2013	2014	2015	2016	2017	2018	2019	2020
Jahreszahl römischer Zeitrechnung	2764	2765	2766	2767	2768	2769	2770	2771	2772	2773

c) Euklid: 388 – 453   Archimedes: 466 – 541

6.2 Zunahmen und Abnahmen

Alternativer Einstieg: Schulbuch Seite 184

Entdecken

K5
- Aufbau der Tabelle:
  - erste Spalte: aktuelle Platzierung der Mannschaft
  - zweite Spalte: Name der Mannschaft
  - dritte Spalte: Anzahl der von der Mannschaft in der aktuellen Saison bestrittenen Spiele
  - vierte Spalte: Anzahl der Siege
  - fünfte Spalte: Anzahl der unentschiedenen Spiele
  - sechste Spalte: Anzahl der Niederlagen
  - siebte Spalte: Torverhältnis (Anzahl der von der Mannschaft geschossenen Tore : Anzahl der von den gegnerischen Mannschaften gegen die Mannschaft erzielten Tore)
  - achte Spalte: Torverhältnis als Differenz ausgedrückt
  - neunte Spalte: Punkteverhältnis (von der Mannschaft erzielte Punkte : von den Gegnern erzielte Punkte). Für einen Sieg gibt es zwei Punkte, für ein Unentschieden einen Punkt und für eine Niederlage null Punkte.

K4

	Tabelle 3. Spieltag						
	Team	Sp.	S	U	N	Tore	+/−	P
5	SG Flensburg-Handewitt	3	3	0	0	88:74	14	6:0
6	TV Großwallstadt	3	2	0	1	81:78	3	4:2
7	HSG Wetzlar	3	2	0	1	79:78	1	4:2
8	Frisch Auf! Göppingen	3	2	0	1	84:87	−3	4:2
9	TuS N-Lübbecke	3	1	1	1	88:84	4	3:3
10	Füchse Berlin	3	1	0	2	76:77	−1	2:4
11	Rhein-Neckar Löwen	3	1	0	2	88:93	−5	2:4
12	TSV Hannover-Burgdorf	3	1	0	2	83:88	−5	2:4

K4
- verbessert:
  - TV Großwallstadt — 2 Plätze besser
  - HSG Wetzlar — 3 Plätze besser
  - Frisch Auf! Göppingen — 4 Plätze besser
- verschlechtert:
  - TuS N-Lübbecke — 3 Plätze schlechter
  - Füchse Berlin — 3 Plätze schlechter
  - Rhein-Neckar Löwen — 2 Plätze schlechter
  - TSV Hannover-Burgdorf — 1 Platz schlechter

Nachgefragt

K5
- „Die Temperatur ist unter 4 °C unter null gefallen" besagt, dass die neue Temperatur unter −4 °C liegt. Beispiel: Die neue Temperatur beträgt −5 °C.
  „Die Temperatur ist um 4 °C gefallen" besagt, dass die neue Temperatur 4 °C unter der ursprünglichen Temperatur liegt. Beispiel: Die Temperatur ist von 3 °C auf −1 °C gefallen.
  Die erste Aussage gibt einen Bereich an, in dem die neue Temperatur liegt, ohne etwas über die Temperaturveränderung zu sagen. Die zweite Aussage gibt die Veränderung der Temperatur an, ohne etwas über den Wert der Temperatur zu sagen.

K2
- Die Summe hat den Wert null.

6.2 Zunahmen und Abnahmen

Aufgaben

1 a) −80 m b) −175 € c) +65 m d) +39 cm

2 a) Die Temperatur nimmt um 13 °C zu. b) Die Temperatur nimmt um 11 °C ab.
c) Die Temperatur nimmt um 7 °C ab. d) Die Temperatur nimmt um 8 °C zu.
e) Die Temperatur nimmt um 6 °C ab. f) Die Temperatur nimmt um 23 °C zu.

3 a) 406 € b) 233 € c) 493 € d) −1036 €

4 ① D und G   ② A und C   ③ B und E   ④ F und H

5 a)

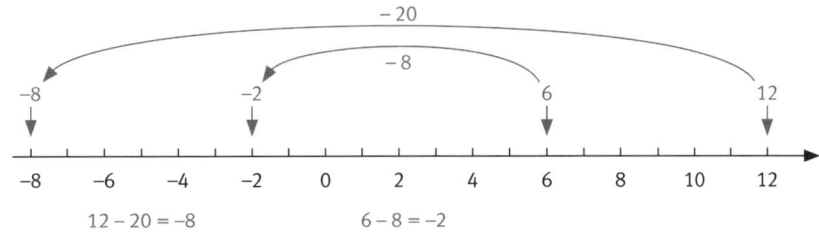

$12 - 20 = -8$ $6 - 8 = -2$

b)

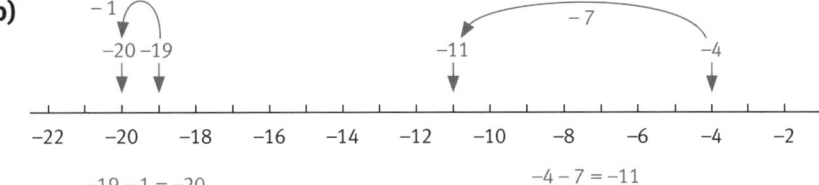

$-19 - 1 = -20$ $-4 - 7 = -11$

c)

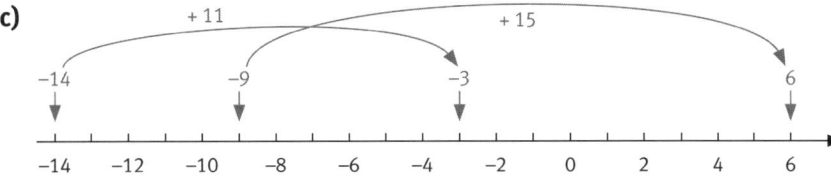

$-14 + 11 = -3$ $-9 + 15 = +6$

d)

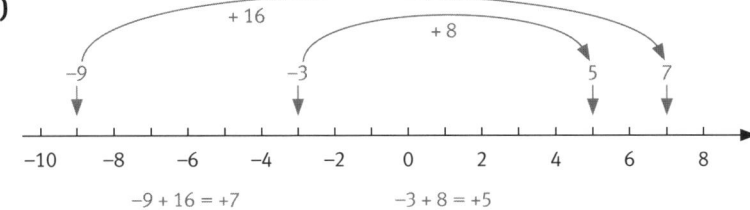

$-9 + 16 = +7$ $-3 + 8 = +5$

e)

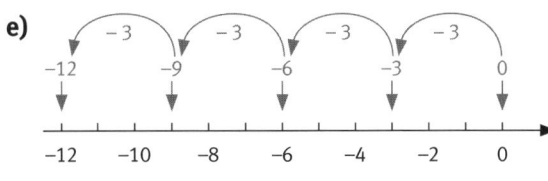

$-3 \cdot 4 = -12$

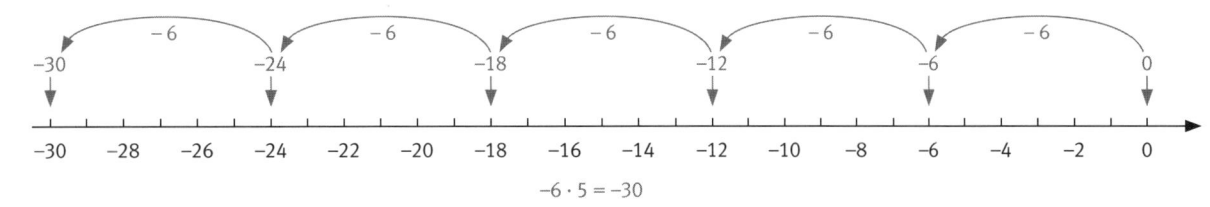

$-6 \cdot 5 = -30$

6.2 Zunahmen und Abnahmen

f)

$-1 \cdot 17 = -17$

$-5 \cdot 2 = -10$

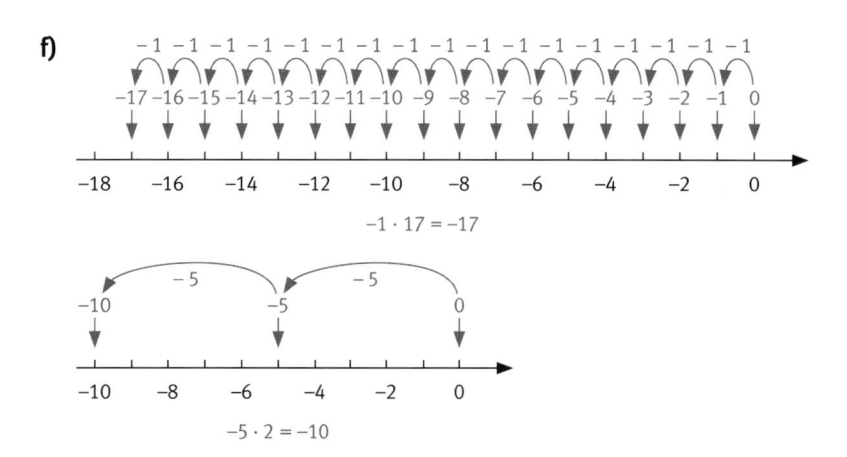

6

Ausgangsposition	1. Änderung	2. Änderung	Endposition
−250 m	+80 m	+30 m	−140 m
−250 m	+80 m	−30 m	−200 m
−250 m	−80 m	+30 m	−300 m
−250 m	−80 m	−30 m	−360 m

7 a) a = +9 b) b = −22 c) c = +24 d) d = −3011

6.3 Ganze Zahlen addieren und subtrahieren

Alternativer Einstieg: Schulbuch Seite 185

Entdecken

K2
- $(-3) + (-4) = -7$ $(-2) - (+5) = -7$ $(-6) + (+4) = -2$ $(-4) - (-5) = 1$

Nachgefragt

K5
- Wenn man zu einer Zahl ihre Gegenzahl addiert, ist das Ergebnis null.
Wenn man von einer Zahl ihre Gegenzahl subtrahiert, ist das Ergebnis das Doppelte der ursprünglichen Zahl.

K1
- Ja, das ist immer dann der Fall, wenn der Subtrahend negativ ist. Beispiele:
$8 - (-6) = 8 + 6 = 14 > 8$ $-12 - (-5) = -12 + 5 = -7 > -12$

K1
- Johannes' Aussage ist falsch. Addiert man zwei ganze Zahlen, so kann das Ergebnis positiv, negativ oder null sein.

Aufgaben

K4
1 a) $20 - 30 = -10$ $-14 + 18 = 4$ $35 - 7 = 28$ $50 + 42 = 92$
b) $-12 + 15 = 3$ $-6 - 5 = -11$ $10 + 30 = 40$ $20 - 0 = 20$
c) $-8 - 12 = -20$ $9 + 21 = 30$ $26 + 34 = 60$ $95 - 15 = 80$

K4
2 a) -41
49
3
-15

b) 130
-148
-435
-2

c) -12
-67
15
-3

K4
3 a) 1   2   3

b) 1   2   3

6.3 Ganze Zahlen addieren und subtrahieren

K4 4 a) $(+12) - (+4) = +8$ b) $(+12) - (-4) = +16$ c) $(-9) - (-5) = -4$
     d) $(-17) - (-12) = -5$ e) $(-16) - (-8) = -8$ f) $(-18) - (-10) = -8$

K1 5 a) Das Vorgehen ergibt sich aus den Erläuterungen zur Addition ganzer Zahlen.
     b) Mögliche Beschreibung: Die Subtraktion einer ganzen Zahl entspricht der Addition ihrer Gegenzahl. Damit lässt sich das Vorgehen auf jenes bei der Addition ganzer Zahlen zurückführen.

K4 6

x	y	x + y	–x + y	x – y	–x – y	|x| – |y|
–2	–2	–4	0	0	4	0
4	–13	–9	–17	17	9	–9
–(2)	–(+5)	–7	–3	3	7	–3

K4 7 a) $3 > -13 - (-14)$ b) $-(+43) + (-54) < -88$ c) $3 \cdot 37 - (-89) > 34 + 43$

K2 8 a) $(+80) - (+425) = -345$ b) $(-265) - (+80) = -345$
     c) $128 - (+75) = 53$ d) $(-200) - 187 = -387$
     e) $(+129) - (-390) = 519$
     $(-390) - (+129) = -519$

K2 9 a) 305 m; 2698 m; 2593 m; 422 m; 743 m
     b) 1. Bohrabschnitt: 428 m – 305 m = 123 m (123 m ü. NN)
     analog:

2. Abschnitt	3. Abschnitt	4. Abschnitt	5. Abschnitt
–2575 m	–5168 m	–5590 m	–6333 m

     c) Die Sohle des Bohrloches lag am Ende (9101 m – 428 m =) 8673 m unter dem Meeresspiegel.

K2 10 Beispiele für Lösungsmöglichkeiten:
     a) $-3 = -2 + (-1)$ $16 = 7 + 9$
     b) $2 = -4 + (+6)$ $-7 = 3 + (-10)$
     c) $3 = 11 - (+8)$ $-5 = -12 - (-7)$
     d) $-10 = -4 - (+6)$ $2 = 1 - (-1)$

K5 11 Beispiele für Fragen und Lösungen:
     a) Frage: Wie hat sich die Temperatur am 24.12. von 10 Uhr bis 18 Uhr verändert?
     Lösung: $-12\,°C - (-8\,°C) = -4\,°C$
     Um 18 Uhr war es um 4 °C kälter als um 10 Uhr.
     b) Frage: Wie lautet Onkel Ralfs Kontostand nach der Abhebung?
     Lösung: $-350\,€ - 250\,€ = -600\,€$
     Nach der Abhebung ist das Konto mit 600 € überzogen.
     c) Frage: Wie viel Meter unter dem Meeresspiegel liegt der tiefste Punkt des Baikalsees?
     Lösung: $455\,m - 1637\,m = -1182\,m$
     Der tiefste Punkt des Baikalsees liegt 1182 m unter dem Meeresspiegel.

K2 12 Beispiele für mögliche Terme:
     a) $3 - 4$ $-29 - (-28)$ $2^4 - 17$
     b) $12 + (-19)$ $-2 + (-5)$ $-35 + 28$

6.3 Ganze Zahlen addieren und subtrahieren

13 Man erhält immer die Ausgangszahl, weil die Addition dieser Zahl zu sich selbst und die anschließende Addition ihrer Gegenzahl 0 ergeben (a + a + (–a) = a).

14 a) Muster: Folge der natürlichen Zahlen mit alternierenden Vorzeichen
Fortsetzung: 8; –9; 10; –11; ...
b) Muster: Zweierpotenzen mit alternierenden Vorzeichen
Fortsetzung: 64; –128; 256; –512; ...
c) Muster: Quadratzahlen
Fortsetzung: 36; 49; 64; 81; ...
d) Muster: negative Kubikzahlen
Fortsetzung: –125; –216; –343; –512; ...

15 a) Ergebnisse:
–1; 2; –2; 3; –3; 4; –4; ...
Das n-te Element x_n der Reihe lautet allgemein:
$x_n = \frac{1}{2} \cdot (n + 2)$ für gerades n $\qquad x_n = -\frac{1}{2} \cdot (n + 1)$ für ungerades n
b) Ergebnis in der 7. Zeile: –4
Ergebnis in der 10. Zeile: 6
Ergebnis in der 15. Zeile: –8
c) Ergebnis in der 100. Zeile: 51
d) In der 398. Zeile erhält man das Ergebnis 200.

Knobelei

Rätselspaß
- Die untersten vier Sprossen werden nie vom Wasser verschluckt, da sich das Schiff mit der Wasseroberfläche zusammen hebt.
- Heute sind die Kinder 13, 10 und 7 Jahre alt. Letztes Jahr waren sie 12, 9 und 6.
- Tante: 74 Jahre   Susan: 38 Jahre

6.4 Ganze Zahlen multiplizieren

Alternativer Einstieg: Schulbuch Seite 185

Entdecken

K5 ■ Mila betrachtet Produkte von ganzen Zahlen, deren einer Faktor stets 5 ist und deren anderer Faktor sich von 2 bis −2 jeweils um 1 vermindert. Das Ergebnis vermindert sich entsprechend von 10 bis −10 jeweils um 5.
Lennja betrachtet Produkte von ganzen Zahlen, deren einer Faktor stets −3 ist und deren anderer Faktor sich von 2 bis −2 jeweils um 1 vermindert. Das Ergebnis erhöht sich entsprechend von −6 bis 6 jeweils um 3.

K5 ■ Aus den beiden Erklärungen können Regeln für den Betrag und das Vorzeichen des Produktwerts bei Produkten von ganzen Zahlen abgeleitet werden.

Nachgefragt

K1 ■ Die Aussage stimmt, wenn die anderen drei Faktoren alle positiv sind. Wenn mindestens einer der drei nicht negativen Faktoren 0 ist, ist das Produkt 0, hat also kein Vorzeichen. In diesem Fall stimmt die Aussage also nicht.

K1 ■ Wenn mindestens ein Faktor eines Produkts 0 ist, ist das Produkt 0 und hat somit kein Vorzeichen.

Aufgaben

K4 **1**
a) $2 \cdot (-6) = -12$ $(-7) \cdot 9 = -63$ $27 \cdot (-1) = -27$ $30 \cdot 8 = 240$
b) $25 \cdot 0 = 0$ $600 \cdot 40 = 24\,000$ $38 \cdot (-5) = -190$ $(-17) \cdot 4 = -68$
c) -1000 $1 \cdot 25 = 25$ -1980 -3000
d) $-248\,620$ $-67\,404$ $-40\,150$ -8888

K4 **2** Für den Platzhalter ist einzusetzen:
a) $+8$ b) $+30$ c) -4
d) 0 e) $a \in \mathbb{Z}$ f) $+40$

K5 **3**
a) Die Produkte besitzen (in dieser Reihenfolge) die Werte -105, 105 und -105.
b) Ein Produkt aus drei verschiedenen ganzzahligen Faktoren ungleich 0 ist genau dann positiv, wenn keiner oder genau zwei der Faktoren negativ sind.
Ein Produkt aus vier verschiedenen ganzzahligen Faktoren ungleich 0 ist genau dann positiv, wenn keiner oder genau zwei der Faktoren oder alle vier Faktoren negativ sind.
c) Die Multiplikation einer Zahl mit dem Faktor (-1) hat die Gegenzahl der ursprünglichen Zahl als Ergebnis.

K4 **4**
a) Vorzeichen: negativ   Wert: -30 b) Vorzeichen: positiv   Wert: 24
c) Vorzeichen: positiv   Wert: 168 d) Vorzeichen: negativ   Wert: -128

K2 **5**
a) Durch Hinzufügen des Faktors -1 wird der Wert des Produkts in seine Gegenzahl verwandelt.
b) Wenn eine gerade Anzahl von Faktoren oder kein Faktor negativ ist, ist das Ergebnis positiv, sonst negativ.
Bei 8; 6; 4; 2; 0 negativen Faktoren ist das Ergebnis somit positiv, bei 7; 5; 3; 1 negativen Faktoren ist es negativ.

6.4 Ganze Zahlen multiplizieren

K2 6 a) ① $(-85) \cdot (-76) = 6460$ b) ① $(-85) \cdot (+76) = -6460$ c) ① $0 \cdot 1 = 0$
oder: $(+85) \cdot (+76) = 6460$ oder: $(+85) \cdot (-76) = -6460$ oder: $(\pm 15) \cdot (\pm 20) = \pm 300$
② $(-92) \cdot (-54) = 4968$ ② $(-92) \cdot (+54) = -4968$ ② $2 \cdot 1 = 2$
oder: $(+92) \cdot (+54) = 4968$ oder: $(+92) \cdot (-54) = -4968$ oder: $(\pm 14) \cdot (\pm 25) = \pm 350$

K5 7 a) Individuelle Antworten.
b) Individuelle Beispiele, z. B. „–300 m unter NN ist das Gegenteil von 300 m über NN."

6.5 Ganze Zahlen dividieren

Entdecken

$-28 \xrightarrow{:4} -7$ $-15 \xrightarrow{:(-5)} 3$ $-18 \xrightarrow{:(-3)} 6$

(Rückrichtung: · 4, · (−5), · (−3))

- Bei der Division einer negativen Zahl durch eine positive (negative) Zahl ist das Ergebnis negativ (positiv).

Nachgefragt

- Wenn der Divisor 1 ist, dann ist der Dividend auch gleichzeitig der Quotient. Ist der Divisor jedoch −1, dann ist die Gegenzahl des Dividenden der Quotient.
- Wenn der Dividend und der Divisor gleich sind, ist der Quotient immer 1. Sind der Dividend und der Divisor Gegenzahlen, ist der Quotient −1.

Aufgaben

1 a) −3   3   0   −11
   b) 3   −9   56   12
   c) −30   −34   −28   0

2 Für den Platzhalter ist jeweils einzusetzen:
   a) −147   **b)** +91   **c)** +5
   d) −500   **e)** −100 000   **f)** jede ganze Zahl außer 0

3 a) 80 : (−5) = −16
   b) 8 · (−4) = −32
   c) [(−24) : (−6)] · [(−24) · (−6)] = 4 · 144 = 576

4 a)

:	+2	−5	−7	8
−560	−280	112	80	−70
840	420	−168	−120	−105
−700	−350	140	100	−87,5
1064	532	−212,8	−152	133

b)

:	−3	−1	+4	−11
−132	44	132	−33	12
660	−220	−660	165	−60
−528	176	528	−132	48
924	−308	−924	231	−84

6.5 Ganze Zahlen dividieren

5

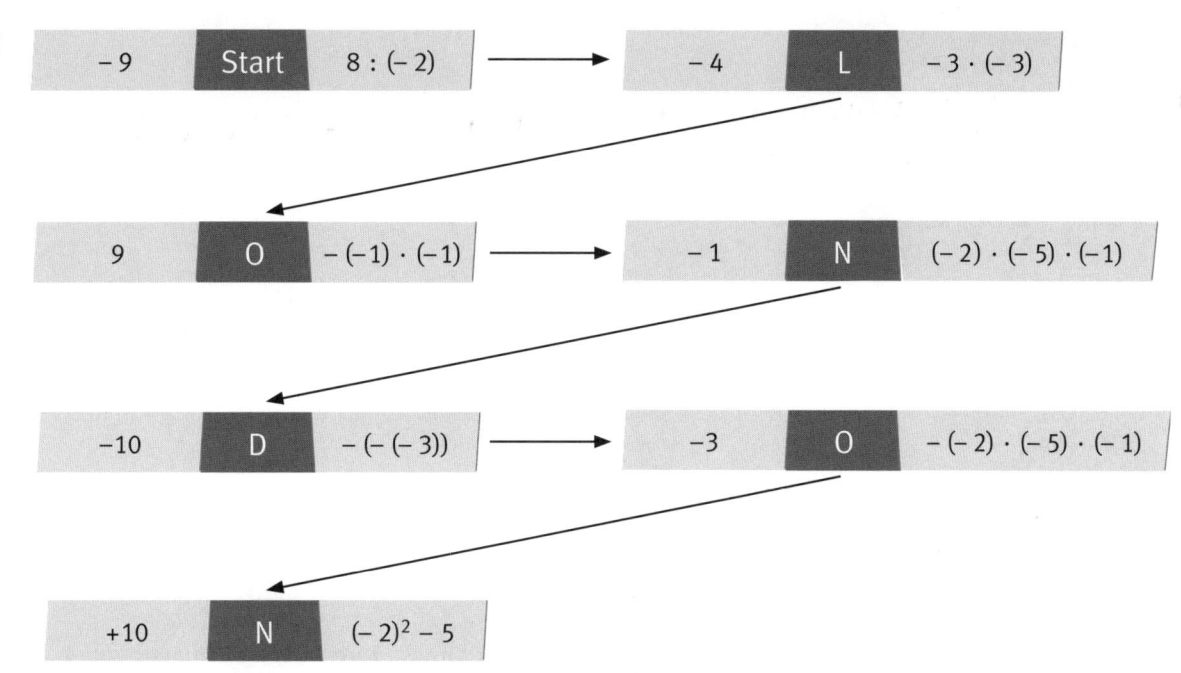

| −9 | **Start** | 8 : (−2) | → | −4 | **L** | −3 · (−3) |

| 9 | **O** | −(−1) · (−1) | → | −1 | **N** | (−2) · (−5) · (−1) |

| −10 | **D** | −(−(−3)) | → | −3 | **O** | −(−2) · (−5) · (−1) |

| +10 | **N** | (−2)² − 5 |

Lösungswort: LONDON

6 a) ... indem man die Beträge beider Faktoren multipliziert.
b) ... der Dividend und der Divisor verschiedene Vorzeichen haben.
c) ... mindestens einer der Faktoren den Wert 0 hat.
d) ... der Produktwert entweder 0 oder positiv.

6.6 Rechengesetze

Entdecken

K5 ■ Vom Rechnen mit natürlichen Zahlen sind das Kommutativgesetz, das Assoziativgesetz und das Distributivgesetz bekannt, ebenso der Umgang mit Klammern und Potenzen sowie die „Punkt vor Strich"-Regel (Unterkapitel 2.7 im Schulbuch).

K2 ■ Individuelle Beispiele.

Nachgefragt

K2 ■ Die Anwendung des Kommutativ- und des Assoziativgesetzes ermöglichen die Nutzung von Rechenvorteilen:
$(-2) + (-16) + (-28) = (-2) + (-28) + (-16) = (-30) + (-16) = -46$.

K1 ■ Die Subtraktion einer ganzen Zahl lässt sich als Addition ihrer Gegenzahl schreiben. Da das Distributivgesetz für die Addition gilt, lässt es sich damit auch für die Subtraktion anwenden.
Beispiel: $5 \cdot (12 - 7) = 5 \cdot [12 + (-7)] = 5 \cdot 12 + 5 \cdot (-7) = 5 \cdot 12 - 5 \cdot 7$

K5 ■ Individuelle Beschreibungen.
Bei der Multiplikation zweier Zahlen kann man eine Zahl additiv so zerlegen und in Klammern setzen, dass die Multiplikation vereinfacht wird. Es wird ausgeklammert und im Anschluss daran addiert.
Beispiel: $(-7) \cdot 32 = (-7) \cdot (30 + 2) = (-7) \cdot 30 + (-7) \cdot 2 = -210 + (-14) = -224$

Aufgaben

K4 **1 a)** rote Flaschen: $4 + 4 + 4 + 4 = 4 \cdot 4$
gelbe Flaschen: $16 + 16 + 16 + 16 = 16 \cdot 4$
Gesamtzahl an Flaschen: $4 \cdot 4 + 16 \cdot 4 = 4 \cdot (4 + 16) = 80$

b) rote Flaschen: $3 + 3 + 3 + 3 + 3 + 3 = 6 \cdot 3$
gelbe Flaschen: $2 + 2 + 2 + 2 + 2 + 2 = 6 \cdot 2$
blaue Flaschen: $1 + 1 + 1 + 1 + 1 + 1 = 6 \cdot 1$
Gesamtzahl an Flaschen: $6 \cdot 3 + 6 \cdot 2 + 6 \cdot 1 = 6 \cdot (3 + 2 + 1) = 36$

K1 **2 a)** $(-7 + 8) - (-3 - 4) = -7 + 8 - (-3 - 4) = -7 + 8 + 3 + 4 = 8$
b) $33 - (22 - 11) - (44 - 55) = 33 - 11 - (-11) = 33 - 11 + 11 = 33$
c) $53 + (17 - 43) - (-23 - 8) = 53 + (-26) - (-31) = 53 - 26 + 31 = 58$
d) $-91 + 78 - 4 + (8 - 54) = -91 + 78 - 4 + 8 - 54 = -63$

K2 **3 a)** $-45 \cdot 17 = -45 \cdot (10 + 7) = -45 \cdot 10 + (-45) \cdot 7 = -450 + (-315) = -765$
$-32 \cdot 98 = -32 \cdot (100 - 2) = -32 \cdot 100 + (-32) \cdot (-2) = -3200 + 64 = -3136$
$16 \cdot (-102) = 16 \cdot (-100 + (-2)) = 16 \cdot (-100) + 16 \cdot (-2) = -1600 + (-32) = -1632$
$127 \cdot (-55) = 127 \cdot (-50 + (-5)) = 127 \cdot (-50) + 127 \cdot (-5) = -6350 + (-635) = -6985$

b) $-27 \cdot (-99) = -27 \cdot (-100 + 1) = -27 \cdot (-100) + (-27) \cdot 1 = 2700 - 27 = 2673$
$55 \cdot (-67) = (50 + 5) \cdot (-67) = 50 \cdot (-67) + 5 \cdot (-67) = -3350 + (-335) = -3685$
$-129 \cdot (-105) = -129 \cdot (-100 + (-5)) = -129 \cdot (-100) + (-129) \cdot (-5) = 12\,900 + 645 = 13\,545$
$-95 \cdot 342 = (-100 + 5) \cdot 342 = -100 \cdot 342 + 5 \cdot 342 = -34\,200 + 1710 = -32\,490$

6.6 Rechengesetze

4
- a) −1 (Punkt vor Strich)
- b) 20 (Klammer zuerst)
- c) 1 (Klammer zuerst)
- d) −23 (Klammer zuerst)
- e) 2 (Klammer zuerst)
- f) 8 (Klammer zuerst)
- g) −21 (Punkt vor Strich)
- h) −3 (Klammer zuerst)
- i) −15 (Klammer zuerst)
- j) 0 (KG, AG)
- k) −252 (Punkt vor Strich)
- l) −662 (Punkt vor Strich)
- m) −1020 (KG, AG)
- n) 26 (Punkt vor Strich)
- o) 140 (AG)

5
- a) Das Ergebnis lautet in allen Fällen 23.
- b) größtes Ergebnis: +25 + (+8) − (−26 + (−12) + (−5)) = 76
  kleinstes Ergebnis: −26 + (−12) + (−5) − (+25 + (+8)) = −76
- c) größtes Ergebnis: (+18) · (+16) · (+9) − (−3 + (−12)) = 2607
  kleinstes Ergebnis: (−3 + (−12)) − (+18) · (+16) · (+9) = −2607

6
- a) ① −13 − (−16 + 24) = −13 + 16 − 24 = −21
  ② 29 − (17 − 34) = 29 − 17 + 34 = 46
- b) Eine Minusklammer wird aufgelöst, indem man in der Klammer alle Vorzeichen verändert.
  Beispiel: 12 − (−22 + 13) = 12 + 22 − 13 = 21

7
- a) (−25) · 30 − (−26) = −724
- b) (−1) · 361 + (−360) : (−24) = −346
- c) [83 − (−189)] : [(−345 128) + 345 132] = 68
- d) 2 · [34 000 + (−23 000)] : (−125) = −176

8
- a) ① −17 = −17
  ② −12 ≠ −144 : (12 + 8)
  ③ −192 ≠ 756 : [(−7) − 9]
  ④ Die Terme können in der Menge der ganzen Zahlen nicht berechnet werden.
- b) Das Distributivgesetz gilt bei der Division nur, wenn die Divisoren gleich sind.
  Beispiel: 144 : 12 + 48 : 12 = 12 + 4 = 16   (144 + 48) : 12 = 16

9
- a) Beispiele für vorteilhafte Rechenwege:
  ① −76 · 21 = −76 · (20 + 1) = −1520 − 76 = −1596
  −76 · 21 = −(70 + 6) · 21 = −70 · 21 − 6 · 21 = −1470 − 126 = −1596
  ② −126 · (−25) = −126 · (−20 − 5) = 126 · 20 + 126 · 5 = 2520 + 630 = 3150
  −(100 + 26) · (−25) = (−100) · (−25) + (−26) · (−25) = 2500 + 650 = 3150
  ③ −22 · (−18) = −(20 + 2) · (−18) = (−20) · (−18) + (−2) · (−18) = 360 + 36 = 396
  −22 · (−18) = 22 · 18 = 22 · (20 − 2) = 22 · 20 − 22 · 2 = 440 − 44 = 396
- b) Das Distributivgesetz erlaubt es, einen der Faktoren geschickt in Summanden zu zerlegen, dann jeden einzelnen Summanden mit dem anderen Faktor zu multiplizieren und die Ergebnisse zu addieren.
  Beispiel:
  126 · 12 = (100 + 20 + 6) · 12 = 100 · 12 + 20 · 12 + 6 · 12 = 1200 + 240 + 72 = 1512

10
- a) größtes Ergebnis: −54 · (−6) = 324   kleinstes Ergebnis: −54 + (−6) = −60
- b) größtes Ergebnis: −28 · (−5) = 140   kleinstes Ergebnis: −28 + (−5) = −33

Das größte Ergebnis ergibt stets die Multiplikation von zwei negativen Zahlen, da das Ergebnis positiv ist und eine Vervielfachung darstellt.

Das kleinste Ergebnis ergibt die Addition einer negativen Zahl zu einer negativen Zahl, was insgesamt einer Subtraktion von dem negativen ersten Summanden entspricht.

6 Auf unterschiedlichen Wegen

K4 **1** linke Seite

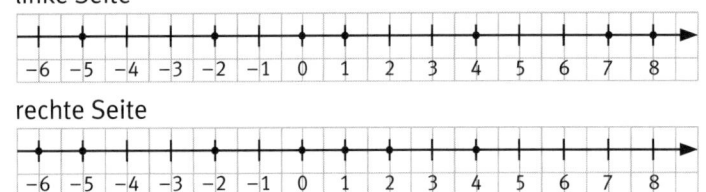

```
-6 -5 -4 -3 -2 -1  0  1  2  3  4  5  6  7  8
```

rechte Seite

```
-6 -5 -4 -3 -2 -1  0  1  2  3  4  5  6  7  8
```

K4 **2** $7 > 5 > 4 > 0 > -2 > -3 > -9 > -14 > -18 > -20$
Lösungswort: VORZEICHEN

$-30 < -15 < -6 < -1 < 0 < 5 < 8 < 15 < 30 < 50$
Lösungswort: GUTGEMACHT

K4 **3** Reykjavik–Hamburg: 15 °C
Reykjavik–Stuttgart: 19 °C

Reykjavik, Stuttgart: 0 m
Hamburg: etwa 8400 m

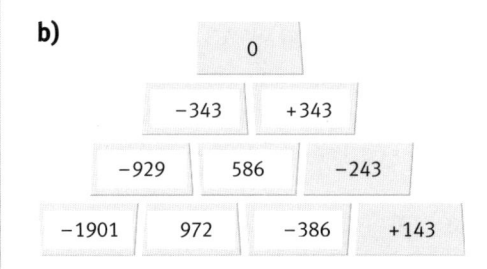

K4 **4** a)

```
              -1305
         -635      -670
     -170    -465     -205
  +125   -295   -170    -35
```

b)

```
                0
           -343    +343
      -929     586    -243
  -1901   972   -386   +143
```

K2 **5** a) $-10 + (-89)$
b) $100 + (-199)$
c) $0 + (-99)$

a) $0 + (-99)$
b) z. B. $-51 + (-48)$; $-1 + (-98)$; $-63 + (-36)$
c) nicht möglich

K2 **6** Die beiden anderen Zahlen müssen entweder beide positiv oder beide negativ sein.

Die drei Zahlen müssen entweder alle positiv sein oder eine der drei Zahlen ist positiv und die anderen beiden negativ.

K2 **7** $(-2) \cdot (-3)$; $(-2) \cdot 0$; $(-2) \cdot (-4)$;
$(-3) \cdot 0$; $(-3) \cdot (-4)$; $0 \cdot (-4)$;
$0 \cdot 1$; $0 \cdot 5$; $1 \cdot 5$

a) Falsch, weil $(-1)^3 = -1$
b) Richtig, weil $-(-2) \cdot (-3) = -6 > -7$
c) Richtig, weil $4 : (-1) = -4$ und $-4 : 1 = -4$
d) Falsch, weil $12 : (-2) : (-3) = 2$ und $-12 : 2 : 3 = -2$

K4 **8** a) 7   −9
b) −19 17
c) 12 11
d) −5 −7

a) $+182 : (-13) = -14$
b) $-204 : 17 = -12$
c) $-32 : (+2) = -16$
d) $(-84) : (+6) = -14$
e) $-770 : (-70) = 11$

Auf unterschiedlichen Wegen

9 a) Gutschriften:
- Gehalt: +2000
- Geburtstagsgeschenk: +250
- Lottogewinn: +125

Belastungen:
- Miete: −850
- Versicherung: −430
- Autohaus: −675
- Gartencenter: −111
- Telefon: −39
- Arztrechnung: −381

b)
- 4. März: +910 €
- 12. März: −195 €
- 20. März: −95 €

10 $(-174) \cdot (-12) + (-10) = 2078$

a)
- 1.3. bis 11.3.: Konto nicht überzogen
- 12.3. bis 23.3.: Konto überzogen
- 24.3.: Konto nicht überzogen
- 25.3. bis 31.3.: Konto überzogen

b) Beim Kontostand von −240 € am 29.2. (vgl. a)) ergibt sich für den 25.3. ein Kontostand von −351 €. Bis zum 31.3. müssen dem Konto somit 751 € gutgeschrieben worden sein (individuelle Beispiele möglich).

Die größere der beiden Differenzen ist
$-63 - (-315) = 252$.
$(-63 - (-315)) : (-12) = 252 : (-12) = -21$

Schulbuchseite 205

6 Kreuz und quer

K4 **1 a)** A: −94; B: −85; C: −72; D: −68; E: −59; F: −54; G: −40; H: −34; I: −30; J: −21; K: −12; L: −7; M: −2; N: 1; O: 5; P: 13
  b) A: −54; B: −48; C: −41; D: −36; E: −33; F: −29; G: −20; H: −16; I: −7; J: 0; K: 3; L: 18; M: 32

K5 **2 a)** … +8; +11; +14; +17; +20; …   Regel: plus 3
  b) … −33; −45; −57; −69; −81 …   Regel: minus 12
  c) … +16; −16; +32; −32; +64; …   Regel: die vorletzte Zahl mal 2
  d) … −162; 486; −1458; −4374; 13 122   Regel: mal 3, mal (−3), mal (−3), mal 3, mal (−3), mal (−3) …
  e) … 25; 36; 49; 64; 81; …   Regel: Quadratzahlen der natürlichen Zahlen
  f) … +8; −13; +21; −34; +55; …   Regel: Summe der Beträge der beiden vorangehenden Zahlen, abwechselnd mit positivem bzw. negativem Vorzeichen (Fibonacci-Zahlen mit alternierednen Vorzeichen)

K2 **3 a)** in die positive Richtung   **b)** in die negative Richtung
  c) in die positive Richtung   **d)** in die positive Richtung

K4 **4** a) – e) (Zahlenstrahl-Darstellungen)

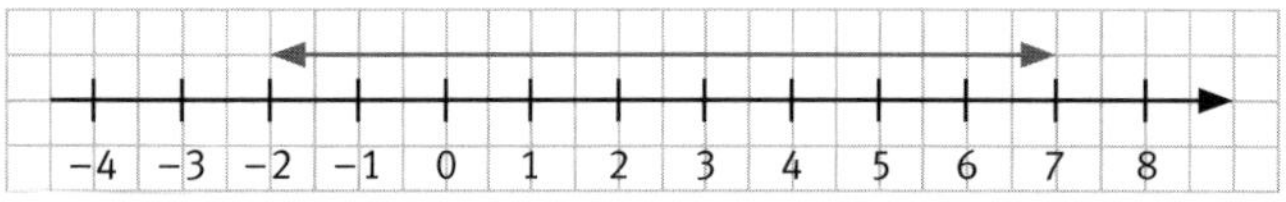

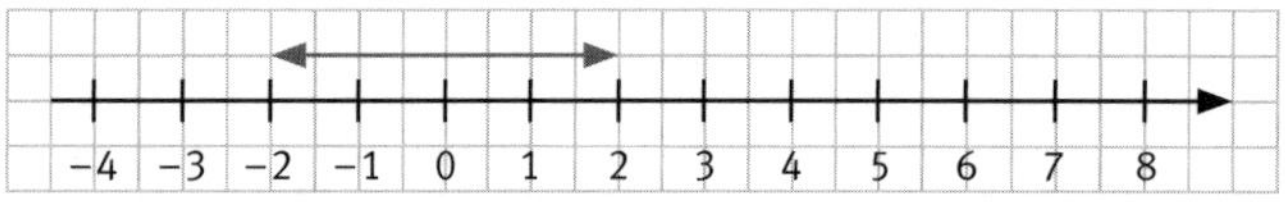

K4 **5** a) und b) (Rechenpyramiden)

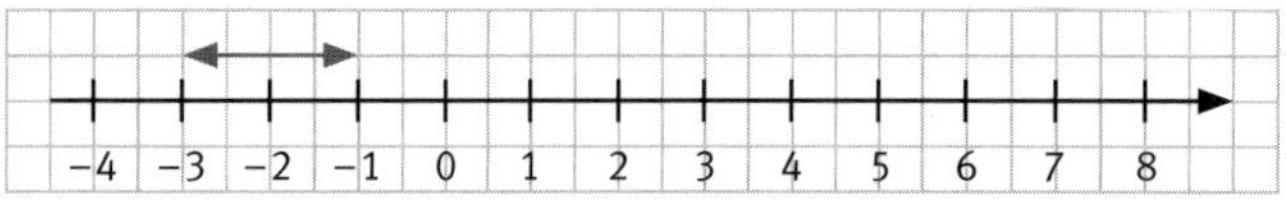

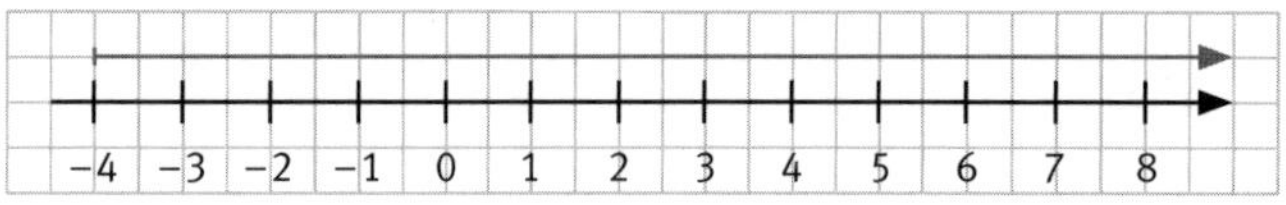

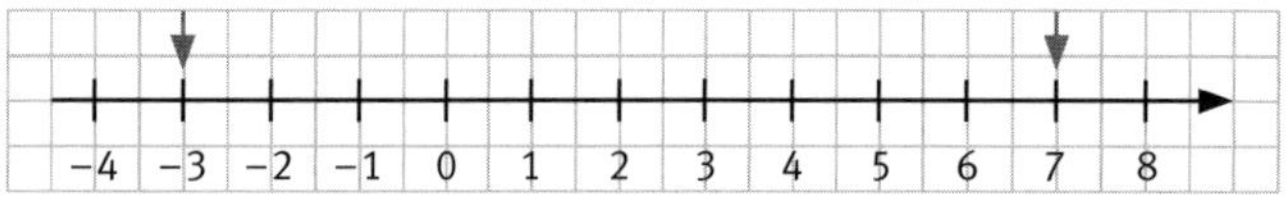

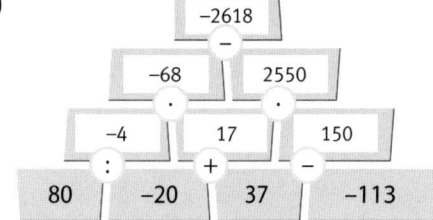

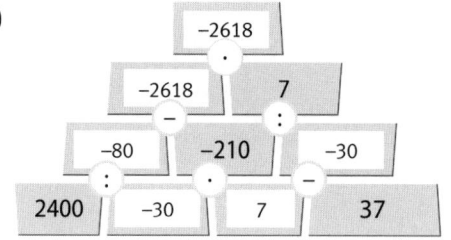

K4 6 a) Wasserhöhe in m

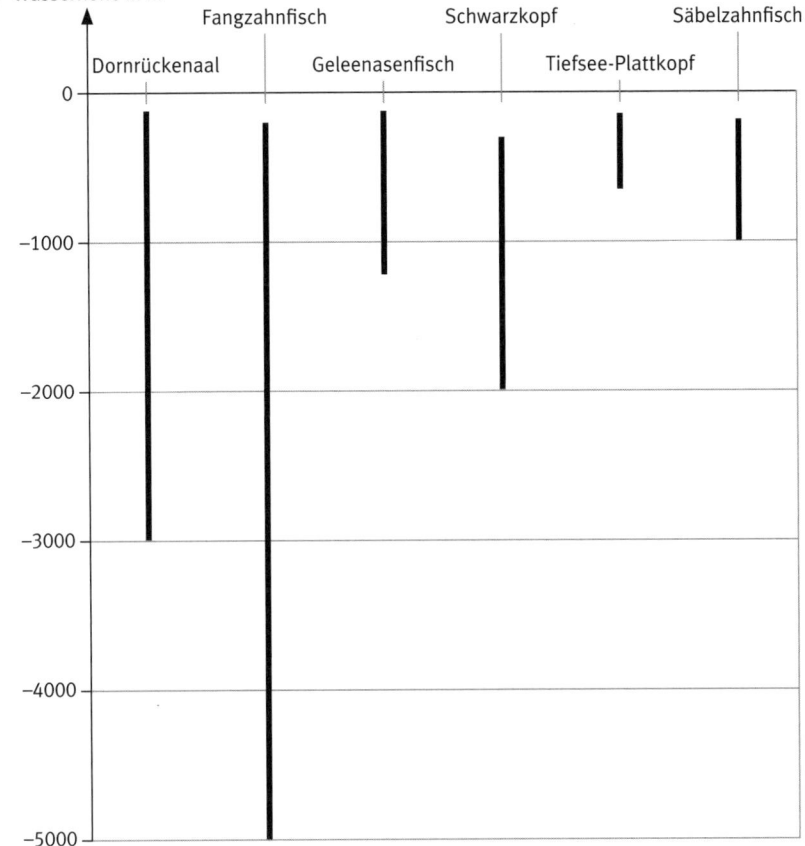

(Diagramm mit Tauchtiefen folgender Fische:
- Dornrückenaal: ca. −150 m bis −3000 m
- Fangzahnfisch: ca. −200 m bis −5000 m
- Geleenasenfisch: ca. −150 m bis −1200 m
- Schwarzkopf: ca. −300 m bis −2000 m
- Tiefsee-Plattkopf: ca. −150 m bis −650 m
- Säbelzahnfisch: ca. −200 m bis −1000 m)

b) Beim Ordnen gibt es prinzipiell zwei verschiedene Möglichkeiten:

① nach der maximalen Tauchtiefe:

Fangzahnfisch > Dornrückenaal > Schwarzkopf > Geleenasenfisch > Säbelzahnfisch > Tiefsee-Plattkopf

② nach der Ausdehnung des Lebensraums (Größe der Differenz der minimalen und der maximalen Tauchtiefe):

Fangzahnfisch > Dornrückenaal > Schwarzkopf > Geleenasenfisch > Säbelzahnfisch > Tiefsee-Plattkopf

Die Ordnung ist in beiden Fällen dieselbe, da die Größe der Werte bei ② entscheidend von ① abhängt.

K5 7 Bei den Rechengeschichten sind individuelle Schülerlösungen möglich.
Lösungen der Gleichungen:

a) $a = -4$ b) $b = -5$ c) $c = -20$ d) $d = 7$ e) $e = -600$ f) $f = ?$

K4 8 a) $0 \xrightarrow{-4}$ b) $-4 \xrightarrow{+8}$ c) $+4 \xrightarrow{+6}$ d) $+10 \xrightarrow{-6}$ e) $+4$

K4 9 a) −8; 44; −22   b) −90; 5; −60
c) 1; 15; −64   d) 15; −32; −19
e) −940; −2; −399   f) 171; 3; 87

K4 10 a) $(-3) - (-4) = 1$ b) $10 + (-9) = 1$ c) $(-12) : (-3) = 2 \cdot 2$
d) $(-1) + 3 \cdot 2 = 5$ e) $4 - (-2) + 3 = 9$ f) $(-5) \cdot (-2) - 3 = 7$
g) $(+2) - (-2) + (+2) - (-2) - (+8) = 0$ oder $(+2) \cdot (-2) + (+2) \cdot (-2) + (+8) = 0$
h) $3 \cdot (-73) - 1 = -220$

6 Kreuz und quer

K1 **11 a)** Falsch, z. B. −1258 < 371   **b)** Wahr, z. B. −5689 < −843 < 843
   c) Wahr, z. B. |−6235| > 587 > −587
   d) Falsch, z. B. 8 : (−2) = −4. −4 liegt nicht zwischen −2 und 8, weil −4 < −2 < 8.
   e) Wahr, z. B. (−16) : 16 = −1

K2 **12 a)** ⑥ 286   **b)** ④ −224   **c)** ⑤ 1

K4 **13 a)**

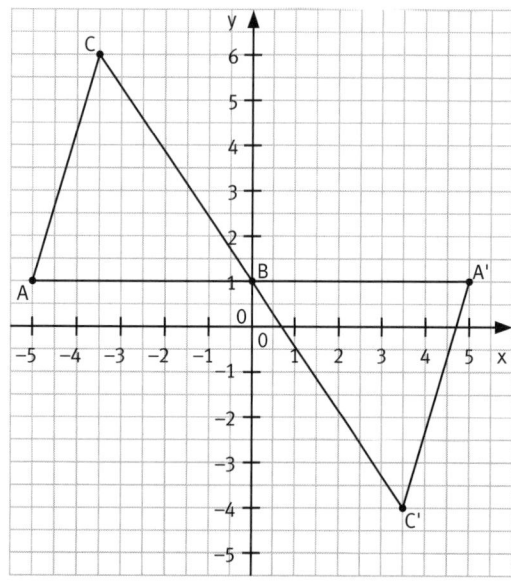

Koordinaten der Bildpunkte:
A' (5|1); C' (3|−4)

b)

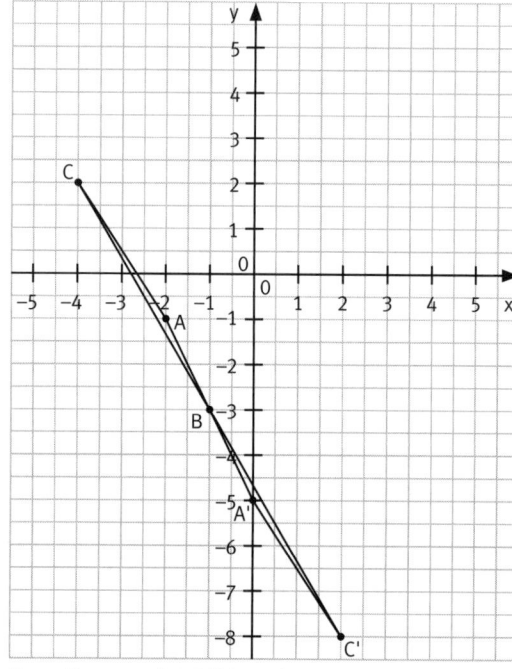

Koordinaten der Bildpunkte:
A' (0|−5); C' (2|−8)

K3 **14** Früher:

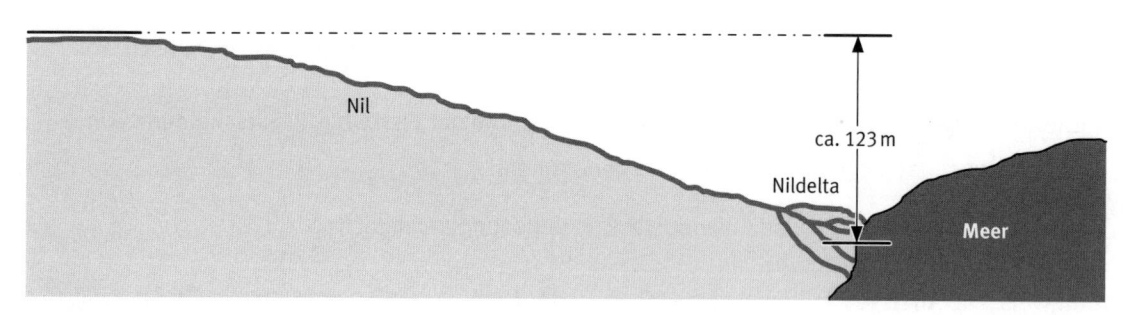

ca. 123 m

Heute:

183 m

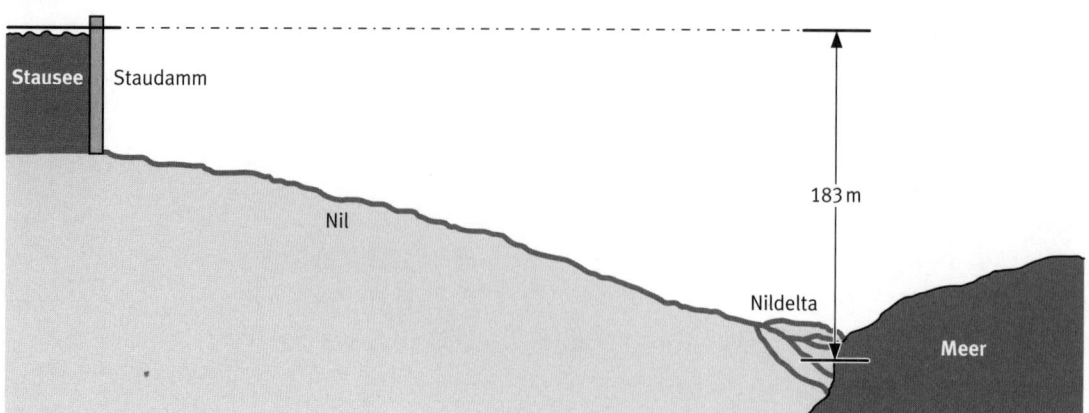

Kreuz und quer

K4 **15** 15 °C − (2 · 4 °C) − (3 · 6 °C) − (5 · 8 °C) = 15 °C − 66 °C = −51 °C

K4 **16 a)** Gewinn: Januar, März, April, Juni, Oktober, November
Verlust: Februar, Mai, Juli, August, September, Dezember

b) Januar: +24 000 € Februar: −7500 € März: 11 500 € April: 14 000 €
Mai: −16 000 € Juni: +20 000 € Juli: −10 000 € August: −11 000 €
September: −3500 € Oktober: +17 000 € November: +4000 € Dezember: −2000 €

c) 24 000 € − 7500 € + 11 500 € + 14 000 € − 16 000 € + 20 000 € − 10 000 € − 11 000 € − 3500 € + 17 000 € + 4000 € − 2000 € − 40 500 €
Gewinn: 40 500 €

K3 **17 a)** Lauras Vater landet nach Stuttgarter Zeit um
19.55 Uhr + 6 h 37 min, das ist 2.32 Uhr.
Da die Uhren in Chicago jedoch gegenüber
Stuttgart um 7 h zurückliegen, zeigt die Flughafen-
uhr bei der Landung 19.32 Uhr.

b) Gregors Mutter startet um 20.45 Uhr und kommt
um 8.00 Uhr Stuttgarter Zeit an. Die Hongkonger
Uhren gehen gegenüber den Stuttgarter Uhren um
7 h vor, sie zeigen bei der Landung 15.00 Uhr an.

c) Ja, das hängt natürlich von Start- und Landeort ab:
Startet man am 1. April um 0.10 Uhr in westlicher Richtung
und überquert in einem 20-minütigen Flug die Grenze zur benachbarten Zeitzone,
so landet man dort am 31. März um 23.30 Uhr.

K1 **18 a)** Fehler: „Punkt vor Strich" nicht beachtet.
Korrekte Rechnung: 71 − 9 · 7 = 71 − 63 = 8

b) Fehler: „−18" falsch ausgeklammert.
Korrekte Rechnung: −18 · 12 + (−18) = −18 · (12 + 1) = −18 · 13 = −234

c) Fehler: „Klammer zuerst" nicht beachtet (bzw. „Distributivgesetz" falsch angewendet).
Korrekte Rechnung: (−24) : (2 + 4) = (−24) : 6 = −4

K4 **19 a)** Summe aller Veränderungen:
(−2 kg) + (−1 kg 400 g) + 0 + (−800 g) + 600 g + (−1 kg 800 g) = −5 kg 400 g
Herr Schwarz hat insgesamt 5 kg 400 g abgenommen.

b)

Ende der …	1. Woche	2. Woche	3. Woche	4. Woche	5. Woche	6. Woche
Anzeige	86,2 kg	84,8 kg	84,8 kg	84,0 kg	84,6 kg	82,8 kg

Hinweis: Die Anzeige der Waage dezimal anzugeben, entspricht der Realität wohl am besten.
Bei unzureichenden Vorkenntnissen kann man gemischte Benennungen verwenden.

6 Kreuz und quer

K4 **20 a), b)**

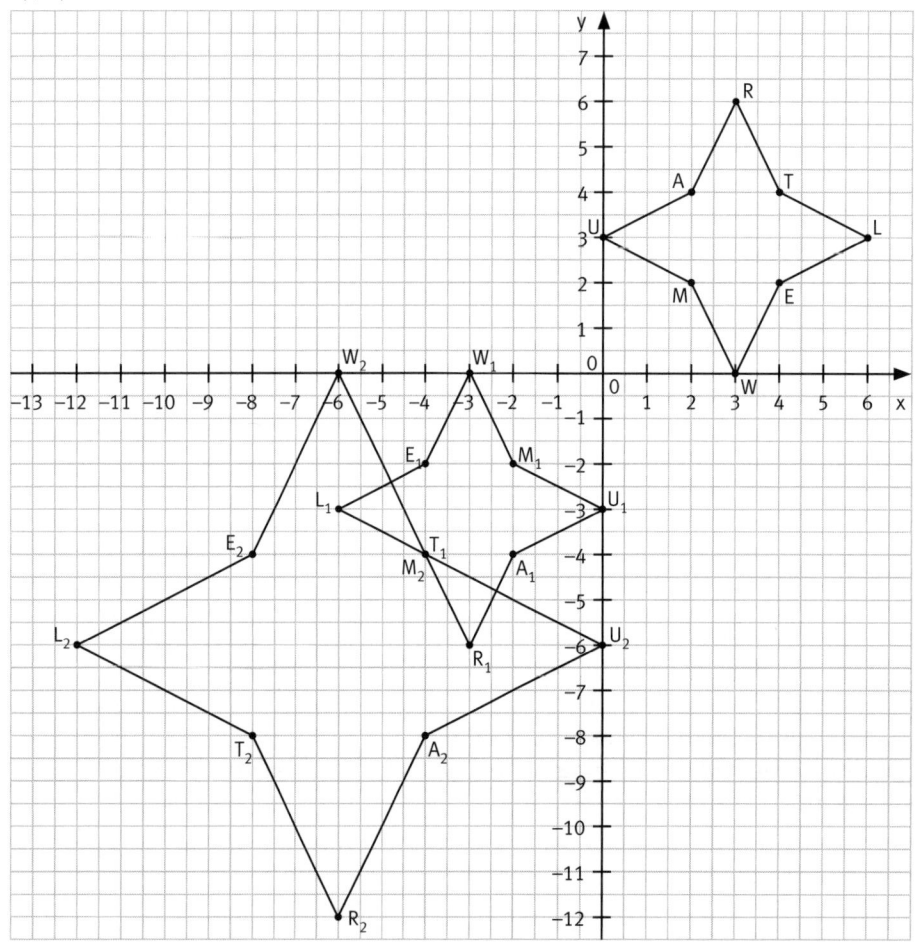

c) $A_{WELTRAUM} = A_{W_1E_1L_1T_1R_1A_1U_1M_1} = 12\,cm^2$

$A_{W_2E_2L_2T_2R_2A_2U_2M_2} = 48\,cm^2$

K1 **21 a)** Wahr.

b) Falsch, z. B. $-8 + (+5) = -3$.

c) Falsch, es liegen die Markierungen von drei natürlichen Zahlen (0; 1; 2) dazwischen.

d) Falsch, es liegen die Markierungen von sieben ganzen Zahlen (-4; -3; -2; -1; 0; 1; 2) dazwischen.

K5 **22** Individuelle Entwürfe.

K2 **23 a)** Die Zahlen -50 und 20 erfüllen die Bedingung ideal.

b) Die Zahlen -29 und 34 erfüllen die Bedingung bestmöglich.

c) Die Zahlen 89 und -11 erfüllen die Bedingung bestmöglich, ebenso die Zahlen 11 und -89.

d) Die Zahlen -9 und 40 erfüllen die Bedingung bestmöglich.

Tiefgang – Klimawandel 6

K3 **Versinken wir im Meer?**
a) Individuelle Beschreibungen. Die Daten in der Tabelle lassen einen zunehmenden Anstieg des Meeresspiegels in dem betrachteten Zeitraum erkennen.

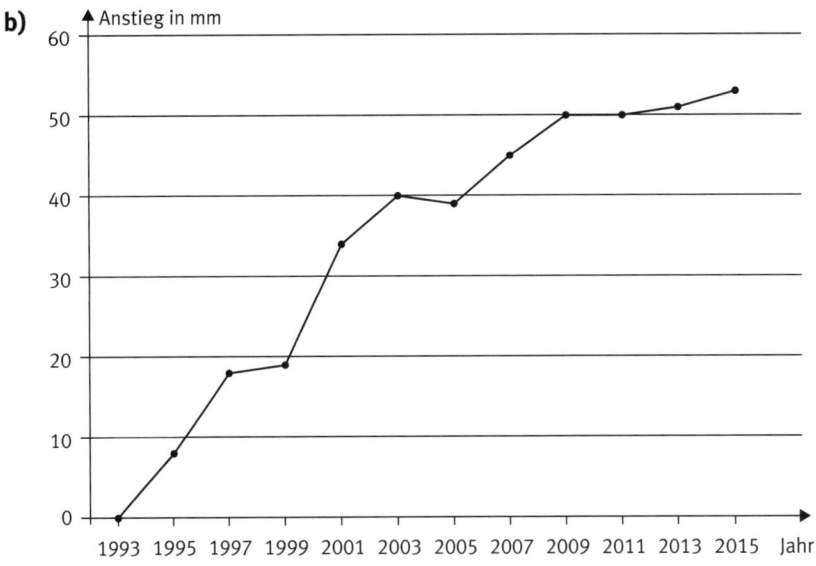

b)

[Diagramm: Anstieg in mm, x-Achse Jahr 1993–2015, Werte steigen von 0 auf ca. 53]

c) ■ Der Anstieg war zwischen 1999 und 2001 mit 15 mm am größten und zwischen 2003 und 2005 mit –1 mm am kleinsten.

■ In 20 Jahren (von 1993 bis 2013) stieg der Meeresspiegel ungefähr um 50 mm, wobei sich der Anstieg im 21. Jahrhundert verlangsamt hat. Dies erlaubt Schätzungen für die Jahre 2025 und 2050: Im Jahr 2025 könnte der Anstieg bei 65 mm liegen, im Jahr 2050 bei etwa 100 mm.

d) Die Tabelle im Schulbuch gibt die Auswirkungen eines Anstiegs der Nordsee um 1 m wieder. Um die Auswirkungen eines Anstiegs um 50 mm abzuschätzen, werden die Werte in der Tabelle im Schulbuch durch 20 dividiert. Damit erhält man die Schätzungen in der folgenden Tabelle.

Land	Gefährdete Staatsfläche	Gefährdete Bevölkerung
Niederlande	1000 km²	255 000
Deutschland	700 km²	80 000
Dänemark	160 km²	7500
Großbritannien	125 km²	18 500

e) Individuelle Recherche-Ergebnisse. Neben den unmittelbaren Küstengebieten sind z. B. küstennahe Feuchtgebiete und Korallenriffe bedroht.

K3 **Geht uns das Wasser aus?**
a) Individuelle Beschreibungen. Die Klimaerwärmung führt zu einer verstärkten Verdunstung des Wassers im Toten Meer und damit zu einem Absinken des Wasserspiegels.

b) Je nach Ablesegenauigkeit sind unterschiedliche Lösungen möglich.

		1930	1940	1950	1960	1970	1980	1990	2000
a)	Pegelstand	–390 m	–393 m	–393 m	–395 m	–397 m	–400 m	–407 m	–414 m
b)	Änderung		3 m	0 m	2 m	2 m	3 m	7 m	7 m

c) Die Änderung war zwischen 1980 und 1990 bzw. 1990 und 2000 am größten mit einer Abnahme von 7 m. Am geringsten war die Änderung zwischen 1940 und 1950: 0 m.

d) Die Prognose geht davon aus, dass sich der Verlauf wie im letzen Jahrzehnt auch weiter so geradlinig fortsetzt.

e) Individuelle Recherche-Ergebnisse, z. B. Vansee (Türkei), Großer Salzsee (USA), Salar de Atacama (Chile). Auch bei anderen Salzseen sind teilweise ähnliche Entwicklungen wie beim Toten Meer zu beobachten.

6 Tiefgang – Klimawandel

K3 **Gibt es bald keinen Schnee mehr?**

a) Der Große Aletsch-Gletscher nimmt fast gleichmäßig immer weiter ab, während der Pizol-Gletscher bei einigen Schwankungen insgesamt einen geringen Rückgang hat. Der Trient-Gletscher schwankt dagegen deutlicher zwischen Zu- und Abnahmen, es ist jedoch auch insgesamt eine leichte Tendenz zum Rückgang erkennbar.

b) Die Werte sind abhängig von der Ablesegenauigkeit.

Gletscher	2000	1950	1900
Pizol	ca. 0,3 km	ca. 0,5 km	ca. 0,6 km
Trient	ca. 4,3 km	ca. 4,4 km	ca. 5 km
Großer Aletsch	ca. 21,0 km	ca. 22,3 km	ca. 23 km

c)
- Individuelle Recherche-Ergebnisse. Das Abschmelzen der Gletscher führt u. a. zu einem Anstieg des Meeresspiegels und zu Problemen bei der Trinkwasserversorgung (Gletscher als Trinkwasserspeicher).
- Ein solcher Elefant könnte von Hannibals Alpenüberquerung im Jahr 218 v. Chr. stammen. Hannibal führte auch 37 Kriegselefanten mit seinen Truppen mit.

Am Ziel!

Aufgaben zur Einzelarbeit

K3 1 a) 9 °C b) –3 c) –11 034 m
d) –10 € e) –6 h f) +7 h

K4 2 a)

13 Uhr	Temperaturänderung	22 Uhr
– 6 °C	Erwärmung um 1 °C	– 5 °C
1 °C	Abkühlung um 3 °C	– 2 °C
– 5 °C	Abkühlung um 6 °C	– 11 °C

b)

Start	Etagenänderung mit dem Aufzug	Ziel
3. OG	5 Stockwerke nach unten	2. UG
1. UG	5 Stockwerke nach oben	4. OG
9. OG	13 Stockwerke nach unten	4. UG
8. OG	6 Stockwerke nach unten	2. OG

K4 3 a) Zahlenstrahl von –10 bis 3 b) Zahlenstrahl von –5000 bis 3000

K4 4 a) –3 > –4 b) –8 < –2 c) –3819 > –3820 d) 12 > –4

K4 5 a)

Vorgänger	Zahl	Nachfolger
– 26	– 27	– 28
– 2	– 3	– 4
– 1098	– 1099	– 1100
13	14	15
– 11	– 12	– 13
82	83	84
– 999 999	– 1 000 000	– 1 000 001
– 1	0	1

b)

Vorgänger	Zahl	Nachfolger
– 99	– 100	– 101
38	39	40
– 5	– 6	– 7
– 19	– 20	– 21
781	782	783
0	– 1	– 2
959	960	961
121	122	123
– 825	– 826	– 827

K4 6 a)

Zahl	Gegenzahl	Betrag
– 18	18	18
+ 15	– 15	15
65	– 65	65
2	– 2	2
0	0	0
– 1	1	1
– 4	4	4
6	– 6	6

b) $-7 < -1 < 0 < |-3| < |+4|$

K3 7 a) In welchem Stockwerk ist Paul in den Fahrstuhl gestiegen, wenn er im 18. Stockwerk ankommt, nachdem er 3 Etagen nach oben gefahren ist? Antwort: Er ist im 15. Stockwerk eingestiegen.
b) Wie war die Ausgangstemperatur, wenn das Thermometer nach einer Abkühlung um 5 °C eine Temperatur von –11 °C anzeigt? Antwort: Die Ausgangstemperatur war –6 °C.
c) Welchen Schuldenstand hattest du, wenn er sich verzehnfacht und du danach 10 € Schulden hast? Antwort: Dein ursprünglicher Schuldenstand betrug –1 €.
d) Durch ein Geldgeschenk deiner Oma beträgt dein Schuldenstand nur noch 3 €, das ist ein Viertel der Ausgangssumme. Wie viele Schulden hattest du vorher? Antwort: 12 € Schulden (–12 €).

6 Am Ziel!

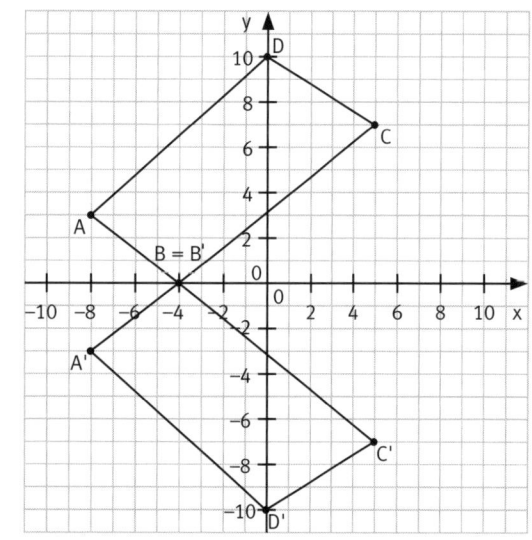

K4 **8**

Koordinaten der Eckpunkte des Spiegelbildes:
A' (−8|−3), B' (−4|0), C' (5|−7), D' (0|−10)

K4 **9 a)** 27 € − 39 € = −12 € **b)** −231 € − 15 € = −246 €

K2 **10** Die Zahl, die Markus sich denkt, wird mit x bezeichnet. Dann gilt:
x + (−56) − (−44) = 100 oder vereinfacht
x − 56 + 44 = 100
x − 12 = 100
Markus hat sich die Zahl 112 gedacht, denn 112 − 12 = 100.

K4 **11 a)** 25 · (−13) · (−4) = 25 · (−4) · (−13) = −100 · (−13) = 1300
b) 36 + (−12) + (−6) − 5 = 36 − (12 + 6 + 5) = 36 − 23 = 13
c) 38 · (−17) + 62 · (−17) = (38 + 62) · (−17) = 100 · (−17) = −1700
d) (−2) · (3 − 7) = (−2) · (−4) = 8
e) (−15 + 135) : (−4) = 120 : (−4) = −30
f) 231 · (−50) · 0 · (−8) = 0

K2 **12 a)** (−23) · 12 · (−4) · (−2) · (+3) · (−9) hat ein positives Vorzeichen, weil das Minus viermal, also eine gerade Anzahl, mit sich selbst multipliziert wird und dies plus ergibt.
b) (−8) · (−1) · (−5) · 2 · (−11) · (−4) hat ein negatives Vorzeichen, weil das Minus fünfmal, also eine ungerade Anzahl, mit sich selbst multipliziert wird und dies Minus ergibt.

Aufgaben für Lernpartner

K1/5 **A** Falsch. Nicht jede ganze Zahl ist eine negative Zahl, weil auch die natürlichen Zahlen zu den ganzen Zahlen gehören.

K1/5 **B** Richtig.

K1/5 **C** Richtig, dieses ist die Gegenzahl.

K1/5 **D** Falsch. Z. B. −6 ist weiter von der Null entfernt als 3, aber 3 ist größer als −6.

K1/5 **E** Falsch. −100 < −40, da −100 auf dem Zahlenstrahl weiter links als −40 steht.

Am Ziel!

1/5   **F**   Richtig.

1/5   **G**   Richtig. Z. B. $5 - 3 = 5 + (-3) = 2$.

1/5   **H**   Falsch. Treffen bei der Subtraktion einer ganzen Zahl zwei Minuszeichen aufeinander, dann kann man diese beiden durch ein Plus ersetzen, z. B. $8 - (-4) = 8 + 4 = 12$.

1/5   **I**   Richtig.

1/5   **J**   Falsch. Das Kommutativgesetz besagt, dass man bei der Addition und bei der Multiplikation Zahlen vertauschen kann.

1/5   **K**   Falsch. Negative Zahlen kann man ebenso in Diagrammen darstellen wie alle anderen Zahlen auch.

1/5   **L**   Richtig.

1/5   **M**   Falsch. Die Division durch eine ganze Zahl kann man nicht immer durch die Division durch eine natürliche Zahl ersetzen, weil auch negative Zahlen zu den ganzen Zahlen gehören und deren negatives Vorzeichen beachtet werden muss.

1/5   **N**   Richtig.
$0 \cdot (-1) = 0$
Null ist ihre eigene Gegenzahl.

1/5   **O**   Falsch. Der Punkt A(–4|–5) liegt im III. Quadranten.

1/5   **P**   Falsch. Die Zahl Null ist eine natürliche Zahl, sie hat aber kein Vorzeichen.

Bildnachweis

Das Fotoarchiv / 123luftbild, Essen – S. 27; Fotolia / Olga Alexandrova – S. 22; Fotolia / Paula Cobligh – S. 22; Fotolia / Christian Jung – S. 27; Fotolia / Silvano Rebai – Cover; Fotolia / Zagorskid – S. 22; Mediacolor's / Hanak, Zürich – S. 22; Thinkstock / iStockphoto, Grigorii Pisotokii – S. 33.